1

Erinnerung an einen Krieg

Museum Berlin-Karlshorst

jovis Verlagsbüro

Ein Ort der Erinnerung und Begegnung

Am 10. Mai 1994 wurde in Berlin-Karlshorst durch die Regierungen der Bundesrepublik Deutschland und der Russischen Föderation, den Senat von Berlin sowie durch deutsche und russische Museen der Trägerverein für das gemeinsame „Museum Berlin-Karlshorst" gegründet. Mit der Gründung bekam ein Projekt seine juristische Form, das seit 1990 von Russen und Deutschen diskutiert und geplant worden war.

Ein Jahr später, am 10. Mai 1995, wurde mit der Eröffnung des deutsch-russischen „Museums Berlin-Karlshorst" diese Vorbereitung und Planung abgeschlossen. Das Museum, das als gemeinsame deutsch-russische Einrichtung ohne Vorbild ist, erinnert an die extrem wechselhafte Geschichte der deutsch-sowjetischen Beziehungen zwischen 1917 und 1990, vor allem aber an den Krieg von 1941 bis 1945. Das Gebäude, in dem das Museum seinen Platz hat, erinnert mit seinem großen „Kapitulationssaal" zugleich an die historische Bedeutung des Ortes. In der Nacht vom 8. auf den 9. Mai 1945 wurde hier mit der Unterschrift der Wehrmachtsbefehlshaber die bedingungslose Kapitulation vor den Vertretern der Alliierten vollzogen und damit der Herrschaft des Nationalsozialismus in Europa und Deutschland ein Ende gesetzt.

Vor wenigen Jahren wäre es noch unvorstellbar gewesen, daß Deutsche und Russen gemeinsam in einem Museum an den Krieg erinnern, der für beide Länder zu den schrecklichsten Abschnitten ihrer langen Geschichte zählt. Die radikale Wende in der ehemaligen Sowjetunion und die deutsche Vereinigung, die von der Sowjetunion unterstützt worden war, haben das bislang Unvorstellbare möglich gemacht. Die Erinnerung an diesen Krieg und den millionenfachen Tod in aller Schmerzhaftigkeit wachzuhalten, ist Aufgabe des neuen Museums, das in einer Phase der Freundschaft und engen Zusammenarbeit gegründet wurde. Auch in den Phasen von Interessengegensätzen und Dissens wird es daran erinnern, daß Krieg als Mittel der Politik ausgeschlossen werden muß.

Daß die gemeinsame Erinnerung an den Krieg nicht durch das Ausblenden der Verbrechen und der für beide Seiten schuldhaften Vorgänge erkauft wurde, ist der Arbeit einer Expertenkommission zu verdanken, deren deutsche und russische Mitglieder sich als Historiker und Museumsfachleute allein der Wahrheit verpflichtet fühlen. Nicht „Ausgewogenheit" deutscher und russischer Sichtweisen war die Leitlinie der Arbeit, sondern Genauigkeit, Differenziertheit und Abbau von Klischees, die den Blick aufeinander verstellen. Wer einfache Schwarzweißbilder sucht, wird von diesem Museum enttäuscht sein. Aber auch derjenige, der in diesem Krieg nur die Opfer einer allgemeinen Tragik sucht, wird mit konkreter Politik und konkreten Verbrechen konfrontiert. Ohne die Hilfe vieler Museen, wissenschaftlicher Einrichtungen und vieler privater Helfer wäre es nicht möglich gewesen, fünfzig Jahre nach dem Ende des Krieges ein derartiges Museum neu aufzubauen. Vor allen anderen ist das „Zentrale Museum der Streitkräfte" in Moskau zu nennen, dessen Exponate als Bestand des bisherigen „Museum der bedingungslosen Kapitulation" den Grundstock der neuen Ausstellung bilden. Das Deutsche Historische Museum hat mit Exponaten aus seinen Beständen nach Möglichkeit zur Ausstellung beigetragen und hat die notwendige organisatorische Hilfe zum Aufbau der Ausstellung beigegeben. Schließlich hat die Stiftung „Topographie des Terrors", die mit der Ausstellung „Der Krieg gegen die Sowjetunion" 1991 zum ersten Mal in Deutschland dieses Thema dargestellt hatte, mit Fotos und Dokumenten den dokumentarischen Teilen der Ausstellung eine wichtige Hilfe gegeben. Der Ausbau des Museums, der durch das Bundesministerium des Innern finanziert wird, ist noch nicht abgeschlossen. Schon jetzt ist abzusehen, daß dieses Haus nach der endgültigen Fertigstellung ein wichtiger Ort der Begegnung zwischen Deutschen und Russen sein wird.

Prof. Dr. Christoph Stölzl
Vorsitzender des Vereins Museum Berlin-Karlshorst

Karlshorst – Gedenkstätte, Museum, internationales Informationszentrum

Die in gemeinsamer Arbeit von russischen und deutschen Historikern und Museumsfachleuten geschaffene neue Präsentation von Gedenkstätte und Museum Berlin-Karlshorst ist schon für sich eine bemerkenswerte Tatsache internationaler Kommunikation von Museen.

Am 5. November 1967 wurde das „Museum der bedingungslosen Kapitulation des faschistischen Deutschland im Krieg 1941–1945" in dem Gebäude eröffnet, in dem am 8. Mai 1945 die bedingungslose Kapitulation der deutschen Streitkräfte unterzeichnet worden war. Während seines 27jährigen Bestehens wurde dieses Museum von mehr als zwei Millionen Menschen aus zahlreichen Ländern besucht. Es wurde in Reiseführern genannt und erlangte als Gedenkstätte weltweite Bekanntheit. Es ist gut zu wissen, daß die langjährige Arbeit des Zentralen Museums der Streitkräfte Rußlands, die mit der Schaffung der Ausstellung begann und sich mit der anschließenden wissenschaftlichen Leitung eines Museums fortsetzte, ihre Fortführung in dem gemeinsamen russisch-deutschen Museum findet.

Die neue Konzeption zielt auf eine breitere Betrachtung der Geschichte der russisch-deutschen Beziehungen, die es dem Publikum ermöglicht, sich tiefer mit der Vergangenheit und der Gegenwart auseinanderzusetzen, und die zudem Perspektiven für die Zukunft sichtbar werden läßt. Das dominierende Thema bleibt zweifellos der Zweite Weltkrieg in Europa, im Vordergrund der Krieg zwischen Deutschland und der UdSSR. Zu diesem Zweck wurde dem neuen Museum das vollständige Material der früheren Ausstellung übergeben. Vieles kam neu hinzu. Die Bedeutung des Museums als Gedenkort wird wie schon früher bestimmt durch den historischen Saal, in welchem die Kapitulation unterzeichnet wurde, sowie durch das Arbeitszimmer von Marschall G. K. Shukow, dem Chef der Sowjetischen Militäradministration in Deutschland.

Über den Krieg zu berichten, den Preis des Sieges und den Preis der Niederlage zeigen – das bedeutet, für die Erinnerung der künftigen Generationen die Wahrheit über die Geschichte des Lebens der Völker zu bewahren, die Wahrheit über den grausamsten und zerstörerischsten Krieg in der Geschichte Europas. Wir hoffen, daß das neue russisch-deutsche Museum ein Wissenschafts- und Informationszentrum der Forschung zur Geschichte der russisch-deutschen Beziehungen wird und daß der Verein „Museum Berlin-Karlshorst" internationale Konferenzen von Historikern, Militärspezialisten und Museumsfachleuten organisieren wird, um sich mit Fragen des Zweiten Weltkrieges auseinanderzusetzen.

Oberst Dr. Aleksandr Nikonow
Stellvertretender Vorsitzender des
Vereins Museum Berlin-Karlshorst

Ein Museum gegen den Krieg

Daß im Mai 1955 in Berlin-Karlshorst ein deutsch-russisches Museum eröffnet werden konnte, ist alles andere als eine Selbstverständlichkeit. Immerhin handelt es sich um ein Museum, in dessen Mittelpunkt die Geschichte des Krieges steht, den das Deutsche Reich und die Sowjetunion 1941 bis 1945 gegeneinander geführt haben. Es war deshalb ein mutiger Schritt, als man sich 1991 dazu entschloß, an die Stelle des seit 1967 bestehenden sowjetischen Militärmuseums, des „Kapitulationsmuseums", ein gemeinsam neugestaltetes Museum zu setzen, das für künftige Generationen die Erinnerung an den Krieg – und natürlich auch an die an diesem Ort erfolgte Kapitulation – bewahren soll.

Gelingen konnte dieses Experiment nur, weil beide Seiten bereit waren, auf alte Klischees und Vorurteile zu verzichten, um der historischen Wahrheit so nahe wie möglich zu kommen. So wurde in der deutsch-russischen Kommission, die im Frühjahr 1991 den Auftrag erhielt, eine neue Museumskonzeption zu erarbeiten, von Anfang an ebenso offen wie intensiv diskutiert. In der Grundentscheidung, daß in dem künftigen Museum weder der Krieg noch der Sieg heroisiert werden dürfe, gerade dieser Krieg vielmehr in allen seinen Schrecken gezeigt werden müsse, bestand eine volle Übereinstimmung: Aus einem Museum, das gelegentlich als „Ruhmeshalle" der Roten Armee bezeichnet worden war, sollte ein Museum gegen den Krieg werden.

Eine der Wahrheit verpflichtete Darstellung darf freilich nicht bei einer allgemeinen Ablehnung des Krieges stehenbleiben, sie muß vielmehr Ursachen und Wirkungen des Krieges sichtbar machen, auch das Verhältnis von Politik und Kriegsführung thematisieren. So zeigt das Museum mit zahlreichen Dokumenten, daß es sich um einen Krieg handelte, der von den Deutschen als ein Angriffs- und Vernichtungskrieg geführt wurde, als ein rassistischer Eroberungskrieg, der die Unterwerfung, Ausplünderung und auch die Vernichtung großer Teile der Bevölkerung in den besetzten Gebieten zum Ziel hatte. Daß die deutsche Wehrmacht in einem erheblichen Umfang an den nationalsozialistischen Verbrechen beteiligt war, wird keineswegs verschwiegen, sondern deutlich herausgearbeitet. Auf der anderen Seite kommen auch die Besonderheiten des stalinistischen Systems und seiner Kriegsführung zur Sprache, nicht zuletzt die Brutalität gegenüber der eigenen Bevölkerung und den eigenen Soldaten. Die Kosten des schließlich errungenen Sieges waren oft hoch, oft zu hoch. So notwendig die Niederlage des nationalsozialistischen Deutschland war, so wenig bedeutete der sowjetische Sieg den Beginn einer menschenfreundlichen Entwicklung im Lande der Sieger.

Was bleibt von einem solchen Krieg übrig? Was kann ein Museum zeigen? Bei der Neugestaltung konnte auf die Bestände des alten Militärmuseums zurückgegriffen werden, und es war möglich, diese Bestände durch Leihgaben und Ankäufe in erheblichem Umfang zu ergänzen. Natürlich werden auch in dem neuen Museum Uniformen, Waffen, Fahnen und Orden gezeigt. All das vermittelt aber einen allenfalls eng begrenzten Einblick in die Wirklichkeit des Krieges. Für das neue Museum ist deshalb ein Wechsel der Perspektive vorgenommen worden: Das Interesse gilt in erster Linie den Menschen, die den Krieg geführt und erlitten haben, den einfachen Soldaten wie der Zivilbevölkerung. „Statt Helden stehen Menschen im Vordergrund", heißt es, die Museumskonzeption treffend zusammenfassend, in einem Bericht der „Frankfurter Rundschau" unmittelbar nach der Eröffnung, „statt der heroischen Schlacht das elende Sterben und Leben: der jüdischen und nichtjüdischen Zivilbevölkerung in den besetzten Gebieten, der sowjetischen Kriegsgefangenen und Zwangsarbeiter. Menschen mit Gesichtern und Namen, deren Geschichte aus Schlachtfeldern und Trümmern Geborgenes erzählt: zerrissene Schuhe, verrostete Eßgeschirre oder auch deutsche Ausweise." Insofern ist es, wie ein anderer Journalist formulierte, trotz all des Schrecklichen, was gezeigt werden muß, „ein sehr menschliches Museum".

Es bedarf keiner besonderen Begründung, daß den historischen Räumen des Museumsgebäudes von vornherein größte Aufmerksamkeit geschenkt worden ist. Der große Saal, in dem die Kapitulationsurkunde vom 8. Mai 1945 unterschrieben wurde, ist ein Ort der Weltgeschichte dieses Jahrhunderts. Er wird in der überlieferten Gestalt und Ausstattung bewahrt und in seiner Bedeutung durch eine knappe – auch filmische – Dokumentation der Vorgänge am 8. und 9. Mai 1945 erschlossen. Darüber hinaus bleibt auch das Arbeitszimmer Marschall Shukows erhalten, das bis 1949 zugleich das Chefzimmer der Sowjetischen Militäradministration in Deutschland war. Und schließlich wird auch die Geschichte des Hauses sorgfältig dokumentiert: von der Pionierschule der deutschen Wehrmacht bis zum sowjetischen Militärmuseum, an das auch die Panzer und Geschütze neben dem Gebäude erinnern.

Die Umwandlung und die Neugründung eines Museums ist zweifellos ein schwieriger Vorgang. Wenn sie nach dem übereinstimmenden Urteil der Presse und der vielen Besucher der ersten Wochen dennoch als gelungen bezeichnet werden können, ist das dem guten Willen und der Energie vieler Menschen zu verdanken. Besondere Hervorhebung verdient die ebenso effektive wie vertrauensvolle Zusammenarbeit der russischen und deutschen Fachleute, die als ein ermutigendes Beispiel für weitere Kooperationsvorhaben gelten kann. Dem Museum ist zu wünschen, daß es über die museale Darstellung der Geschichte hinaus künftig zu einem lebendigen Ort des wissenschaftlichen und kulturellen Austauschs zwischen den beteiligten Nationen wird.

Prof. Dr. Reinhard Rürup
Vorsitzender des wissenschaftlichen Beirats

Von Brest-Litowsk bis zum „Unternehmen Barbarossa". Wandlungen und Kontinuität des deutschen „Drangs nach Osten"

Rolf-Dieter Müller

Der Diktatfriede von Brest-Litowsk im Jahre 1918 und der deutsche Überfall auf die UdSSR 1941 markieren den wohl intensivsten Abschnitt in der Geschichte beider Völker. Es waren zwei Jahrzehnte, „aufregender als jeder Roman" (Sebastian Haffner). Im Ersten Weltkrieg waren sich Deutsche und Russen so zahlreich wie nie zuvor begegnet, als Feinde in den blutigsten Schlachten, in einer Atmosphäre von Haß und Hochmut. Doch den Krieg hatten sie gemeinsam im Bewußtsein einer schmerzlichen Demütigung beendet. Statt zur Versöhnung fanden sich beide Völker vereint in der Gegnerschaft zu den „Siegermächten", den westlichen Demokratien, die in Europa eine Friedensordnung nach ihren Vorstellungen errichteten.

Die Nachkriegszeit brachte Deutsche und Russen aber nicht näher, eher vertiefte sich noch der Graben aus Unkenntnis und Vorurteilen über den Nachbarn. Die Politik der Staatsführungen beider Länder verstrickte sich in Heuchelei und Intrigen, schließlich zu einem „Teufelspakt" derjenigen, die sich als Realpolitiker verstanden und doch nur illusionäre Machtpolitik meinten. Die Parole von der „friedlichen Koexistenz" tarnte einen zeitweiligen Waffenstillstand, der sich gegen den europäischen Status quo richtete. Am Ende stand dann das Blutbad des deutsch-sowjetischen Krieges von 1941 bis 1945, in dem beide Völker erneut und noch heftiger als zwanzig Jahre zuvor, als erbitterte Feinde aufeinander stießen. Nun konnte das russische Reich seine Überlegenheit beweisen und den Wahn eines deutschen Ostimperiums endgültig zerschlagen – Voraussetzung dafür, daß in den Beziehungen zwischen beiden Völkern wieder friedliche Nachbarschaft und Zusammenarbeit Einzug halten konnten.

1. Die Geburtshelfer der Revolution

„Der Sieg und als Preis der erste Platz in der Welt ist aber unser, wenn es gelingt, Rußland rechtzeitig zu revolutionieren und dadurch die Koalition zu sprengen", – mit diesen Worten kennzeichnete Ulrich Graf von Brockdorff-Rantzau 1915 die maßlose Kriegszielpolitik des kaiserlichen Deutschland. Wenige Jahre später vertrat er als erster deutscher Botschafter im jetzt „roten" Moskau die Weimarer Republik.

Bei ihrem „Griff nach der Weltmacht" hatten die alten Führungseliten also auf die Niederwerfung Rußlands als Schlüssel für die Weltherrschaft gesetzt. Radikale politische Vertreter wie die „Alldeutschen" verstanden darunter auch die Kolonisierung und Besiedlung des Landes, Ideen, die später ein gewisser Adolf Hitler wieder aufgreifen sollte. Um das russische Reich zu zerschlagen, hatte das kaiserliche Deutschland im Ersten Weltkrieg auf das Gift der Revolution gesetzt. Damit half man, die Bevölkerung einer kleinen radikalen Gruppe auszuliefern, die das Land mehr als sieben Jahrzehnte mit einem totalitären System beherrschte.

Gebraucht wurde ein Russe, der bereit war, einen Unterwerfungsfrieden mit dem deutschen Kaiser zu unterschreiben, bereit die territoriale Abtretung eines Kranzes deutscher Satellitenstaaten von Finnland bis zum Schwarzen Meer hinzunehmen, bereit, die gesellschaftliche und politische Ordnung des Zarenreiches zu zerstören, die sich dem deutschen Expansionsdrang bislang entgegengestellt hatte. Ein skrupelloser Mann mußte das sein, und die kaiserliche Regierung meinte schließlich 1917, diesen Mann gefunden zu haben. Im neutralen Zürich fieberte der weithin unbekannte Emigrant Lenin darauf, in seine Heimat zurückkehren zu können. Mit seiner kleinen Anhängerschar, der Partei der Bolschewiki, wollte er die Revolution weiterführen und radikalisieren. Mit deutscher Hilfe und deutschem Geld gelangte er schließlich nach Petrograd. Das Ergebnis dieser Operation ist bekannt. Für mehr als siebzig Jahre wurde Rußland aus dem europäischen Staatensystem herausgelöst, immer wieder auf die Zusammenarbeit mit Deutschland angewiesen, um dieses System sprengen zu können.

1918 bereits folgte die kurze Blüte einer scheinheiligen Kooperation. Beide Seiten suchten Zeitgewinn. Lenin brauchte das Arrangement mit den Deutschen, um seine Revolution im Bürgerkrieg überhaupt am Leben zu erhalten. Er vertraute darauf, daß entsprechend den marxistischen Dogmen die kommunistische Revolution bald auch in Deutschland als einer der führenden Industriegesellschaften ausbrechen würde. Von dort würde dann das Signal für die „Weltrevolution" ausgehen. Der deutsche Generalstab brauchte die bislang im Osten gebundenen Truppen, um die Entscheidungsschlacht im Westen wagen zu können. Nach diesem „Endsieg" hätte man dann auch im Osten wieder freie Hand, für eine Ordnung nach deutschem Geschmack zu sorgen und dieses „Pack", mit dem man jetzt am Verhandlungstisch sitzen mußte, zu beseitigen.

Der Friedensvertrag von Brest-Litowsk, der im März 1918 von deutscher Seite diktiert wurde, entsprach also nicht einem aufrichtigen Willen zu Frieden und Partnerschaft, wie er im Reichstag und in Teilen der deutschen Bevölkerung – ebenso wie im russischen Volk – durchaus vorhanden war. Die Oberste Heeresleitung bestand auf einem Diktatfrieden, wie er härter nicht ausfallen konnte. Die Berufung auf das Selbstbestimmungsrecht der Völker blieb eine hohle Phrase und diente lediglich zur Rechtfertigung eigener territorialer Forderungen. Die Auflösung des russischen Reiches und die ökonomische Ausbeutung der Nachfolgestaaten sollten erste Schritte zu einem deutschen Ostimperium sein, wie es die radikale Rechte lautstark propagierte.

Die Rechnung der Berliner Führung ging aber nicht auf. Zeichen für eine Verbrüderung der Soldaten beider Seiten, die Desertion eines großen Teils der Osttruppen beim Transport an die Westfront, diese Menetekel wurden übersehen. Nach dem militärischen Fehlschlag im Westen suchte man im Sommer 1918 nach einer Ersatzbefriedigung im Osten. Der Zusatzvertrag vom 28. August unterwarf die bolschewistische Regierung einem erneuten Diktat. Hatte man sich bisher mit der Abtretung der Randstaaten begnügt, sollte Rußland nun weitere Gebiete abtreten, sechs Milliarden Goldrubel Entschädigung zahlen, große Mengen an Getreide und Rohstoffen abführen und sich der wirtschaftlichen „Durchdringung", der Kolonisierung, öffnen. Der Vertrag ist nie durchgeführt worden, da wenige Wochen später die Oberste Heeresleitung im Westen um Waffenstillstand bitten mußte.

2. Die Revolution im eigenen Land – keine Umkehr

Die auch in Deutschland kriegsmüden Massen fegten das kaiserliche Regime hinweg. Aber die Revolution ging im Deutschen Reich den Weg in die bürgerliche Demokratie, in Rußland hingegen in die Diktatur der bolschewistischen Partei. Deren Hoffnungen auf ein Zusammenwirken der deutschen und der russischen Revolution blieben so illusionär wie die Bemühungen der deutschen Militärs, nun mit den westlichen Siegermächten unter antibolschewistischem Vorzeichen ins Geschäft zu kommen, um so der Niederlage entrinnen zu können. Der Versailler Vertrag zwang aber Deutschland nachhaltig in die Knie. Die Aussichten auf einen „Wiederaufstieg", von dem viele Vertreter der alten Führungseliten träumten, entschwanden in eine ferne, ungewisse Zukunft. „Kampf gegen Versailles" wurde zum einigenden Band zwischen deutschen Revisionisten und russischen Revolutionären. Nun war es an den Bolschewisten, den deutschen Reaktionären zu helfen, sich über Wasser zu halten. Da Rußland vom Tisch der Siegermächte fernblieb, konnte das Bismarck-Reich seine Existenz für ein weiteres Vierteljahrhundert verlängern.

Der Wiederherstellung einer deutsch-russischen Grenze stand vor allem der wiederhergestellte polnische Staat entgegen, Bollwerk eines französischen Cordon-Sanitaire gegen die Bolschewiki und zugleich gegen das niedergeworfene Deutsche Reich. Der Vormarsch der Roten Armee 1920 in Richtung Warschau wurde daher in Deutschland als Chance begriffen, erneut den Schulterschluß mit den Russen zu finden und damit den Rücken freizubekommen für die künftige Auseinandersetzung mit der französischen Hegemonialmacht. Die Niederlage der Sowjets an der Weichsel änderte nichts an der Attraktivität einer solchen Überlegung, wie sie vor allem in militärischen Führungskreisen verfolgt wurde. Wenn demgegenüber auch das Schreckgespenst einer bolschewistischen „Flutwelle" bereits in vielen Köpfen spukte, so träumten doch verwegene Militärs schon vom gemeinsamen Befreiungskrieg an der Rheingrenze. Insgeheim wurden erste militärische Beziehungen mit Moskau geknüpft. Als Ausbilder und Experten modernster Kriegstechnik waren deutsche Offiziere und Rüstungsfabrikanten in Sowjetrußland sehr gefragt.

Das Kalkül sah so aus: Die Deutschen halfen der Roten Armee durch die Lieferung von Know-how wieder auf die Beine und setzten sie damit in die Lage, Polen in Schach zu halten bzw. zusammen mit der Reichswehr niederzuwerfen, wenn der Tag gekommen sein würde. Zugleich schufen sich die deutschen Militärs auf russischem Boden eine auswärtige Rüstungsbasis und Übungsplätze, die in Deutschland nach den Versailler Friedensbedingungen verboten waren, für einen späteren „Befreiungskrieg" aber von lebenswichtiger Bedeutung sein konnten. Zwischen 1922 und 1926 entstanden in Sowjetrußland gemeinsame Fabriken und Erprobungsplätze für chemische Kampfstoffe im Wolgagebiet, für Fliegertruppen bei Lipeck und eine Panzerschule bei Kasan. Hunderttausende von Granaten für die Reichswehr wurden in Leningrad, Tula und Zlatoust produziert und heimlich über die Ostsee nach Deutschland geschafft. Weitere Projekte für den Bau von U-Booten und anderem Kriegsgerät wurden 1926 besprochen, aber nicht realisiert. Erfolgreich war die deutsche Ausbildungshilfe für sowjetische Kriegsakademien. Die beiderseitige Beteiligung an Manövern, Generalstabsreisen und Kriegsspielen förderte die Aus- und Weiterbildung des Offizierskorps und das gegenseitige Verständnis.

Über den Aufbau einer gemeinsamen Rüstungsindustrie kam man schließlich auch wirtschaftlich wieder ins Geschäft. Es boten sich den Deutschen zunächst gute Aussichten, die früher beherrschende Position auf dem russischen Markt zurückzugewinnen. Damit würde sich der deutschen Volkswirtschaft ein Ausgleich anbieten für die abgeschnittenen Möglichkeiten auf dem Weltmarkt, die erst 1925 wieder offenstanden. Der Bedarf an deutschen Investitionsgütern war jedenfalls in der ruinierten Wirtschaft Rußlands unbegrenzt. Billige Agrarprodukte und Rohstoffe aus dem Osten konnten umgekehrt der deutschen Wirtschaft zum Aufschwung verhelfen.

Von den anderen kapitalistischen Staaten geschnitten und isoliert, von Hungersnöten und brachliegenden Kapazitäten gehemmt, war Lenins neuer Staat in den frühen zwanziger Jahren auf jedes Entgegenkommen angewiesen, um nach dem Bürgerkrieg ökonomisch und politisch überleben zu können. Natürlich war sich Lenin darüber im klaren, daß eine Öffnung seines radikalen Kriegskommunismus für die Zusammenarbeit mit den deutschen Kapitalisten und Militärs sowie die Förderung privatwirtschaftlicher Elemente im Lande nicht ohne Risiko sein würde. Aber nachdem sich spätestens 1923 gezeigt hatte, daß mit einer kommunistischen Revolution in Deutschland sobald nicht zu rechnen war, mußte Sowjetrußland aus eigener Kraft die neue Gesellschaft entwickeln und die kapitalistische Einkreisung nach Möglichkeit durchbrechen. Die „Kommandohöhen" in der Wirtschaft behielten die Kommunisten fest in der Hand, und durch die Kooperation mit dem geschwächten Deutschland drohte wohl kaum Gefahr, mochten sich dort auch manche rechten Kreise noch immer Illusionen über ein deutsches Ostimperium machen. Die Förderung solcher Illusionen und die Bekräftigung gemeinsamer Feindbilder boten verläßliche Instrumente, um die Einreihung Deutschlands in eine kapitalistische Einheitsfront gegen den Sowjetstaat zu verhindern.

3. Reichswehr und Wirtschaft – wieder auf Ostkurs

Als wichtigster Motor für die Wiederaufnahme der Beziehungen zu Sowjetrußland hatte sich 1921/22 die Reichswehrführung erwiesen, sicher nicht ohne Hemmungen und Bedenken, aber der Chef der Heeresleitung, General Hans von Seeckt, glaubte keine realistische Alternative zu haben, um den raschen Wiederaufstieg Deutschlands zur Großmacht erzwingen zu können. Er war sich sicher, gegenüber der eigentlich verhaßten Sowjetführung die Rolle des Lehrmeisters spielen zu können, in diesem heuchlerischen Bündnis der „Reiter" und nicht das „Pferd" zu sein. Würde es möglich sein, so lautete die Frage, in den ehemaligen zaristischen Offizieren, die Trotzki in die Rote Armee aufgenommen hatte, gleichgesinnte Partner zu finden, die Entwicklung der

Sowjetarmee zu einem Staat im Staate – so wie die Reichswehr in der Weimarer Republik – zu fördern, auch in der Industrie und Landwirtschaft deutsche „Stützpunkte" zu schaffen, um so Einfluß auf die innere Entwicklung Rußlands zu gewinnen und damit auch auf die außenpolitische Orientierung?

Eines stand für die deutschen Führungseliten – im Gleichklang zu der Auffassung in den anderen kapitalistischen Staaten – fest: Das kommunistische System in Sowjetrußland konnte auf Dauer nicht überleben, vor allem wirtschaftlich nicht funktionieren. Mit einem Systemwandel war daher über kurz oder lang unbedingt zu rechnen. Ein später Sieg der russischen Konterrevolution aber, soviel hatte Seeckt verstanden, lag nicht im Interesse des Reiches, weil Rußland dann ins Lager der Entente-Mächte abdriften würde. Also mußte man auf eine Evolution des Regimes setzen, auf einen langwierigen Prozeß der Abkehr vom Kommunismus, auf einen Lernprozeß, bei dem sich die Deutschen als unentbehrliche Lehrmeister bewähren konnten.

Ein grundlegender Wandel in der Einstellung zum östlichen Nachbarn vollzog sich also in der Zeit nach dem Ersten Weltkrieg nicht. Das deutsche Überlegenheitsgefühl gegenüber den Russen war ungebrochen. Die gängige Formel „Deutschland zwischen Ost und West" verdeckte den nationalkonservativen Anspruch einer deutschen Großmachtstellung, die ihren notwendigen Kraftzuwachs – das glaubten zumindest maßgebliche Militärs – nach Lage der Dinge nur im Osten finden konnte.

In Kreisen der deutschen Wirtschaft war die Skepsis gegenüber einer solchen Kooperation mit Sowjetrußland wesentlich stärker als in Reichswehr und Politik. Die Rückkehr zum Weltmarkt und die Zusammenarbeit mit dem anglo-amerikanischen Kapital schien vielen Wirtschaftsvertretern letztlich doch erfolgversprechender zu sein als das riskante Abenteuer im bolschewistischen Rußland. Aber die Rückkehr auf den Weltmarkt stieß auf vielfältige Hindernisse, und den darniederliegenden russischen Markt der Konkurrenz zu überlassen, schien auch nicht ratsam zu sein. Kurzfristige Handelschancen waren unproblematisch, bei längerfristigen Investitionen mußten dann möglichst Sicherungen eingebaut werden.

Innerhalb der politischen Führungsschicht gestaltete sich die Auffassung noch differenzierter. Die als Erfüllungspolitiker diffamierten demokratischen Politiker setzten auf den Ausgleich mit den Westmächten und wandten sich gegen jegliches östliches Abenteuer. Vertreter der Ostfraktion, die vom liberalen bis zum deutschnationalen Lager reichte, setzten auf Rußland als „Joker", den man notfalls gegen die Entente ausspielen wollte. Mit dem Coup von Rapallo setzte diese Richtung ein verhängnisvolles Signal.

4. Die Rapallo-Politik

Vorausgegangen war die Einberufung einer gesamteuropäischen Konferenz in Genua, wie sie in dieser Form erst wieder 1971 in Helsinki zustande kam. Als Ziel hatte man sich gesetzt, Grundlagen für eine stabile Friedensordnung und die wirtschaftliche Erholung Europas zu schaffen. Den Schlüssel dazu sah man im Wiederaufbau und der Einbeziehung Rußlands. Die Moskauer Führung bemerkte allerdings die Gefahr, daß sich ein kapitalistisches Konsortium unter britischer Führung bildete, mit dem Ziel, die Vormundschaft über die brachliegende russische Volkswirtschaft zu übernehmen – mit allen Konsequenzen für die weitere innenpolitische Entwicklung. Auf deutscher Seite hatte sich vor allem Walther Rathenau als Außenminister für diesen Plan eingesetzt, der mit einer befriedigenden Regelung des für Deutschland drückenden Reparationsproblems verbunden sein sollte.

Lenin zog es vor, sich separat mit dem Reich zu verständigen, und traf dabei auf die Sorge deutscher Ostpolitiker, bei einem Erfolg der Genua-Konferenz um die Chance einer weitergehenden Revisionspolitik gebracht zu werden. Der überraschende Abschluß des Rapallo-Vertrages am 16. April 1922 ließ die gesamteuropäische Konferenz platzen. Er verstärkte das Mißtrauen im Westen gegenüber Deutschland und erschwerte eine künftige Verständigungspolitik. Rapallo wurde zum Schlagwort für die Sorge Europas vor einem deutsch-russischen Sonderweg, der das Gleichgewicht auf dem Kontinent in Frage stellte.

Vordergründig betrachtet besiegelte der Vertrag lediglich die seit 1920 angebahnte Wiederaufnahme der diplomatischen Beziehungen, die gegenseitige Anerkennung von Grenzen und den Verzicht auf Reparationen. Rathenau betrachtete daher den Abschluß als seinen Erfolg, ohne zu verstehen, daß er damit der Westorientierung Deutschlands den Weg versperrt hatte. Der Außenminister fiel kurze Zeit danach einem Attentat rechsradikaler Kreise zum Opfer. Von sowjetischer Seite jahrzehntelang als Modell für die „friedliche Koexistenz von Staaten unterschiedlicher Gesellschaftsordnung" gepriesen, erhielt der Vertrag seine eigentliche Bedeutung erst durch die nachfolgenden militärischen Geheimabsprachen, die auch ohne formellen Bündnisvertrag eine Art von Allianz begründeten.

Anfang 1923, als die Ruhrkrise ausbrach, stand diese Zusammenarbeit vor ihrer Bewährungsprobe. Um die in Genua verpatzte Neuregelung des Reparationsproblems zu erzwingen, nahm die Reichsregierung durch die Verzögerung von Zahlungen einen französischen Einmarsch in Kauf. Sie setzte zunächst auf den passiven Widerstand im besetzten Ruhrgebiet. Die heimlichen Kriegsvorbereitungen im Reich waren aber wenig aussichtsreich, so daß die rüstungswirtschaftlichen Kontakte mit Moskau intensiviert wurden. Brockdorff-Rantzau, der neue Botschafter, repräsentierte die Entschlossenheit, notfalls mit den Kosaken der Roten Armee die Abwehrschlacht am Rhein zu führen. Alle militärischen Berechnungen blieben aber wenig ermutigend. Deutschland konnte den Ruhrkampf trotz verbaler Unterstützung durch Sowjetrußland nicht lange durchhalten. Der passive Widerstand brach im Sommer 1923 zusammen, da sich auch Großbritannien und die USA zurückhielten. Innenpolitisch und ökonomisch war das Abenteuer zu einem Fiasko geworden. Der Hitler-Putsch und Seeckts Kokettieren mit einer Militärdiktatur waren Menetekel dafür, daß die Weimarer Republik mit einer zwielichtigen Ostpolitik ihren inneren Feinden in die Hände spielte.

Den Kurswechsel vollzog ein Mann, der in den nächsten Jahren zur Symbolfigur einer neuen Verständigungspolitik wurde. Ob Gustav Stresemann seinen früheren wirtschaftsimperialistischen Ideen, die im Banne von Brest-Litowsk gestanden hatten, seit 1923 als Außenminister wirklich abgeschworen hat, ist strittig. Er setzte sich jetzt für eine realistische, westlich orientierte Politik ein, um das Reich zu stabilisieren und ökonomisch zu sanieren. Das ging nicht in Konfrontation zu den Siegermächten. Deutschlands Wirtschaftspotential, wieder zur Blüte gebracht, konnte der Revisionspolitik hingegen viele Möglichkeiten eröffnen.

5. Stresemanns Westorientierung

Die Öffnung nach Westen führte zwangsläufig zu Irritationen in der Ostpolitik. Vor allem im konservativen Lager regte sich Widerspruch zu Stresemann, der mit den Locarno-Verträgen 1925 und dem Eintritt in den Völkerbund 1926 den Höhepunkt seiner Politik erreichte. Nun mußte auch das Verhältnis zu Sowjetrußland neu bestimmt werden. Im Berliner Vertrag vom 24. April 1926 fand sich der alte Rapallo-Konsens zwischen den politischen Parteien in Deutschland kurzfristig wieder ein. Mit der Bestätigung der deutsch-sowjetischen Freundschaft ergänzte Stresemann seine Politik der „Ost-West-Balance". Nach dem Muster von Rapallo lag für die Öffentlichkeit ein unverdächtiger, für alle Seiten zustimmungsfähiger Vertragstext vor, der aber alle Möglichkeiten offen ließ, um im Hintergrund die militärpolitischen und rüstungswirtschaftlichen Geheimkontakte fortzuführen und teilweise zu vertiefen. Möglich, daß Stresemann darin für sich nur ein Zugeständnis an die Rechtsparteien sah, um sie in eine vorsichtige Hinwendung nach Westen einzubinden. Eine Enthüllungskampagne über die Zusammenarbeit von Reichswehr und Roter Armee, mit der die Sozialdemokraten die deutsche Ostpolitik aus dem Zwielicht holen wollten, brachte als Ergebnis lediglich eine geschicktere Tarnung der Aktivitäten. Auswärtiges Amt und Reichswehrführung bemühten sich um eine bessere Abstimmung der verdeckten Operationen, die allerdings nicht wesentlich ausgeweitet wurden, um Deutschlands diplomatische Position gegenüber den Westmächten nicht zu gefährden. Dafür entwickelte sich der Handelsaustausch zwischen beiden Ländern zu einer neuen Blüte.

6. Auf dem Weg ins „Dritte Reich"

Dem weiteren Ausbau der Beziehungen zur UdSSR stellten sich freilich Ende der zwanziger Jahre vielfältige Hindernisse entgegen. Dazu gehörte die Festigung der Stalin-Diktatur. Lenins Nachfolger setzte die Priorität auf die Entwicklung der kommunistischen Wirtschafts- und Gesellschaftsordnung im eigenen Lande. Mit rücksichtsloser Härte bekämpfte er dabei die vermeintlich bürgerlichen Relikte und konterrevolutionären „Elemente". So wurden deutsche Illusionen über eine mögliche Einflußnahme auf die innere Entwicklung und den außenpolitischen Kurs Rußlands endgültig zerstört. Die Sowjetregierung bemühte sich außerdem darum, neben der bevorzugten Pflege der Beziehungen zu Deutschland die Kontakte zu den anderen kapitalistischen Staaten zu verbessern. Die Sowjetunion machte sich auf den Weg, aus eigener Kraft den Aufstieg zur Großmacht zu schaffen. Von einem baldigen Ende des Kommunismus war unter ausländischen Beobachtern kaum noch die Rede.

Eine „Normalisierung" der deutsch-sowjetischen Beziehungen ergab sich daraus allerdings nicht. Auch der intensive Kulturaustausch, die Begegnung einiger tausend deutscher Arbeiter, Techniker, Kaufleute und Offiziere mit der Bevölkerung der UdSSR blieben ohne nachhaltige politische Wirkung. Das Verhältnis zwischen beiden Ländern blieb weitgehend dem diplomatischen Feld überlassen, in ein machtpolitisch-militärisches Halbdunkel gehüllt, ohne von der Verständigungsbereitschaft der Völker wirksam getragen zu werden. Zu den wichtigsten Stützen der Beziehungen entwickelten sich zumindest Teile der deutschen Exportindustrie. Sie nutzen die geschäftlichen Chancen, die der erste Fünfjahresplan zur Industrialisierung der UdSSR bereithielt. Das förderte freilich auch Kritik und massive Vorbehalte anderer Wirtschaftsvertreter. Diese konnten sich nicht von der Vorstellung lösen, daß es Rußlands angeblich natürliche Aufgabe sei, Agrargüter und Rohstoffe zu produzieren zum Tausch gegen deutsche Fertigprodukte und Maschinen. Industriearbeit, so ein häufiges Vorurteil, sei „dem Russen" wesensfremd. Er bleibe trotz der kommunistischen Umerziehung ein Bauer.

Mit der Zwangskollektivierung der sowjetischen Landwirtschaft und der verschärften Unterdrückung der Religionsausübung in der UdSSR nahm die Zahl der Kritiker der Ostpolitik in Deutschland rapide zu. Vor allem christlich-konservative Kreise beteiligten sich nun verstärkt an antisowjetischen Aktionen und Kampagnen. Sie gerieten auf diese Weise noch stärker in den Sog der Nationalsozialisten, die bei ihrem Aufstieg zur Macht offen für die Abkehr von der bisherigen Rußlandpolitik eintraten. Mit ihrer absurden Sozialfaschismus-These, wonach die Sozialdemokraten als „Verräter" an der Arbeiterklasse als die schlimmsten Feinde galten, trugen die von Moskau gelenkten Kommunisten selbst dazu bei, den politischen Rückhalt der deutschen Ostpolitik – soweit sie die friedliche Zusammenarbeit mit der UdSSR suchte – zu vermindern.

Aber auch die politische Absicherung im Hinblick auf den „besonderen" Charakter der Beziehungen zerbröckelte. So verlagerte die Reichswehr ihre systematische Aufrüstungspolitik immer stärker zurück ins eigene Land, und selbst die Wirtschaft tendierte überwiegend zum Rückzug aus dem Ostgeschäft. Autarkievorstellungen gewannen wieder an Boden, ebenso die alten Mittel- und Südosteuropa-Ambitionen. Das Schlagwort der deutschen „Großraumwirtschaft" gewann an Konturen. Die Einbeziehung Rußlands auf längere Sicht verstand sich von selbst, doch nachdem die Deutschen dort mit wirtschaftlichen Mitteln nicht mehr so recht vorankamen, boten sich die krisengeschüttelten Randstaaten und Balkanländer als leichtere Objekte einer deutschen Hegemonie an.

Der Ausbruch der Weltwirtschaftskrise 1929/30 verstärkte solche Tendenzen noch. Doch schon der erste konkrete Schritt, das Projekt einer deutsch-österreichischen Zollunion, scheiterte am Einspruch Frankreichs. Soweit hatte Stresemanns Westpolitik das Mißtrauen in Paris und London nicht besänftigen können, daß man dort bereit gewesen wäre, eine deutsche Infiltration des Cordon-Sanitaire zuzulassen. Gleichzeitig gab es aber einen unerwarteten Boom im deutsch-sowjetischen Handel. Ganze Industriebranchen und -regionen waren Anfang der dreißiger Jahre in ihrem Überlebenskampf vom Tropf sowjetischer Bestellungen abhängig.

Andere allerdings stöhnten unter dem Konkurrenzdruck von Gegenlieferungen ins Reich. Waren aus der UdSSR wurden als Dumping- und Ramschware angeprangert, ihr Absatz behindert. Die Gegner des Ostgeschäfts verstärkten ihren Druck auf die Reichsregierung. In dieser Situation erregte eine Reise führender deutscher Industrieller in die Sowjetunion 1931 großes Aufsehen. Sie konnten sich dort von den Fortschritten des industriellen Aufbaus überzeugen und waren von den angebotenen Geschäftschancen beeindruckt. Eine dauerhafte Stützung der Ostpolitik ging von dieser Initiative aber nicht mehr aus. Die Rapallo-Fraktion im Regierungsapparat verlor unaufhaltsam an Boden. Ihre Argumente für eine Fortsetzung der engen Zusammenarbeit mit der UdSSR waren nicht ohne weiteres von der Hand zu weisen, so daß selbst Hitlers Machtübernahme 1933 nicht zu einem sofortigen Kurswechsel führte. Lediglich die Militärbeziehungen wurden über Nacht liquidiert.

Marschall Tuchatschewski brachte bei einem Abschiedsgespräch Ende Oktober 1933 seine Gefühle so zum Ausdruck: „Vergessen Sie nicht, daß es ihre Politik ist, die uns trennt, nicht aber unsere Gefühle – die Gefühle der Freundschaft der Roten Armee für die Reichswehr. Und denken Sie immer daran: Sie und wir, Deutschland und die Sowjetunion, können den Weltfrieden diktieren, wenn wir zusammengehen." Der letzte Satz war durchaus zweideutig zu verstehen, eindeutig aber war Tuchatschewski, den vier Jahre später wohl auch wegen dieser „freundschaftlichen" Gefühle Stalin ermorden ließ, in seiner Warnung vor antisowjetischen Illusionen: „Sollte es je zu einem Zusammenstoß unserer Länder kommen, dann werden sich die Deutschen davon überzeugen müssen, daß die Rote Armee inzwischen viel dazugelernt hat."

7. „Lebensraum im Osten" – erste Schritte

Gleich nach Beginn seiner Kanzlerschaft hatte Hitler im engeren Führungskreis bestätigt, daß die Eroberung von „Lebensraum im Osten" sein eigentliches Ziel darstellte. Mit dem überraschenden Abschluß eines Nichtangriffsvertrages mit Polen demonstrierte er sowohl sein taktisches Geschick als auch sein Kalkül, das „Dritte Reich" als Bollwerk gegen den Bolschewismus erscheinen zu lassen, um so das Wohlwollen der Westmächte, die Duldung der deutschen Wiederaufrüstung und erste territoriale Erweiterungen zu erreichen.

Die deutsche Wirtschaft setzte auf die Rüstungskonjunktur. Die Militärs brauchten die Rote Armee nicht mehr für ihre Kriegsplanungen. Statt dessen rückte die UdSSR erstmals als möglicher Feindstaat ins Visier. Die wenigen Stimmen der Vernunft und des Pragmatismus verstummten. Zuletzt setzte sich Reichswirtschaftsminister Schacht 1935/36 für eine erneute Intensivierung der deutsch-sowjetischen Wirtschaftsbeziehungen ein, die sich immer weiter rückläufig entwickelten. Hitler aber entschied sich für den „Vierjahresplan", d. h. für die Verminderung der Auslandsabhängigkeit, die Verlagerung lebenswichtiger Einfuhren nach Mittel- und Südosteuropa, dorthin, wo sie im „Bereich der eigenen Waffen" lagen.

Bei zunehmenden außenpolitischen Spannungen und als Ergebnis einer heftigen antisowjetischen Propaganda in Deutschland erreichten die bilateralen Beziehungen 1937/38 ihren Tiefpunkt. Im Spanischen Bürgerkrieg kam es bereits zum Kampf zwischen Wehrmachtssoldaten und Rotarmisten. Ein direkter militärischer Zusammenprall, vor dem Tuchatschewski 1933 gewarnt hatte, rückte offensichtlich näher. Wenn auch Hitlers Generale noch immer einen möglichen Krieg gegen die Westmächte fürchteten, einen Waffengang gegen die Sowjetarmee brauchten sie anscheinend nicht zu scheuen. Stalins selbstmörderische „Säuberungspolitik" gegen das Offizierkorps der Roten Armee führte zu einer entscheidenden Schwächung der militärischen Einsatzfähigkeit. Die frühere geheime Zusammenarbeit mit der Reichswehr wurde nun zahlreichen höheren Offizieren als Verrat und konterrevolutionäre Umtriebe vorgeworfen. Mit Tuchatschewski an der Spitze verloren zehntausende von erfahrenen Offizieren und Spezialisten ihr Leben. Andere verschwanden auf Jahre in den Lagern des „Archipel Gulag". Es gibt Indizien dafür, daß eine Intrige des Geheimdienstes der SS von Stalin genutzt worden ist, um auf diese Weise die alte Führungsspitze der Roten Armee zu beseitigen und seine Macht zu festigen.

Hitlers Verständigung mit den Westmächten in München 1938, die ihm nach dem „Anschluß" Österreichs auch die Tschechoslowakei auslieferte, sah die UdSSR völlig isoliert. Im Fernen Osten bereits in Kampfhandlungen mit Hitlers japanischen Bundesgenossen verwickelt, brachte sie das unverhohlene Werben Hitlers um Polen Anfang 1939 in eine Zwangslage. Die Weigerung der polnischen Regierung, sich als deutscher Satellitenstaat an einer Eroberung der Ukraine zu beteiligen, beseitigte zwar die unmittelbare Bedrohung der UdSSR. Aber die Standhaftigkeit Warschaus, gestärkt durch die Bündniszusage der Westmächte, förderte Hitlers Aggressionslust. Nun würde Polen selbst das nächste Opfer auf dem Weg nach Osten sein. Alles hing nun davon ab, wie sich Stalin entscheiden würde. Ein Eingehen auf die halbherzigen Bündnisangebote Englands und Frankreichs würde ihn in einen deutsch-polnischen Konflikt hineinziehen und der Roten Armee die Hauptlast des Kampfes übertragen, ohne jede Aussicht auf eine „Belohnung". Neutralität konnte andererseits bedeuten, daß die Wehrmacht an die sowjetische Westgrenze vorstieß, 200 Kilometer von Kiew entfernt, 700 Kilometer vor Moskau, an der Flanke die baltischen Staaten, die schon längst im Banne der Deutschen standen, 200 Kilometer bis Leningrad. Stalin war ein nüchterner Rechner und nicht willens, wie er öffentlich erklärte, für die anderen „die Kastanien aus dem Feuer zu holen". Und er war skrupellos genug, Hitlers Expansionsdrang in eine andere Richtung zu lenken. Die Kriegserklärung der Westmächte an Deutschland war gewiß, und wenn Hitler so „berechnend" wie Stalin sein würde, könnten sich beide Diktatoren auch gegen die westlichen Demokratien verbünden.

Der Paukenschlag des Hitler-Stalin-Paktes nahm die alte antipolnische Gemeinsamkeit der zwanziger Jahre wieder auf. Für die Nazis ging es dabei nur um eine Etappe auf dem Weg, dessen Ziel unverändert die Eroberung und Kolonisierung Rußlands war. Stalin erreichte zwar die Wiederherstellung der

Vorkriegsgrenze des russischen Reiches und gewann durch seine Zurückhaltung auf militärischem Gebiet wertvolle Zeit, aber sein Bemühen um eine gleichwertige Partnerschaft mit Hitler bei der „Neuordnung" Europas führte ihn ein Jahr später in die Isolation. Schon der erste Lichtblick eines Siegs im Westen mobilisierte den deutschen Generalstab, die Planung eines Überfalls auf die UdSSR in Angriff zu nehmen. Das Unternehmen erhielt den Decknamen „Barbarossa". Hitler als der Erbe der wilhelminischen Ostlandreiter nahm den Eroberungskrieg gegen Rußland wieder auf und steigerte ihn zum rassenideologischen Vernichtungskrieg.

Der Zweite Weltkrieg und das russisch-deutsche Verhältnis. Die russische Perspektive

Igor F. Maximytschew

Weder Entstehung noch Verlauf, noch Ausgang der Kriegskatastrophe von 1914 bis 1918, dieses ersten wirklich gravierenden Zusammenstoßes zwischen den Deutschen und den Russen in der Neuzeit, hat ihr Verhältnis untereinander nachhaltig vergiftet. Der Streit über die Schuldzuweisung für die Entfesselung der Feindseligkeiten blieb undurchschaubar; nach offizieller Lesart der Bolschewiki, die ab Oktober 1917 Rußland regierten, war die Weltbourgeoisie an allem schuld und die Werktätigen aller kriegführenden Länder nur ihre Opfer. Der Panslawismus des Ersten Weltkriegs erwies sich als zu oberflächlich, um die Massen der Russen gegen die Deutschen aufbringen zu können. Der reziproke Haß war einfach nicht da; die Verbrüderungsszenen an der deutsch-russischen Front nach dem Februar 1917 sprachen eine überzeugende Sprache. Der Diktatfrieden von Brest-Litowsk (März 1918) ging natürlich auf das Konto des deutschen Imperialismus, für dessen Missetaten die Deutschen als Volk nicht verantwortlich zu machen wären – das wurde sehr deutlich in sowjetischen Verlautbarungen erläutert. Außerdem dauerte dieser Räuberspuk weniger als ein Jahr. Das Nachkriegssystem von Versailles wurde in beiden Ländern als ungerecht empfunden; sowohl die Deutschen als auch die Russen sahen sich als Parias der neuen europäischen Ordnung. Die Annäherung Deutschlands und Rußlands in den zwanziger Jahren war für ihre Bevölkerungen logisch, folgerichtig und begrüßenswert.

Sympathien für die Deutschen fand man auf beiden Seiten der russischen Bürgerkriegswirren. Die weiße Emigration war in den ersten Jahren nach dem bolschewistischen Umsturz auf Deutschland, insbesondere auf Berlin („Charlottengrad"), konzentriert. Die roten Machthaber erwarteten von Deutschland, bald Ausgangspunkt für die nächste Welle der proletarischen Revolutionen in Europa zu werden. Die Wahrnehmung Deutschlands als eines grundsätzlich geistesverwandten Landes war im russischen Massenbewußtsein tief verankert. Als es schon um praktische Vorbereitungen zum Hitlerschen Ostfeldzug ging, schrieb einer der fähigsten sowjetischen Propagandisten über die eventuelle Situation im Falle eines deutschen Angriffs auf die UdSSR: „Die Feuerbrunst der Spreng- und Brandbomben in den Stellungen der Faschisten würde sich auch nicht annähernd so verheerend auswirken wie die Flamme des (inneren) sozialistischen und pazifistischen Widerstands; nun würden die Gegner Hitlers, Gegner des Krieges, übrigens sehr starke Gegner, ihre ganze Kraft zeigen. Dieser Brand würde die Menschenmassen anfeuern, für die Deutschland zum Gefängnis geworden ist. Das wäre unausweichlich. Er würde ihnen Willen, Mut sowie technische Möglichkeiten für erste Aktionen verleihen, um unüberhörbar die entschiedene Forderung anzumelden: unverzüglicher und bedingungsloser Schluß mit diesem verbrecherischen Bruderkrieg! Alle denkenden Menschen in Deutschland würden wissen, daß dieser Krieg kein Krieg Deutschlands, sondern ein Krieg der Gangster und Psychopathen ist. Deshalb würde der verfaulte Organismus des Faschismus vom ersten Tag des Krieges an vom Zusammenbruch gezeichnet sein; die (äußeren) Gegner dieser Gangster und Psychopathen, die ihr Volk an den Rand des Abgrunds geführt haben, würden sich nicht allein, nicht isoliert fühlen, sie würden die Präsenz von mächtigen Verbündeten im Rücken der Faschisten spüren können." (Ernst Henry. Hitler contra die UdSSR. Moskau, 1938, S. 258).

Durch den fundamental prodeutschen ideologischen Hintergrund war eine positive, wenn auch zurückhaltende Aufnahme des Hitler-Stalin-Paktes vom 23. August 1939 durch die Bevölkerung der UdSSR begünstigt. Die Stalinschen Säuberungen hatten 1936 bis 1938 die Menschen daran gewöhnt, daß die Helden von gestern über Nacht zum Lumpenpack werden konnten. Nun geschah das Gegenteil: Faschistischer Abschaum wurde schlagartig zum Vertragspartner. Diese Wendung wurde nicht nur aus Disziplin befolgt – auch aus Erleichterung, nicht schon wieder gegen die Deutschen kämpfen zu müssen. Umso dramatischer fiel die fürchterliche Ernüchterung des 22. Juni 1941 aus, als die Wehrmacht die Westgrenze der UdSSR auf ihrer ganzen Länge von der Ostsee bis zum Schwarzen Meer überschritt. Seitdem sind Begriffe wie „Wortbruch" oder „Verrat" in der außenpolitischen Wahrnehmung des russischen Volkes sehr eng mit dem Namen Deutschland verknüpft.

Der Krieg begann nicht so, wie man sich ihn im Kreml zu Friedenszeiten gern vorgestellt hatte. Unaufhaltsamer Rückzug, blutige Kesselschlachten, verzweifelte Versuche zur Frontstabilisierung – das war die bittere Realität nicht für das angeblich verfaulte Nazideutschland, sondern für die UdSSR, deren Führer sie immer als unbesiegbar deklarierten. Das deutsche Proletariat zeigte keine Neigung, dem Vaterland der Werktätigen aller Länder in seiner Not zu Hilfe zu eilen. Die eigene Armee, die Partei und das Volk brauchten dringend eine andere Motivation als die Weltrevolution, die im entscheidenden Moment immer kläglicher versagte. In seinem ersten Rundfunkappell an das Volk am 3. Juli 1941 sprach der Oberkommunist Stalin deswegen das Nationalgefühl und den Patriotismus der Russen als ewige Werte an. Er gab die Parole vom Großen Vaterländischen Krieg des Volkes aus (als der erste Vaterländische Krieg der Russen gilt die Volkserhebung gegen Napoleons Invasion 1812).

Mit ihrer Ideologie der deutschen Herrenrasse, mit den Plänen, den Lebensraum im Osten für künftige deutsche Kolonialisten leer zu fegen, haben die Nazis eine Breitseite des Hasses in die Welt um Deutschland herum abgefeuert. Der Haß schlug verzehnfacht auf die Deutschen zurück. Dem verbrecherisch maßlosen Nationalismus, dem Chauvinismus des Dritten Reiches stand nun der zugespitzte Nationalismus der von der deutschen Aggression betroffenen Völker entgegen. Raub und Totschlag auf dem okkupierten russischen, belorussischen und ukrainischen Gebiet, gnadenlose Ausbeutung, mörderische Strafexpeditionen gegen die Partisanen, unmenschliche Behandlung der Kriegsgefangenen, Massenerschießungen, Todeslager führten bald dazu, daß die Russen diesen Krieg nicht mehr primär als Auseinandersetzung mit dem Faschismus, sondern mehrheitlich als den

Überlebenskampf gegen Deutschland auffaßten. Das hatte teilweise schlimme Auswirkungen, als die Kriegshandlungen das eigentliche deutsche Gebiet erfaßten. Die Ausschreitungen gegen die deutsche Zivilbevölkerung waren aber nie von oben organisiert; Befehle aller Kommandoebenen schrieben stets ihre korrekte Behandlung vor; in den politischen Proklamationen war der Vormarsch in Deutschland seine Befreiung vom Faschismus.

Ab 1942 und in die ersten Nachkriegsjahre hinein konnte eine massive Deutschfeindlichkeit in allen Schichten der Bevölkerung der UdSSR festgestellt werden. Die allgemeine Stimmung fand ihren exakten Ausdruck im Gedicht eines der populärsten Schriftsteller und Dichter der Zeit, Konstantin Simonow, „Wenn dir dein Haus lieb und teuer ist", wo über „den Deutschen" stand: „Töte ihn jedes Mal, wenn du ihn siehst". Insbesondere die Feuerschriften des Publizisten Ilja Ehrenburg trugen zur Mobilisierung der antideutschen Haßgefühle der Masse bei. Dabei muß gesehen werden, daß der Deutschlandhaß in Rußland über gewisse Grenzen nicht hinausging. Die Behandlung der deutschen Kriegsgefangenen durch die Bevölkerung war z.B. grundsätzlich fair; wenn ihre Existenz miserabel war, so unterschied sich das Leben der gewöhnlichen Russen davon nur unwesentlich; trotz des Unwillens der Parteiinstanzen rissen die Kontakte zwischen den Kriegsgefangenen und den ringsum lebenden russischen Menschen nicht ab.

Stimmen nach Vergeltung in Deutschland dagegen hielten alles in allem die erste Nachkriegszeit unvermindert an, obwohl von Anfang an amtliche sowjetische Stellen die deutschen Kommunisten aus der übrigen Volksmasse des besiegten Landes als unbeteiligt an den Verbrechen des Nationalsozialismus auszusortieren versuchten. Innerhalb der sowjetischen Führung, also in der Administration und der Parteihierarchie, bestand keine Einigkeit, wie man mit Deutschland weiterhin umspringen sollte. Die einen (gerüchteweise gehörte zu ihnen Lawrenti Berija, der blutrünstige Chef der Geheimpolizei und einer der wenigen Vertrauten Stalins) waren der Ansicht, daß die Ostdeutschen durch Reparationslieferungen an die UdSSR „im vollen Umfang" zu bestrafen wären, dafür aber nicht mit dem Aufbau der (real)sozialistischen Ordnung belästigt werden sollten (die UdSSR erhielt nicht die vertraglich festgelegten Reparationen aus den Westzonen, was zugleich ein Grund und eine Folge der zunehmenden Streitigkeiten mit den Westmächten war). Für diese Fraktion waren die deutschen Kommunisten, später die SED-Leute, zwar nützliche Verbündete im inneren Gefüge des künftigen ostdeutschen Staates, nicht aber die strategischen Bundesgenossen, denen man unbedingt in den Sattel der wirklichen Macht verhelfen müßte. Die anderen (vorwiegend ehemalige Komintern-Leute) vertraten genau den entgegengesetzten Standpunkt: Ostdeutschland hätte sich als ein Staat von strikter (real)sozialistischer Obedienz im Rahmen einer kommenden osteuropäischen Gemeinschaft zu konstituieren, und die SED sollte in diesem Staat die Rolle der Partei der Macht übernehmen. Dabei wäre jedoch eine gewisse Linderung der Reparationsbürde ins Auge zu fassen, damit die SED wenigstens teilweise als Erlöser der leidenden ostdeutschen Bevölkerung erscheinen und an Popularität gewinnen könnte. Eine klare Entscheidung wurde zu Stalins Lebzeiten nicht getroffen. Im Endergebnis hat Moskau beide Linien gleichzeitig zu verfolgen gesucht: Reparationen wurden unvermindert abverlangt, während in der Sowjetischen Besatzungszone eine deutsche Kopie der ruhmreichen UdSSR ins Leben gerufen wurde. Diese Kombination führte geraden Weges zum 17. Juni 1953.

Das schreckliche Trauma des Krieges, das nicht nur die unmittelbaren Teilnehmer am Geschehen auf dem osteuropäischen Schauplatz der Kämpfe, deren Verbissenheit für den Westen für immer unvorstellbar bleiben wird, sondern auch das ganze Volk in der Heimat geprägt hat, lieferte den allerletzten noch fehlenden Ziegelstein zum Gebäude des Stalinschen Superstaates – und seines Superimperiums. Die grundlegende These des größten Genies aller Zeiten von der feindlichen Umgebung, die das Land nie in Ruhe lassen würde, schien durch die Kriegsereignisse belegt und erhärtet. Die UdSSR und ihre Verbündeten wurden allen Ernstes zur belagerten Festung.

Im Moment des Todes des Führers der Völker im März 1953 hatte das sowjetische System des Realsozialismus eine beinahe ideale Form vom Standpunkt der Selbsterhaltung angenommen. Solch eine perfektionierte, bewußt und gewollt herbeigeführte Isolation war früher kaum vorgekommen. Kontakte mit der Außenwelt wurden praktisch inexistent, spärliche Informationen von auswärts betrafen ausschließlich Unglücksmeldungen und Naturkatastrophen, Berichte über die Situation im Lande enthielten nichts außer Parteibeschlüssen und Erfolgsrapporte der Werktätigen an die oberste Führung. Durch konzentrierte Propaganda war der Bevölkerung die Überzeugung eingetrichtert worden, daß es der übrigen Welt noch dreckiger geht als ihr selbst. Die Furcht vor Arbeitslagern oder Erschießung war allgegenwärtig – man wußte genau, welche Strafe für eine Unmutsäußerung oder ein unbedachtes Wort drohte. Man wartete stumpf auf den dritten Weltkrieg, der nach den Berechnungen der Theoretiker des Klassenkampfes im Weltmaßstab wie das Amen in der Kirche kommen sollte, und akzeptierte widerstandslos die Gesetze der Kriegszeit, als schon der armselige Frieden herrschte.

Dieser Zustand des Eingemauertseins hätte ewig dauern können – vorausgesetzt, die herrschende Nomenklatura würde sich mit den Exzessen des Regimes (periodische Säuberungen, willkürliche Exekutionen, unbegrenzte Macht der obersten Parteispitze, unzählige Massen von Lagerhäftlingen usw.) abfinden, die von Zeit zu Zeit auch sie trafen. Die Nomenklatura wollte jedoch ein gesichertes Dasein für sich und ihre Familien. Das bedeutete aber eine (begrenzte) Liberalisierung eines Systems, das keine Lockerungen vertrug. Die ersten Schritte von Nikita Chruschtschows Tauwetter waren somit auch der erste Nagel im Sarg des Realsozialismus. Der Fehlschlag der Reformen Michail Gorbatschows – einmal von seinen persönlichen Schwächen und Fehlern abgesehen – war vorprogrammiert, da das System unreformierbar war. Eine bestimmte Zeit funktionierte es ganz mechanisch, nach den Gesetzen der Trägheit. Jedoch die kleinste Erschütterung genügte, das endgültige Aus zu bewirken.

Angesichts der Manipulation der Informationen ist es nicht verwunderlich, daß nur wenige in der UdSSR, in Rußland, eine Ahnung vom wahren Charakter und Ausmaß der Ereignisse des 17. Juni hatten. Die vorgeschobene Erklärung der offiziellen Propaganda schien glaubhaft: „faschistische Umtriebe". In der Tat waren bloß acht Jahre seit dem Ende des Krieges vergangen, in dessen Verlauf die Deutschen dem nazistischen Regime bis zum bitteren Ende die Treue hielten. (Der 20. Juli 1944 galt damals als „Verschwörung der Generäle" und wurde als Versuch ausgelegt, dem Untergang des deutschen Imperialismus im letzten Augenblick zuvorzukommen). Sonderbarerweise war dadurch der Vorstellung der Mehrheit der Russen von den Ostdeutschen als den „guten Deutschen", „unseren Deutschen", kein Abbruch getan. Man fand es durchaus plausibel, daß die Menschen den einmal begangenen Fehler bereuen und dann wiedergutmachen können. Die sozialistische Solidarität blieb intakt. Die Rolle der DDR als ideologischer Bundesgenosse war überhaupt außerordentlich wichtig für die Normalisierung des Verhältnisses der Deutschen zu den Russen und generell zu den Völkern Mittel- und Osteuropas. Die Wende zum Besseren war vollzogen, als die gestrigen Opfer der deutschen Aggression mindestens einen Teil der Deutschen als ihre Weggefährten, Verbündeten, Freunde zu empfinden begannen – und das waren eben die DDR-Deutschen.

Es bestand freilich immer ein feiner Unterschied zwischen dem Deutschland- und dem Deutschenbild der Russen. Die russische Vorstellung von den Deutschen wandelte sich wenig im Laufe der Jahrhunderte, in denen der friedliche Kontakt beider Völker außerordentlich eng war. Diszipliniert, pünktlich, fleißig, gewissenhaft, anständig, arbeitsam, beharrlich, tapfer, gehorsam – so die Grundqualitäten der Deutschen in den Augen der Russen. Dazu kamen weitere, subjektiv gefärbte Einschätzungen: positive, wenn man es gerade gut mit den Deutschen meinte, z.B. weise, geistreich, gerecht, geschickt, mutig, zuverlässig usw., oder aber negative, wenn man wieder mal mit ihnen im Clinch lag: amusisch, neidisch, beschränkt, störrisch, hinterlistig, herrisch, zanksüchtig. Hierfür ist die Einstellung des Gründers der Moskauer Universität, Michail Lomonossow (1711–1965), zu den Deutschen typisch: Er hatte in Deutschland (in Marburg) studiert, eine Deutsche geheiratet, viele Freunde unter den Deutschen gewonnen, sein Leben lang mit deutschen Gelehrten eng zusammengearbeitet, jedoch bei Gelegenheit sein Vergnügen darin gefunden, auf die Deutschen von Herzen zu schimpfen – auch schriftlich. Da jedoch die Russen die meiste Zeit liebend gern auf die Russen selbst schimpfen, blieb alles schön in der Familie.

Mit dem Deutschlandbild ist es anders bestellt. Das soldatisch geprägte Preußen hatte in Rußland immer eine viel bessere Bewertung gefunden als das perfide und selbstsüchtige Österreich. Bismarcks Reich wurde ursprünglich ebenfalls mit viel Sympathie aufgenommen, hatte doch Preußen dem verhaßten Napoleon III. eine Lektion erteilt, der mitsamt den Briten soeben Rußland eine demütigende Niederlage im Krim-Krieg bereitet hatte. Erst die wilhelminische Aufschneiderei rief ernste Verstimmungen in Rußland hervor. Die Entscheidung zugunsten eines Bündnisses mit Frankreich war jedoch hauptsächlich durch die Entstehung des Dreibundes 1882 motiviert, da die russisch-österreichischen Gegensätze auf dem Balkan unüberbrückbar schienen.

Abscheu und Furcht vor Deutschland begannen eigentlich mit Hitlers Machtergreifung 1933 und dem Beginn der nationalsozialistischen Schandtaten, gestützt und getragen durch den deutschen Staat. Haßgefühle gegenüber Deutschland entstanden indessen frühestens im Krieg. Wenn jedoch Rachsucht im Verhältnis zu den Deutschen schon vergleichsweise bald nach den Ende der Feindseligkeiten im Abklingen begriffen war, blieb der Groll Deutschland gegenüber unvermindert weiter bestehen. Die Auflösung von Preußen 1947 auf Beschluß der vier Besatzungsmächte wurde als das wirkliche Ende des deutschen Imperialismus stürmisch begrüßt und die Entstehung von zwei deutschen Staaten 1949 als völkerrechtliche Bekräftigung dieses Tatbestandes – trotz der offiziellen Entrüstung über den Adenauerschen Separatismus – insgeheim willkommen geheißen. Das eigentliche Problem für die Lösung der deutschen Frage war gerade das Mißtrauen und die Abneigung dem einheitlichen deutschen Staat gegenüber, die besonders stark im Osten Europas ausgeprägt waren. Und nach der Logik der Dinge färbten diese Ressentiments speziell auf die Beziehung zur Bundesrepublik ab, deren verfassungsmäßiger Auftrag es war, die deutsche Einheit wiederherzustellen.

Hier setzte die neue Ostpolitik der Regierung Willy Brandt-Walter Scheel an, ohne die eine deutsche Vereinigung in Frieden und Freiheit unvorstellbar geblieben wäre. Als der Durchbruch unter Brandt und Scheel erreicht wurde, war es überaus wichtig, daß ihre Nachfolger die Hauptlinien dieser Politik weitergeführt haben. Nur die konsequente und kontinuierliche Pflege des bundesdeutschen Verhältnisses zu Rußland und den übrigen Nationen Mittel- und Osteuropas, die Tag für Tag 20 Jahre lang unabhängig von der Parteicouleur der jeweiligen Bundesregierung aufrechterhalten wurde, verhalf dort zur Verbreitung der Auffassung, daß auch der andere deutsche Staat nichts Aggressives im Schilde führt. Von da blieb lediglich ein Schritt zur Annahme, die friedliche Vereinigung von zwei friedfertigen Staatsgebilden könne keine Gefahr für die Nachbarschaft heraufbeschwören. Auch unter diesen grundsätzlich positiv gewandelten Gegebenheiten waren 1989/90 meist unterschwellige Bedenken und Widerstände gegen den Zusammenschluß beider deutscher Staaten bei ihren Nachbarn nicht selten. Es ist leicht auszudenken, welchen erregten Reaktionen im Osten solch eine Perspektive begegnet wäre, wäre die ostpolitische Vorarbeit verspätet begonnen oder vernachlässigt worden.

Ein halbes Jahrhundert nach der Beendigung des Zweiten Weltkrieges sind die von ihm verursachten Ressentiments gegenüber Deutschland und den Deutschen insoweit überwunden, als die deutsche Einheit im Einvernehmen mit sämtlichen ehemaligen Kriegsgegnern wiederhergestellt werden konnte und der wiedererstandene deutsche Staat freundschaftliche Beziehungen zu allen europäischen (und nicht nur europäischen) Nationen unterhält. Es wäre aber nicht ganz exakt anzunehmen, daß nun die Erlebnisse des Krieges und die Erinnerungen daran völlig der Vergangenheit angehören.

Erinnerung an Kriegsgreuel und an Unrecht, alte Kränkungen und verletzte Empfindlichkeiten, persönliche Aversionen, verhärtete Mythen und Unvermögen zu vergessen sind noch zu präsent bei der älteren Generation und übertragen sich in einem gewissen Maße auf die heranwachsende Jugend. Das bedeutet, daß man sich auch weiter um eine gewissenhafte Pflege des Miteinanders der europäischen Völker kümmern sollte. Denn das latente Risiko ist vorhanden, daß aus wenigen glimmenden Funken, die unter normalen Umständen als belanglos angesehen werden dürfen, bei einer unvorhersehbaren Wendung ein neuer Schaden entstehen könnte.

Die Zukunft Deutschlands wie die Zukunft Rußlands hängen davon ab, ob es gelingt, bald mit der Konstruktion des großen Europa zu beginnen, in dem jede Nation und jedes Volk des Kontinents seinen würdigen und gleichberechtigten Platz hätten. Die beiden größten Staaten Europas tragen eine herausragende Verantwortung für sein Schicksal, das oft genug in der Vergangenheit durch ihre Fehden in Frage gestellt worden war. Natürlich bleibt Deutschland dabei ein integrierender Teil der westlichen Vereinigungen, weil das geeinte Gesamteuropa nicht durch Destruktion dessen zu verwirklichen wäre, was im Zusammenschluß schon erreicht worden ist. Und dennoch: Das besondere russisch-deutsche Verhältnis ist seit langem da. Verantwortlich dafür zeichnen die Geographie, die beide Völker zu Nachbarn machte, und die Geschichte, die sie immer wieder im Guten wie im Bösen in Berührung brachte. Die gesamteuropäische Integration bleibt die einzige Alternative zu den Rückfällen in gewesene Mißstände. Ein vertrauensvolles Zusammenwirken der Deutschen und der Russen könnte entscheidend für den Durchbruch zum großen Europa sein, in dessen Rahmen alte Mißhelligkeiten endlich mit gutem Gewissen der Historie und den Historikern überlassen werden dürfen.

Die sowjetische Gesellschaft im Krieg

Peter Jahn

Für die meisten Völker Europas war die Entwicklung der ersten Hälfte des 20. Jahrhunderts vor allem durch schmerzhafte Krisen und Katastrophen geprägt, unter denen die beiden Weltkriege an erster Stelle stehen. Aber keine Gesellschaft hat in dieser Zeit Katastrophen eines Ausmaßes erlebt, wie sie die russische – bzw. sowjetische – Gesellschaft zwischen 1914 und 1945 ertragen mußte.

Der Erste Weltkrieg mit mehr als zwei Millionen Kriegstoten mündete in Rußland 1917 in eine Revolution, in der sich über viele Jahrzehnte unterdrückte Kräfte gewaltsam durchsetzten. Diese Revolution, in der die radikalste Strömung die Oberhand gewann, mündete in einen mehr als drei Jahre dauernden Bürgerkrieg, dessen viele Millionen Opfer die Zahl der Kriegstoten bei weitem überstiegen. Schon die Kampfhandlungen und der rote und weiße Terror hinter den Fronten – gegen Bürger und Adel auf der einen, gegen aufrührerische Arbeiter, Bauern und Intellektuelle sowie Juden auf der anderen Seite – forderten eine immense Zahl von Opfern. Mehr Menschen noch starben durch die Hungersnot im Gefolge des Bürgerkriegs, deren Ursachen in dem drastischen Rückgang der landwirtschaftlichen Produktion und dem Zusammenbruch des Verkehrsnetzes zu finden waren. Die Verluste durch Bürgerkrieg und Hungersnot in den Jahren 1918 bis 1923 sind in einer Dimension von ca. 15 Millionen Menschen einzuschätzen. Dazu kamen riesige materielle Zerstörungen.

Die folgenden Jahre der Neuen Ökonomischen Politik boten den Menschen nur eine kurze Atempause. Die Ende der zwanziger Jahre begonnene und mit Terror durchgesetzte Zwangskollektivierung der Landwirtschaft forderte bis 1934 viele Millionen Opfer: zu Hunderttausenden durch direkte staatliche Gewalt, nach Millionen als Hungertote im Gefolge des zeitweiligen Zusammenbruchs der Produktion. Die sowjetische Gesellschaft hatte sich von dieser Katastrophe noch nicht erholt, als ab 1936 mit der explosionsartigen Ausweitung der Stalinschen „Säuberungen" eine neue Krise massenhaft Opfer forderte. Der neue Terror richtete sich nur noch am Rande gegen die in der Gesellschaft verbliebenen Gruppen, die das alte Regime repräsentierten. In diesem vom Machtzentrum perpetuierten Bürgerkrieg, der sich gegen die eigene Gesellschaft und ihre Funktionseliten richtete, gab es jenseits der Person Stalins als der Inkarnation des Sozialismus keine Person, die nicht als Feind definiert werden konnte. Hunderttausende wurden als vermeintliche Trotzkisten, Agenten feindlicher Mächte oder wegen Sabotage angeklagt und hingerichtet, am absurdesten für die Opfer im Zentrum der sowjetischen Macht, in Armee, Partei und selbst im Geheimdienst. Viele Millionen wurden unter ähnlichen Beschuldigungen zur Zwangsarbeit in den Straflagern verurteilt.

In den Jahren 1939/40 hatte der nach innen gerichtete Terror zwar merklich nachgelassen, war aber nicht grundsätzlich beendet worden. In dieser Situation des Atemholens brach mit dem deutschen Überfall vom 22. Juni 1941 auf die Sowjetunion eine neue Katastrophe herein, die noch mehr Opfer fordern sollte als die Katastrophen der vergangenen 24 Jahre. Wurde unmittelbar nach dem Kriegsende die Zahl der Kriegstoten mit sieben Millionen angegeben, erhöhten sich in den offiziellen Verlautbarungen die Zahlen Anfang der fünfziger Jahre auf zehn Millionen Tote, wurden mit der Entstalinisierung durch Nikita Chruschtschow auf zwanzig Millionen verdoppelt, um schließlich in der Zeit der Perestrojka Gorbatschows offiziell auf 27 Millionen erhöht zu werden. Auch wenn eine relativ exakte Angabe wie 27 Millionen nicht wirklich zu verifizieren ist, so entspricht diese Angabe am ehesten den gegenwärtigen Forschungsergebnissen, die 25 bis 30 Millionen Tote nennen. Damit hatte jeder siebte Bewohner der Sowjetunion sein Leben durch Gewalt verloren, in Weißrußland, das von 1941 bis 1944 unter der Besatzungsherrschaft gestanden hatte und einen hohen Anteil jüdischer Bevölkerung besaß, war es jeder vierte Einwohner gewesen, von den Männern der Geburtsjahrgänge 1920 bis 1924 hatte mehr als die Hälfte nicht überlebt. Kein Land hat höhere Menschenverluste im 2. Weltkrieg erleiden müssen.

Es sagt bereits etwas über das sowjetische Herrschaftssystem aus, daß diese Ziffer erst mehr als vierzig Jahre nach Kriegsende genannt wurde und daß bis dahin die Höhe der Verluste heruntergespielt worden war. Dieser Krieg war als Überfall über das Land gekommen und hatte die Bevölkerung unvorbereitet getroffen. Am Ende waren nicht nur 25 bis 30 Millionen Menschen, die Mehrzahl Zivilisten, getötet worden, auch die materiellen Zerstörungen in den Kampf- und Besatzungsgebieten waren immens, im Westteil der Sowjetunion mußte praktisch von Grund auf alles neu aufgebaut werden: Städte, Verkehrswege, Produktionsstätten.

Diese Zerstörungen trafen das dichtest besiedelte und industrialisierte Gebiet der UdSSR. Die Industrialisierung war im wesentlichen Resultat eines Kraftaktes der vorangegangenen zwölf Jahre gewesen, mit dem unter enormen Zwängen und Entbehrungen die Transformation von einer Agrargesellschaft zu einer Industriegesellschaft durchgesetzt worden war. Allerdings war es in den ersten Kriegswochen der Sowjetunion noch gelungen, wesentliche Teile der Industrie in die ebenfalls neu erschlossenen Industriezonen des Ural und Westsibiriens zu evakuieren. In einem erneuten Kraftakt gelang es der Sowjetunion, unter Kriegsbedingungen das Potential dieser Industrie wesentlich zu steigern und für die Kriegsproduktion effizient zu machen. Gegen Ende des Krieges hatte sich die militärisch relevante Produktion gegenüber dem letzten Vorkriegsjahr 1940 (in dem die Rüstungsproduktion schon hohe Priorität hatte) annähernd verdreifacht. Die sowjetische Kriegsproduktion konnte dabei nicht nur große Quantitäten aufweisen, auch die Qualität der Militärtechnik war im Vergleich mit anderen Industriestaaten auf einem hohen Niveau, in einigen Bereichen auch führend.

Erbracht wurden diese Leistungen nur zu einem geringen Teil von den Arbeitern, die auch vor dem Krieg an den

Arbeitsplätzen gestanden hatten. Nur wenige Spezialisten – Ingenieure und hochqualifizierte Facharbeiter – wurden nicht zum Militär einberufen, die Mehrzahl der Arbeitsplätze wurde mit Frauen und auch Heranwachsenden besetzt. Die Meldung der Abteilung „Fremde Heere Ost" der deutschen Wehrmacht aus einer Gefangenenvernehmung im Jahr 1944 kann die Situation zutreffend charakterisieren: „In einer Gießerei ... betrug die Belegschaft über 1000 Köpfe, davon waren 500 Frauen von 19–30 Jahren, etwa 100 13–15-jährige Knaben, der Rest bis auf die Meister Kriegsversehrte" (Der Krieg gegen die Sowjetunion, Hrg. Reinhard Rürup, S. 175).

Der großen Leistungssteigerung der Kriegsproduktion und aller mit ihr verbundenen industriellen Bereiche stand ein drastischer Produktionsrückgang nicht nur der anderen Industriebereiche, sondern auch der Lebensmittelproduktion gegenüber. Mit dem deutschen Vormarsch in den Jahren 1941 und 1942 waren auch die großen Zonen der agrarischen Überschußproduktion verloren gegangen, zudem war die Landwirtschaft durch die militärischen Anforderungen weitgehend der menschlichen Arbeitskraft wie auch der tierischen und maschinellen Produktionsmittel beraubt worden. So sank die Lebensmittelproduktion in den Jahren 1942 und 1943 auf weniger als 40 Prozent der Produktion des Jahres 1940 ab. Zwar verringerte sich auch die zu ernährende Bevölkerung um 60 bis 65 Millionen Menschen, die im besetzten Gebiet verblieben waren, aber das waren nur 30 Prozent der Bevölkerung, es mußten also mit knapp 40 Prozent der Vorkriegsproduktion (und das war kaum eine Überschußproduktion gewesen) ca. 70 Prozent der Vorkriegsbevölkerung ernährt werden.

Was hier als statistische Rahmendaten abstrahierend genannt wurde, ist im kollektiven Gedächtnis der Bevölkerung schmerzhaft eingebrannt. Hunger und Mangelernährung waren für die Mehrheit der Bevölkerung in den Kriegsjahren nicht die Ausnahme, sondern die Regel. Nur eine Gruppe der deutschen Bevölkerung hat an dieser schmerzhaften Erfahrung intensiven Anteil gehabt, die drei Millionen Kriegsgefangenen, die neben anderen Belastungen des Lagerlebens vor allem dem Hunger ausgeliefert waren. In vielen Berichten der Heimgekehrten wird bei der Beschreibung dieser Lagersituation, die jeder dritte Gefangene nicht überlebt hat, auch erwähnt, daß die sowjetische Bevölkerung selbst nach dem Krieg nicht mehr als die Gefangenen gehabt habe.

Vor allem aber war die Bevölkerung der besetzten Gebiete im ersten Kriegsjahr dem Hunger ausgesetzt, da die ursprüngliche Planung der deutschen Besatzungsherrschaft den Hungertod von „mehreren zehn Millionen" Menschen vorgesehen hatte, die als überflüssige Esser definiert worden waren. So war für diese Zeit der massenhafte Hungertod nicht nur auf das belagerte Leningrad beschränkt, wo mindestens 800000 Menschen verhungerten (hätte die Stadt kapituliert, wäre die große Mehrheit der 2,5 Millionen Einwohner dem Hungertod preisgegeben worden), auch in den besetzten Städten und auf dem Lande (insbesondere unter den Flüchtlingen) starb eine nach Millionen zählende Zivilbevölkerung an den Folgen des Hungers. Erst nach dem Scheitern der deutschen Blitzkriegspläne und auf der Grundlage einer Planung zur Ausnutzung der heimischen Arbeitskräfte für die deutsche Kriegführung wurde für eine minimale materielle Versorgung der Bevölkerung gesorgt.

Aber auch im unbesetzten Hinterland finden sich zahlreiche Beispiele für den Tod als Folge von Ernährungsmängeln. Insbesondere waren davon die 13 Millionen Evakuierten aus den besetzten Gebieten oder andere, die aus den alten Lebenszusammenhängen gerissen wurden, betroffen. Dazu kam, daß die Versorgung keineswegs den Mangel einigermaßen gerecht nach den Bedürfnissen zu verteilen suchte. Vielmehr bestimmte ein hohes Maß an Ungleichheit eine Gesellschaft, die aus der Kritik an der Ungleichheit des Kapitalismus noch immer ihre Legitimation bezog. Neben der hohen Nomenklatura in Partei und Regierung, die selbst im belagerten Leningrad reichlich zu essen hatte, erhielten nach den Streitkräften die Teile der Arbeitsbevölkerung bevorzugt Lebensmittel, die in der unmittelbaren Kriegsproduktion qualifizierte Leistungen erbrachten. Aber Versorgungsmängel waren selbst in der sowjetischen Armee häufig zu finden. Am anderen Ende der Versorgungsskala standen neben der nicht mehr im Arbeitsprozeß stehenden älteren Bevölkerung Arbeitende in Bereichen, die zwar aufrechterhalten werden mußten, aber keinen direkten Nutzen für die Kriegführung besaßen. Die Ungleichheit der Versorgung setzte sich in feinen Abstufungen sogar innerhalb der Armee fort, in der für Mannschaften, Unteroffiziersdienstgrade, Subalternoffiziere, Stabsoffiziere und schließlich Generale jeweils unterschiedliche Verpflegungsnormen galten.

Die mehrheitlich unzureichende Versorgung über Lebensmittelkarten konnte in den Kriegsjahren durch sehr teure Marktangebote ergänzt werden. Neben dem Rationierungssystem bestand ein grauer wie auch geduldeter schwarzer Markt, nicht zuletzt dadurch ermöglicht, daß die Kolchosbauern kurz nach Kriegsbeginn als Konzession an die Kriegsbedingungen die Erlaubnis zur Bebauung eines privaten Stück Gartenlandes erhalten hatten. So bildete sich ergänzend zum staatlich regulierten Versorgungssystem ein teilweise auf unmittelbaren Tauschbeziehungen basierender Markt, der auch seine kleinen Gewinner hervorbrachte. Für die Bevölkerung, soweit sie Geld oder wenigstens marktverwertbare Gegenstände besaß, bot dieser begrenzte Markt noch eine Chance, angesichts eines für viele zum Überleben unzureichenden Versorgungssystems doch noch das physisch notwendige Nahrungsminimum zu erhalten.

Die Bevölkerungsbewegung, die in der Sowjetunion bereits vor dem Krieg durch die forcierte Industrialisierung, aber auch in einem beträchtlichen Umfang durch das System der Zwangsarbeit sehr groß gewesen war, erfaßte unter den Bedingungen des Krieges noch weitaus größere Teile der Bevölkerung. Neben der massenhaften Rekrutierung der männlichen Bevölkerung für die Streitkräfte und neben der Evakuierung und Fluchtbewegung von ca. 13 Millionen Bewohnern aus den besetzten Gebieten wurde auch die Zivilbevölkerung im Hinterland einem quasimilitärischen Regime unterworfen, so daß sie zu jedem beliebigen Arbeitsplatz kommandiert werden konnte. Dazu kamen Massendeportationen von nationalen Minderheiten, sei es unter dem prophylaktischen Kollaborationsverdacht, wie die Rußlanddeutschen, sei es als Kollektivstrafe für die reale Kollaboration einiger Repräsentanten der Minderheit, wie bei Krimtataren und Tschetschenen. Aus den besetzten Gebieten wurden mehr als zwei Millionen Zivilisten zur Zwangsarbeit nach Deutschland deportiert, außerdem wurden ca. zwei Millionen sowjetische Kriegsgefangene zum Arbeitseinsatz nach Deutschland gebracht.

Die Sowjetunion hatte an die Stelle der Marktmechanismen eine zentrale Lenkung von Produktion und Verteilung durch einen diktatorisch regierten Staat gesetzt. Die programmatische Ausübung der Macht durch eine Partei als Avantgarde der Arbeiterklasse war seit Beginn der dreißiger Jahre faktisch auf die Alleinherrschaft eines Diktators reduziert worden. Diese Herrschaft war mit exzessivem Terror gegen den Partei- und Staatsapparat gefestigt worden, so daß wesentliche Entscheidungen tatsächlich an die Person des Diktators Stalin und seine unmittelbare Umgebung gebunden waren. So war die Weigerung, im Frühjahr 1941 auf den erkannten deutschen Aufmarsch zum Angriff mit den notwendigen Verteidigungsmaßnahmen zu reagieren, eine persönliche Entscheidung Stalins, die für die ersten Kriegswochen verheerende Folgen zeigte, da ganze Armeen auseinanderbrachen und zu Hunderttausenden in die deutsche Gefangenschaft gingen. Denn weder war eine konsistente Verteidigungsplanung realisiert worden, noch waren Armee und Bevölkerung psychologisch auf den unmittelbar drohenden Krieg vorbereitet worden. Auch die häufig beschriebene Unfähigkeit hoher Truppenkommandeure, vor Ort selbständig zu entscheiden, war einem Herrschaftssystem geschuldet, das Abweichungen vom Willen der obersten Macht nicht zuließ – und zudem für Mißerfolge auch immer Schuldige jenseits der Person des Diktators finden mußte. Einige Generale haben das im ersten Kriegsjahr mit dem Leben bezahlt.

Auch die Brutalität gegenüber der eigenen Armee und Bevölkerung ist nur aus dem persönlichen Regime Stalins und derjenigen, die sich damit identifizierten und es vollstreckten, zu erklären. So wurde kurz nach Beginn des Krieges der Weg in die Kriegsgefangenschaft auch in aussichtsloser Situation als Verbrechen strafbar gemacht, ein Erlaß, der noch lange nach Kriegsende schlimme Folgen für diejenigen sowjetischen Kriegsgefangenen hatte, die die deutsche Gefangenschaft überlebt hatten, ca. 2,5 Millionen von insgesamt 5,5 Millionen. In der militärischen Krise des Sommers 1942, als die sowjetischen Truppen im Süden gezwungen waren, wieder um Hunderte von Kilometern zurückzuweichen, wurde das massenhafte Zurückgehen einfach zur strafbaren Handlung der Soldaten erklärt, die durch spezielle Sperrverbände mit Waffengewalt verhindert werden sollte und als Verbrechen mit dem Dienst in Strafeinheiten geahndet wurde. Die Deportation nationaler Minderheiten wegen möglicher Kollaboration mit dem Feind gehören ebenso zu dem Maßnahmenkatalog Stalinscher Herrschaft wie die anhaltende Repression der Geheimpolizei gegen die eigene Bevölkerung. So meldete der Chef der Geheimpolizei, Lawrentij Berija, für das Jahr 1943, daß der NKWD in diesem Zeitraum 941 549 Personen zur Überprüfung festgenommen habe, 582 515 Armeeangehörige und 349 034 Zivilisten: „Aus der Gesamtziffer der Festgenommenen wurden 80 296 Personen entlarvt und verhaftet" (Wolkogonow, Triumph und Tragödie, Bd. 2/1, S. 213).

Auch in die operative Planung der Kriegführung hat Stalin eingegriffen und nur wenige weitreichende Entscheidungen den Militärs überlassen, manchmal mit guten Erfolgen, häufiger zum Nachteil der eigenen Sache. Wichtiger als diese persönlichen Eingriffe Stalins war jedoch, daß seine Methoden, Pläne durchzusetzen, und sein Umgang mit menschlichem Leben weitgehend auf die Militärführung übergegangen waren. Wenn das spannungsreiche Verhältnis der deutschen Militärführung zu Hitler als interner Konflikt zweier ursprünglich eigenständiger Machtzentren zu sehen ist, in dem das militärische Machtzentrum schließlich 1944 endgültig unterworfen wurde, so war die Armee von Anfang an eine Schöpfung der Partei gewesen und mit der großen Säuberung des Jahres 1937 jeder eigenen Stimme beraubt worden. Es wird sich nie in exakten Ziffern ausdrücken lassen, wie viele der gefallenen Soldaten leichtfertig geopfert wurden, weil etwa zu symbolträchtigen Daten bestimmte Kriegsziele erreicht sein mußten (so die Befreiung Kiews zum Jahrestag der Oktoberrevolution 1943) oder weil generell Menschennachschub für billiger eingeschätzt wurde als technisch-industrieller Nachschub. In welchem Ausmaß das Menschenpotential der Sowjetunion für die Kriegführung ausgeschöpft wurde, läßt sich nicht nur aus den – in vielen Fällen unzureichenden – Statistiken ablesen. Schon ein Blick auf die allgemein zugänglichen Grabtafeln des sowjetischen Ehrenmals in Berlin-Tiergarten zeigt, wie viele Soldaten der älteren, noch im 19. Jahrhundert geborenen Jahrgänge zum Ende des Krieges Frontdienst leisten mußten.

Es ist bemerkenswert, daß in dieser Kriegsphase, die auch in pluralistischen Gesellschaften die Zentralisierung von Macht erforderlich machte, trotz der unumschränkten Macht des Diktators zahlreiche Entscheidungsbefugnisse dezentralisiert worden sind. Die Kontrolle der Machtzentrale war mit den vorhandenen Mitteln in den Industrieregionen nicht ohne große Effizienzeinbußen aufrechtzuerhalten. So wurden den Regionen unter dem Druck der militärischen Forderungen zahlreiche Befugnisse überlassen, solange sie nur zuverlässig produzierten. Kleine Freiräume wurden auch in anderen Bereichen gestattet, am bemerkenswertesten ist dabei die Rolle, die die orthodoxe Kirche zugesprochen erhielt. Nach Atheismuskampagnen und Priesterverfolgungen in den zwanziger und frühen dreißiger Jahren hatte die Kirche nur noch ein Schattendasein geführt, jetzt wurde sie zur Mobilisierung traditionsgebundener Bevölkerungsgruppen, insbesondere auf dem Lande, wieder als Teil der sowjetischen Gesellschaft anerkannt und konnte relativ frei praktizieren.

Es ergäbe ein verzerrtes Bild, wenn der Zusammenhalt der sowjetischen Gesellschaft im Krieg vor allem oder gar ausschließlich auf die brutale Repression des persönlichen Regimes Stalins zurückgeführt würde. Für viele war auch vor dem Krieg das eigene Leben nicht vorrangig durch Repression charakterisiert, sondern auch durch „Fortschritt", propagandistischen wie realen, den es jetzt angesichts eines Feindes, der vor aller Augen einen mörderischen Eroberungskrieg begonnen hatte, zu verteidigen galt. Aber auch diejenigen, die unter den stalinistischen Verfolgungen zu leiden gehabt hatten, sahen mehrheitlich in den deutschen Invasoren den Hauptgegner. Mit den Worten eines Leningrader Intellektuellen, dessen Familienangehörige zum Opfer Stalinscher Verfolgung geworden waren: „Wenn schon der Konservative Churchill mit Stalin eine Koalition einging, dann konnte ich das allemal machen." In vielen Erinnerungen von kritischen Zeitzeugen wird deutlich, daß neben allem Schrecken und aller Leidenserfahrung dieser Krieg auch etwas Erleichterndes hatte. Der Feind war nicht mehr in der eigenen Gesellschaft immer neu zu suchen und zu vernichten, wobei es jederzeit auch den gläubigsten Genossen treffen konnte, jetzt existierten klare Fronten. Aus dem verdeckten Bürgerkrieg war der offene Krieg gegen den erkennbaren äußeren Feind geworden.

In diesen Zusammenhang gehört auch, daß die schon in den dreißiger Jahren beginnende Renationalisierung des sowjetischen Geschichtsbildes jetzt noch einmal forciert wurde. Die Legitimierung der sowjetischen Herrschaft wurde seitdem nicht mehr allein durch die kommunistische Zukunftserwartung gesucht, sondern wesentlich durch die erfolgreiche Fortschreibung der russischen Nationalgeschichte. Als „Vaterländischer Krieg", analog zum Krieg gegen Napoleon im Jahre 1812 von Stalin proklamiert, wurde er schließlich zur Hervorhebung und Unterscheidung zum „Großen Vaterländischen Krieg", auch im allgemeinen Sprachgebrauch. Die neu gestifteten Alexander Newskij-, Suworow- und Kutusoworden machten die Tradition deutlich, in der sich die sowjetische Bevölkerung sehen sollte (und auch gern sah).

Die Sowjetunion, die durch diesen Krieg von einer nach außen praktisch abgekapselten Regionalmacht zum Herren Osteuropas und zur zweiten Weltmacht nach den USA wurde, hat diese extreme Belastungsprobe und die enormen Verluste in sehr verschiedenartigen Lernprozessen verarbeitet. Zum einen und vor allem schien das sozialistische System seine Bewährungsprobe in einem feindlichen kapitalistischen Umfeld bestanden und seine Überlegenheit bewiesen zu haben. Daß sie es im Bündnis mit den stärksten kapitalistischen Mächten geschafft hatte, daß der Krieg also zum Systemvergleich kaum tauglich war, wurde angesichts des bald beginnenden kalten Krieges verdrängt. Damit schienen sich auch die autoritären und zentralistischen Strukturen von Gesellschaft und Wirtschaft, die so schon vor dem Krieg angelegt worden waren, bewährt zu haben. Die Ausnahmesituation des Krieges wurde zum Modell einer langfristigen Modernisierung unter Friedensbedingungen. Damit blieben die alten Disproportionen erhalten: der absolute Vorrang der Schwerindustrie und des industriell-militärischen Sektors, der Rückstand der Konsumgüterindustrie und schließlich der desolate Zustand der Landwirtschaft. Die Unfähigkeit, diese Fehlentwicklung umzusteuern, hat viele Ursachen, aber eine wichtige Legitimation zu ihrer Konservierung war gewiß die Erfahrung des erfolgreichen Krieges.

Die Erfahrung des Zusammenhalts gegen den äußeren Feind hat auch zu einem Mythos der historisch tief verwurzelten Einheit der Gesellschaft beigetragen, der den Unwillen der Partei zur kritischen Diskussion nur stützen konnte. Wer sich gegen die Partei, die organisatorische Verkörperung der Gemeinschaft, stellte, war immer auch ein Stück weit Kollaborateur mit dem äußeren Feind. Als mit der erkennbaren Stagnation des ökonomischen Fortschritts seit dem Ende der sechziger Jahre auch die Zukunftslegitimation des Systems, die kommunistische Gesellschaft des Überflusses, immer fadenscheiniger wurde, bot die Erinnerung an den Großen Vaterländischen Krieg eine historische Legitimation, die von der KPdSU immer mehr genutzt wurde. Da die führende Rolle der Partei im Krieg ein Axiom der historischen Selbstdarstellung war, wurde die Erinnerung an diesen Krieg eine wichtige Stütze zur Rechtfertigung von ihrer Herrschaft in der Gegenwart. Diese enge Verknüpfung, die über viele Jahre propagiert worden ist, hat nach der Perestrojka und der Auflösung der Sowjetunion historische Orientierungsprobleme aufgeworfen. Für manche bedeutete das Ende der kommunistischen Partei und ihrer Propaganda zugleich auch das Ende der Erinnerung an den Krieg, weil sie diese nur als Propaganda kennengelernt hatten.

Unterhalb der politischen Ebene ist eine Erinnerung an diesen Krieg aufbewahrt, die sehr wohl wieder in die Politik hineinwirkt. Der Krieg in Afghanistan, über den in den achtziger Jahren keineswegs frei diskutiert werden konnte, hat wegen seiner zahlreichen sinnlosen Opfer unter den Soldaten zweifellos zum Vertrauensverlust der herrschenden Partei beigetragen. Und auch der Krieg in Tschetschenien, dessen Opfer gering waren, mißt man sie an denen des Weltkriegs, war ein zutiefst unpopulärer Krieg, auch bei denen, die das tschetschenische Vorgehen als nationale Demütigung empfanden. Aber angesichts der Erfahrungen des großen Krieges vor fünfzig Jahren konnte auch durch die gelenkte Apparatur der Medien keine Zustimmung zu einem Krieg ausgelöst werden. Daß Krieg kein Instrument sein kann, um nationale Macht- und Prestigepolitik zu führen, ist in der sowjetischen Gesellschaft nicht nur als Einsicht, sondern auch als schmerzhafter Erfahrungswert tief verankert.

Deutsche Herrschaft in der Sowjetunion

Hans Umbreit

Das nationalsozialistische Deutschland hatte keinen seiner Feldzüge so lange und so gründlich vorbereitet wie den Angriff auf die Sowjetunion am 22. Juni 1941. Dennoch erwies sich das Unternehmen „Barbarossa" als Fehlschlag, und das schon nach einigen Monaten. Der erwartete schnelle Zusammenbruch der Sowjetunion trat nicht ein. Auch die später noch erkämpften operativen Erfolge, welche die Wehrmacht bis nach Stalingrad und in den Nordkaukasus führten, waren nicht kriegsentscheidend. Moskau und Leningrad konnten nicht erobert, die sowjetischen Erdölvorkommen nicht für die eigenen Zwecke ausgebeutet werden. Hitler hatte die eigenen Kräfte weidlich überschätzt sowie die militärische und wirtschaftliche Stärke des Gegners gründlich verkannt. Am Ende dieser Fehleinschätzung stand die Niederlage in einem leichtfertig entfesselten Konflikt, aus dem ein Weltkrieg geworden war.

Hitlers Entschluß, mit der Sowjetunion den letzten ernstzunehmenden Gegner auf dem europäischen Kontinent auszuschalten, hatte ideologische wie strategische Gründe. Ihm ging es neben der siegreichen Beendigung des Krieges gleichermaßen um die Expansion des „Großdeutschen Reiches" bis zum Ural zur Eroberung neuen „Lebensraums" für die „arische Rasse", um die Vernichtung des Bolschewismus und des Judentums und um die Aneignung der sowjetischen Ressourcen zur Sicherung der wirtschaftlichen Autarkie des vergrößerten deutschen Machtbereichs. Da diese Ziele verfestigten Feindbildern der Deutschen entsprachen und handfeste Vorteile für die Zukunft verhießen, stießen sie auf breite Zustimmung.

Für Hitler war die Zerschlagung der Sowjetunion zugleich ein Vernichtungskrieg gegen Bolschewismus und Judentum, ein Kampf zwischen zwei antagonistischen Weltanschauungen wie auch ein Rassenkrieg. Die Eroberung von „Lebensraum" sollte die Beseitigung aller Kräfte einschließen, die sich der deutschen Herrschaft entgegenstellen konnten, die Degradierung der Einwohner zu recht- und bildungslosen Arbeitssklaven und den Hungertod oder die Vertreibung aller derjenigen, die für die neuen „Herren" keinen Wert mehr hatten. Dieses verbrecherische Programm, das Millionen von Menschen das Leben kostete, prägte den Charakter des Ostkrieges. Das schloß nicht aus, daß es daneben auch den „Normalkrieg" gab – allerdings eher an der Front als im besetzten Hinterland, wo Verwaltung, SS und Polizei, Wirtschaft und Behörden des Arbeitseinsatzes mit der Umsetzung der Absichten des NS-Regimes begannen. Hitlers sozialdarwinistische Maxime des „alles oder nichts" bestimmte auch die Besatzungspolitik, mit der die deutsche Herrschaft in der Sowjetunion begründet werden sollte.

Noch ehe die Wehrmacht die eroberten Gebiete wieder aufgeben mußte, waren die Deutschen dort schon politisch gescheitert. Sie waren auch hinter der Front auf wachsenden Widerstand gestoßen, der sich selbst mit den härtesten Gewaltmaßnahmen nicht unterdrücken ließ und die volle Ausnutzung des Landes schließlich unmöglich machte.

Zur teilweise völkerrechtswidrigen bis verbrecherischen Machtausübung kam hinzu, daß sie nicht einmal aus eigener Sicht effizient war. Die organisatorischen Defizite im nationalsozialistischen „Führerstaat" gingen mit einer überheblichen und verfehlten Besatzungspolitik einher. Bis zur Räumung des besetzten sowjetischen Territoriums hatten sich die Spitzen der Zivilverwaltung in den Reichskommissariaten heillos zerstritten. Für die Militärverwaltung im Operationsgebiet sah ihr Chef beim Oberkommando der Heeresgruppe Mitte, wie er in seinem Schlußbericht vom August 1944 festhielt, den Beweis erbracht, „daß der deutsche Mensch in der Breite noch nicht reif ist für die Behandlung fremder Völker". Mit seiner Kritik an der „Maßlosigkeit des politischen Denkens, die die völkische Kraft des russischen Volkes außer acht ließ", erregte er an vorgesetzter Stelle einiges Aufsehen. Eingeweihten war nur zu gut bewußt, daß sich die Beanstandungen gegen Verhältnisse richteten, die von der obersten Führung gerade so gewollt gewesen waren.

Richtlinien für das deutsche Besatzungsregime

Die Pläne der Heeresführung für eine militärische Verwaltung des zu besetzenden sowjetischen Territoriums wurden von Hitler weitgehend verworfen. Nach seinem Willen hatte sich die Ausübung der vollziehenden Gewalt durch militärische Befehlshaber auf einen klein zu haltenden Frontbereich zu beschränken, der sich in das Gefechtsgebiet sowie in rückwärtige Armee- und Heeresgebiete gliederte. Dort waren die unbedingt erforderlichen Maßnahmen zu treffen, während eine planmäßige Verwaltung erst dann einzusetzen hatte, wenn einzelne Landesteile aus der militärischen Zuständigkeit ausschieden.

Hitler hatte nicht die Absicht, sich bei der Verwirklichung seines wichtigsten Kriegszieles, der Eroberung zusätzlichen deutschen „Lebensraums" im Osten, allein der Wehrmacht zu bedienen. Von den Soldaten erwartete er, trotz einer zumeist in hohem Maße bezeugten Bereitwilligkeit, nicht das ausreichende Verständnis für seine Politik der gnadenlosen Unterdrückung einer als feindlich und „minderwertig" eingestuften Bevölkerung, wie sie sich durch einen Erlaß zur Liquidierung der politischen Kommissare in der Roten Armee und den Ersatz der Gerichtsbarkeit über die Einwohner durch drakonische Bestrafung bereits abzeichnete. Die Bevölkerung sollte nicht für die neuen Verhältnisse gewonnen, sondern als slawische oder jüdische „Untermenschen" niedergehalten, ausgebeutet, dezimiert oder, wenn an ihr kein Bedarf mehr bestand, aus dem deutschen Machtbereich entfernt werden.

Der Diktator stützte sich bei der Durchführung seiner Pläne auf vier miteinander konkurrierende Gewalten („Säulen"): Heer, Vierjahresplan, den Reichsführer SS und den Reichsminister für die besetzten Ostgebiete. Nicht nur die Wehrwirtschaft, auch die Behandlung der Wirtschaftsfragen allgemein war der Militärverwaltung entzogen. Als Beauftragter für den Vierjahresplan wollte sich Göring nicht länger mit dem generellen Weisungsrecht gegenüber allen Besatzungsverwaltungen begnügen, das er sich längst von Hitler hatte geben lassen. Er schuf sich eine eigene Organisation, die unter der Leitung eines Wirtschaftsführungsstabes Ost die Ausbeutung der zu besetzenden sowjetischen Gebiete in Angriff nahm. Ebenso selbständig konnte die SS agieren. Zur Bekämpfung tatsächlicher oder vermeintlicher Gegner in den Ostgebieten hatte der Reichsführer SS besondere Weisungen erhalten, die eine Vernichtung des Judentums einschlossen. Seine Einsatzgruppen aus Angehörigen der Ordnungs- und Sicherheitspolizei und des SD konnten selbst im Operationsgebiet des Heeres tätig werden, und die Einsetzung von Höheren SS- und Polizeiführern wurde seitens der Wehrmacht sogar begrüßt. Die ihnen unterstellten SS- und Polizeieinheiten galten als willkommene Verstärkung der geringen Ordnungskräfte, die den militärischen Kommandobehörden für die Sicherung der rückwärtigen Bereiche zur Verfügung standen. Bedenken gegen ihren Einsatz gab es offenbar nicht mehr, obwohl die tödlichen Aktivitäten der SS spätestens seit dem Polenfeldzug in der Wehrmacht bekannt waren. Mit „Sicherungsaufgaben" im weitesten Sinne gedachte sich Himmler als Reichsführer SS ohnehin nicht zufrieden zu geben. Da er zugleich die Stellung eines „Reichskommissars für die Festigung deutschen Volkstums" innehatte, gab es für ihn wenige Sachgebiete, die seiner Mitwirkung nicht bedurften. Prophylaktisch reklamierte er die nicht näher erläuterte „politische Verwaltung" im Ostraum für seine Parteielite, die nach seiner Auffassung als kompromißloser Vollstrecker des „Führerwillens" das dafür allein befähigte Instrument darstellte. Entsprechend wuchs der Druck auf die Zivilverwaltung, die schließlich Anlehnung an die SS suchen mußte.

Hitler hatte den aus dem Baltikum stammenden Reichsleiter Rosenberg am 20. April 1941 zu seinem „Beauftragten für die zentrale Bearbeitung der Fragen des osteuropäischen Raumes" ernannt. In Abstimmung mit den Obersten Reichsbehörden, dem OKW und mehrfach auch mit dem „Führer" entwarf Rosenberg eine Reihe von Richtlinien und Befehlen für die künftige Ostverwaltung, die sich im wesentlichen auf den europäischen Teil der Sowjetunion erstrecken sollte. Vorgesehen waren schließlich die Bildung von vier Reichskommissariaten: Ukraine, Kaukasien, „Baltenland", dann „Ostland" mit oder ohne Weißruthenien (Weißrußland), die alle drei noch auf Kosten Rußlands erweitert werden sollten, sowie Zentralrußland („Moskowien"). Sie hatten sich in Generalbezirke sowie Stadt- und Kreisgebiete zu gliedern, wobei letztere, wenn es von Nutzen erschien, zu Hauptbezirken zusammengefaßt werden konnten. Für die Leitung rekrutierte Rosenberg Reichs-, General-, Stadt-, Gebiets- und gegebenfalls Hauptkommissare aus der bereits ausgedünnten inneren Verwaltung, vornehmlich aber aus den diversen Teilen der NSDAP. Die militärischen Hoheitsrechte kamen Wehrmachtbefehlshabern zu, die für jedes Reichskommissariat ernannt wurden und über einige Kommandanturen verfügten. Bei der Sicherung ihres Bereichs hatten sie mit den Höheren SS- und Polizeiführern zusammenzuarbeiten, die in dem Maße das Übergewicht erhielten, wie Himmler die „Bandenbekämpfung" in den besetzten Gebieten an sich zog.

Die Fehleinschätzungen und Schwächen, die der militärischen Planung für den Ostkrieg zu Grunde lagen, wurden von den Defiziten übertroffen, die der eilends vorbereiteten Besatzungsverwaltung anhafteten. Die auf deutscher Seite schon übliche Improvisation und die besonders ausgeprägten Kompetenzüberschneidungen sollten sich in den besetzten Ostgebieten als in besonderem Maße unzweckmäßig erweisen, wo ein Gebiet riesigen Ausmaßes beherrscht werden sollte, eine intakte einheimische Verwaltung nicht mehr vorhanden und meistens auch nicht gewollt war und wo eine überhebliche Besatzungspolitik ohne völkerrechtliche Bindung die Bevölkerung in Resignation oder Widerstand trieb.

Die Etablierung der deutschen Herrschaft

Nach dem Beginn des deutschen Angriffs auf die Sowjetunion fiel den militärischen Ordnungsdiensten und Sicherungstruppen im Gefolge der kämpfenden Verbände die Aufgabe zu, für einigermaßen geregelte Verhältnisse zu sorgen. Selbständigkeitsbestrebungen in der Ukraine mußten auf Berliner Weisung hin unterdrückt werden, während im Baltikum einheimische Gremien zugelassen wurden, aus denen sich in Litauen, Lettland und Estland für die Besatzungsmacht nützliche Landesverwaltungen mit sehr beschränkten Rechten entwickelten. In der Hauptsache blieb es bei der Rekrutierung einheimischer Freiwilliger für die Einrichtung einer notdürftigen lokalen Selbstverwaltung unter deutscher Aufsicht auf der Ebene der Ortsgemeinden, Städte und Rayons und für eine landeseigene Hilfspolizei.

Dieses Verfahren war mit der Zivilverwaltung abgestimmt, die etappenweise einzelne Landesteile in dem Maße von der Wehrmacht übernahm, wie diese nach Osten vordringen konnte. Daß die militärischen Erfolge hinter den Erwartungen zurückblieben und der als sicher angenommene Zusammenbruch der Sowjetunion ausblieb, stempelte auch die optimistische Planung von vier Reichskommissariaten als Wunschdenken ab. In großen Teilen des eroberten Territoriums zwang die militärische Lage zum Festhalten an der ursprünglich nur als vorläufig gedachten Militärverwaltung. Von den Verbündeten, die sich Hoffnungen auf eine Vergrößerung ihres Staatsgebietes machten, hatten nur die Rumänen zeitweilig die Genugtuung, daß ihnen mit Transnistrien ein kleiner Teil der Beute überlassen wurde.

Die territoriale Neuordnung im deutschen Machtbereich, von Hitler am 16. Juli 1941 festgelegt, begann mit der Angliederung Galiziens an das Generalgouvernement zum 1. August, was sowohl die ukrainischen Nationalisten wie Rosenberg als den erst später offiziell ernannten „Reichsminister für die besetzten Ostgebiete" enttäuschte. Gleichzeitig wurde das Gebiet um Bialystok dem ostpreußischen Gauleiter Koch zugewiesen, der dort als „Chef der Zivilverwaltung" fungierte. In dem für das Ostministerium bestimmten Zuständigkeitsbereich übernahm der Kieler Gauleiter Lohse als „Reichskommissar für das Ostland" mit Sitz in Riga sukzessive die Verwaltung der Generalkommissariate Litauen (Reichsamtsleiter v. Renteln), Lettland (Oberbürgermeister Drechsler), Estland (SA-Obergruppenführer Litzmann) und Weißruthenien (der ehemalige Gauleiter Kube, ab Herbst 1943 SS-Gruppenführer v. Gottberg). Der weißrussische Raum war als koloniales Hinterland zum Reichskommissariat und

„Abladeplatz" für unerwünschte Bevölkerungsteile vorgesehen.

Als Reichskommissar für die Ukraine mit Sitz in Rovno hatten Bormann und Göring mit dem Gauleiter Koch einen radikalen Nationalsozialisten gegen den Willen Rosenbergs durchgesetzt. Sein Herrschaftsbereich, der sich bis in das Jahr 1942 noch erweiterte, umfaßte zunächst die fünf Generalkommissariate Wolhynien-Podolien (SA-Obergruppenführer Schoene), Shitomir (Regierungspräsident Klemm), Kiev (Gauamtsleiter Magunia), Nikolaev (NSFK-Obergruppenführer Oppermann) und Dnepropetrovsk (Oberbefehlsleiter Selzner). Am 1. September 1942 kam noch der Generalbezirk Taurien (Gauleiter Frauenfeld) hinzu.

Der für den Kaukasus als Reichskommissar ausersehene Mitarbeiter Rosenbergs, Schickedanz, konnte sein Amt nie antreten.

Daß der Ostminister seine Vorstellungen nur teilweise hatte verwirklichen können, trug ebenso wie seine schwache Stellung innerhalb des NS-Systems dazu bei, daß er zunehmend in einen nicht mehr reparablen Gegensatz zu seinen mächtigeren Ministerkollegen und den Reichskommissaren geriet. Insbesonder Koch, der manche Weisungen des ihm vorgesetzten Ministeriums als „Ostraumidiotie" abtat, fand bei Hitler und Bormann stets Rückhalt, wenn er seinen Minister umgangen hatte. Rosenberg verschliß sich in Kompetenzstreitigkeiten und einem nutzlosen Selbstbehauptungskampf (Dallin). Schon frühzeitig kursierten Gerüchte von seiner baldigen Ablösung von der Leitung eines Ressorts, dem er nicht gewachsen war und das schon frühzeitig als „Chaosministerium" belächelt wurde.

In der Art, wie die Deutschen die Herrschaft über den ihnen so wichtigen „Lebensraum" im Osten organisierten, vermischten sich Größenwahn mit Unfähigkeit und Verantwortungslosigkeit bei gleichzeitigem Fehlen von Einheitlichkeit und Perspektive. Der ungezügelte Ehrgeiz und das Machtstreben vieler Potentaten behinderten die Verwirklichung selbst der unpolitischen Ziele. Das wurde im Verlauf des Krieges fast allen Amtsträgern im besetzten Gebiet wie im Ostministerium bewußt. Alle Reformvorschläge, die für den Fall einer Wiederbesetzung der schon aufgegebenen Ostgebiete ausgearbeitet wurden, waren aber vertane Zeit. Die destruktive Ostpolitik, die wenig Nutzen erbracht, aber viel Schaden angerichtet hatte, war von Hitler gewollt und stand für ihn nie zur Diskussion.

Besatzungspolitik in den eroberten Ostgebieten

Nach Hitlers Ansicht war es unsinnig, ein Land zu unterwerfen und es anschließend wieder in die Freiheit zu entlassen. Das galt im Besonderen für den Osten Europas, den er als zusätzlichen „Lebensraum" für die Deutschen oder die „germanischen" Völker seines Machtbereiches ausersehen hatte. Politische Eigenständigkeit war dort nicht länger erwünscht. „Wir haben ... kein Interesse an dem Fortbestand der ostbaltischen Staaten und an einer freien Ukraine", ließ der Diktator schon nach wenigen Monaten des Krieges gegen die Sowjetunion verlauten. Er zog es vor, das besetzte Gebiet in kleinere, leichter zu beherrschende und auszubeutende Teile zu zerlegen, um sie später einschließlich der Krim als „Gotenland" und künftiger deutscher Riviera zu annektieren. Mit der „Kolonisierung" dieses Raumes wurde schon während des Krieges begonnen. Zuständig dafür fühlte sich Himmler, der einen „Generalplan Ost" ausarbeiten ließ. Vorgesehen wurde die Errichtung von deutschen Siedlungsstützpunkten und „Marken" entlang der Verkehrslinien, die durch den „Lebensraum" gezogen werden sollten. Inbegriffen in dieses gigantische und über Jahrzehnte angelegte Programm war die physische Dezimierung oder Vertreibung des „rassisch" unerwünschten oder nicht als Arbeitskräfte benötigten Teils der Bevölkerung.

Gesundheitsvorsorge sowie ein Verbot von Abtreibung und Empfängnisverhütung hielt Hitler für überflüssig, ebenso die Zulassung einer qualifizierten Schulbildung, die erst allmählich zur Deckung des Bedarfs an Fachkräften zugelassen wurde. Eine Ausnahme bildete auch in dieser Beziehung das Reichskommissariat Ostland, wo das Bildungssystem erhalten blieb.

Den Einwohnern sollten die deutschen Absichten noch nicht bekannt werden. Vor allem Rosenberg und sein Ministerium wandten sich mehrfach gegen den offiziellen Gebrauch des Ausdrucks von der östlichen Kolonie des Reiches, der unliebsamen Widerstand provozieren konnte, nachdem sich die Erwartungen auf Befreiung von den bisherigen Zwängen, die teilweise im Baltikum und in der westlichen Ukraine der Grund für einen freundlichen bis begeisterten Empfang der einrückenden deutschen Truppen gewesen waren, schnell zerschlagen hatten. Aus der Enttäuschung erwuchsen in Kürze Ablehnung und Haß. Rosenberg – und noch weiter ging die politische Abteilung seines Ministeriums – vertrat ein etwas gemäßigteres Programm. Mit seiner Idee von einem Protektorat über das Baltikum, einem ukrainischen Satellitenstaat und einem föderativen Staatsgebilde im Kaukasus als Gegengewicht zum großrussischen „Moskowien" fand er aber keinen Anklang; er zog sich die Gegnerschaft der Anhänger einer rücksichtslosen Kolonialpolitik zu, die nur für die baltischen Völker eine unterschiedliche Bewertung gelten lassen wollten. Von ihnen – am meisten bei den Esten und am wenigsten bei den Litauern – wurden Teile der Einwohner als „eindeutschbar" angesehen.

Mit einer derartigen Einschätzung konnten die Weißrussen dagegen schon nicht mehr rechnen. Die vom Generalkommissar verfolgte Linie, die schließlich weniger rigide ausfiel als Kochs Regiment in der Ukraine, hatte lediglich taktische Gründe und blieb ohne Auswirkung auf die Einstellung der Bevölkerung. Keine Bedeutung mehr hatte die zum 1. April 1944 verfügte direkte Unterstellung „Weißrutheniens" unter das Ostministerium.

Eine Sonderstellung nahmen dagegen seit Sommer 1942 die besetzten nordkaukasischen Gebietsteile ein, die während des gesamten Zeitraums unter militärischer Verwaltung blieben. Die Bevölkerung wurde als überwiegend nichtslawisch eingestuft und es gab keine deutschen Siedlungspläne. Während die Wirtschaftsressorts ein großes Interesse an den kaukasischen Erdölfeldern angemeldet hatten – deren Zentrum aber nicht erobert werden konnte – und Rosenberg sich auf die Einrichtung eines dritten Reichskommissariats vorbereitete, ergriff die Wehrmacht unbelastet von politischen Auflagen die ihr zweckmäßig erscheinenden Maßnahmen. Beraten von einigen besonneneren Diplomaten und Beamten des Ostministeriums versprach die Heeresgruppe A mit der Zustimmung Hitlers, die der Generalquartiermeister des Heeres zu beschaffen gewußt hatte, den Einwohnern größere Freiheiten und Wohlstand als Gegenleistung für ihr Wohlverhalten, Verzicht auf die Zwangsrekrutierung von einheimischen Arbeitskräften, Abschaffung der Kolchosen und Respektierung des Privateigentums. Zugelassen wurden Nationalkomitees im Gebiet der Karatschaier sowie der Kabardiner und Balkaren, denen eine beschränkte Autonomie gewährt wurde. Ein Umschwung der deutschen Politik trat schließlich aber auch im Kaukasus ein. Übergriffe der Truppe, Maßnahmen gegen die jüdischen Einwohner, Zwangsaushebungen von Arbeitskräften, Evakuierungen und gnadenlose Bekämpfung des Widerstands lösten wegen der Kürze der Besetzung aber nicht die große Verbitterung unter der Bevölkerung aus, wie sie inzwischen für die übrigen besetzten sowjetischen Gebiete charakteristisch war.

Hitler und die auf seine Linie eingeschworenen Paladine wie Himmler, Bormann und Koch sahen Konzessionen an die russische und ukrainische Bevölkerung als überflüssig oder sogar als schädlich an. Slawen galten für sie als „Untermenschen", die, so Hitler, „größtenteils wie Tiere zu leben und behandelt zu werden gewohnt sind". Die angenommenen Gegner des Nationalsozialismus – Juden und die kommunistische Führungsschicht – sollten als die Hauptträger des Bolschewismus vernichtet, den übrigen Einwohnern die Mittel für jede Gegenwehr genommen werden. Die Bestimmungen des Kriegsvölkerrechts wurden gegenüber der Sowjetunion als nicht verbindlich angesehen. Auch die Wehrmacht hatte die von Hitler ausgegebene Parole vom Weltanschauungskampf akzeptiert. Einzelne Truppenführer fühlten sich bemüßigt, ihre Soldaten auf diesen Grundsatz festzulegen und sie zu der erwünschten Härte gegenüber den „jüdisch-marxistischen" Todfeinden anzuhalten. Die mit der Besetzung einhergehenden Mordaktionen, denen in kurzer Zeit schon Hunderttausende von vornehmlich jüdischen Menschen zum Opfer fielen, gingen in der Hauptsache auf das Konto der SS-Formationen und ihrer Hilfstruppen. Gänzlich unbeteiligt war aber auch die Wehrmacht nicht, die durch rücksichtslose Requisition und die unmenschliche Behandlung der Kriegsgefangenen zu der gravierenden Klimaverschlechterung beitrug, welche schon bald den Besatzungsalltag in den eroberten sowjetischen Gebieten kennzeichnete. Nicht erst der immer erbittertere Widerstand gegen den Eindringling und die Wende des Krieges zugunsten der Roten Armee hatten dazu geführt, daß der Besetzungszweck nicht verwirklicht wurde. Ein gewichtiger Anteil am Scheitern der deutschen Herrschaft in Rußland kam auch der verfehlten Besatzungspolitik zu, die zumeist nach den ideologischen Maximen des Nationalsozialismus ausgerichtet wurde und selbst den Interessen von Wehrmacht, Verwaltung und Wirtschaft häufig zuwiderlief. Ansprüche der einheimischen Bevölkerung blieben meistens außer Betracht. Nach Rosenbergs Meinung wurde vor allem in der Ukraine ein „politisches Kapital" verspielt, „das für das Deutsche Reich unter Ersparung polizeilicher und militärischer Kräfte leicht hätte eingesetzt werden können. Hier namentlich ist das Problem von falschem und richtigem Herrentum in seiner ganzen Größe sichtbar geworden".

Die Bekämpfung des Widerstandes

Die Lösung der bei jeder Besetzung sich ergebenden Probleme – die Gewährleistung der Sicherheit von Truppe, Dienststellen und Anlagen, der Schutz der rückwärtigen Verbindungen, die Durchsetzung der ergangenen Anordnungen – stellte die Deutschen im Osten vor besonders große Probleme. Die kleine Zahl der vorhandenen Ordnungskräfte einschließlich der zusätzlich rekrutierten einheimischen Hilfskräfte stand in einem krassen Mißverhältnis zu der Größe des eroberten Gebietes. Die Verbreitung von Terror wurde unter diesen Umständen zur absichtlich angewandten Methode, um die eingeschüchterte Bevölkerung zum Wohlverhalten zu zwingen. Terror sollte zugleich der dauerhaften Absicherung der deutschen Herrschaft dienen.

Das rasche Vordringen der Kampftruppen auf sowjetisches Gebiet führte aber dazu, daß weite Teile des Landes von Anfang an nur als mangelhaft „befriedet" gelten konnten. Der Hang der Besatzungsmacht zu vorbeugenden oder abschreckenden Maßnahmen wurde dadurch noch verstärkt und mit der angeblichen „Hinterhältigkeit und Eigenart des bolschewistischen Gegners" begründet. Ihre Opfer waren nicht nur kommunistische Funktionäre in der Armee oder in ziviler Verwendung, sondern auch „Hetzer", Freischärler, Saboteure und Juden aufgrund einer Vorverurteilung ohne individuellen Schuldnachweis. Die Aufrechterhaltung von Ruhe und Ordnung ging mit der vorbeugenden Ausschaltung potentieller Gegner und der Freimachung des künftigen deutschen Lebensraums von unerwünschten Bevölkerungsteilen einher.

Die üblichen Sicherheitsmaßnahmen, wie Einziehung der Waffen, Sperrstunden, Versammlungsverbote, drakonische Strafandrohungen für Widerstandsakte jeder Art oder Passierscheinzwang, blieben ohne große Wirkung. Die Truppe nahm Geiseln fest, internierte Wehrfähige, ordnete Zwangsarbeiten an, ließ ihre rückwärtigen Verbindungen durch die Einwohner bewachen und verließ sich immer mehr auf einen radikalen „Kriegsbrauch mit östlichen Mitteln", den ihr das OKH von Anfang an empfohlen hatte. Versprengten Sowjetsoldaten wurde nur noch wenig Zeit gegeben, sich den Deutschen zu stellen, bevor sie als Freischärler galten.

Der schnelle Vormarsch der Wehrmacht hatte vielen Rotarmisten die Möglichkeit gelassen, sich der Gefangenschaft zu entziehen und in unwegsame Landesteile zu flüchten. Hinter der Front bildeten sich bewaffnete Gruppen, die als Partisanen zur Gefahr werden konnten, nachdem Stalin Anfang Juli 1941 zum Guerillakrieg gegen die Besetzer aufgerufen hatte und zunehmend Führungskader durch die Fronten sickerten, um den Partisanenkampf im Hinterland zu organisieren. Gegen diese Gruppen führten Wehrmacht und Polizei einen gnadenlosen Kampf, der die Zerstörung von Ortschaften und die Vernichtung aller Einwohner einschloß. Zu den „Bandenverdächtigen", Helfern und Sympathisanten, denen ein gleiches Schicksal wie den Freischärlern widerfuhr, wurden pauschal die Juden gerechnet, die systematisch umgebracht oder in Ghettos eingepfercht wurden, bis sie ebenfalls der Ausrottung verfielen. Nicht nur war nach einem Befehl Keitels, des Chefs des Oberkommandos der Wehrmacht, durch Terror der Bevölkerung „die Lust zur Widersetzlichkeit zu nehmen", sondern Hitler sah mit der Partisanenbekämpfung auch die Chance verbunden „auszurotten, was sich gegen uns stellt".

Die Ausbreitung des bewaffneten Widerstands war dennoch nicht aufzuhalten. Die deutsche Politik allgemein, die schlechte Behandlung der Kriegsgefangenen und der Bevölkerung trugen ebenso wie die seit Ende 1941 sich abzeichnende Erfolglosigkeit der Wehrmacht dazu bei, daß die Partisanen zunehmend populärer wurden. Wer dagegen mit der Besatzungsmacht kollaborierte oder als Bauer zu bereitwillig sein Ablieferungssoll erfüllte, riskierte die Bestrafung durch seine Landsleute, vor der ihn die Besatzungsmacht immer weniger schützen konnte. Die Einwohner, von beiden Seiten unter Druck gesetzt, tendierten zur Unterstützung der Partisanen, den eigenen Leuten und den wahrscheinlich Überlegenen. Die Wehrmacht, die dazu auch Kampftruppen aus der Front herauszog, wenn die militärische Lage es gestattete, konnte gerade noch ihre wichtigsten rückwärtigen Verbindungen sichern und sonst durch eine Vielzahl einzelner Unternehmen den Partisanen blutige Verluste zufügen, sie aber nicht mehr nachhaltig schwächen. Die Bekämpfung der Partisanen wurde im April 1943 von Hitler sogar zur normalen „Front-Kampfhandlung" aufgewertet. Zuvor schon waren die Zuständigkeiten auf deutscher Seite neu festgelegt worden.

In den Reichskommissariaten hatte Himmler seit Mitte August 1942 die Partisanenbekämpfung zu leiten, der sich dazu seiner Höheren SS- und Polizeiführer mit ihren Truppen bedienen konnte. Er setzte eine zentrale Stelle für die „Sammlung und Auswertung aller Erfahrungen auf dem Gebiet der Bandenbekämpfung" ein. Der nächste Schritt war am 23. Oktober 1942 die Ernennung des Höheren SS- und Polizeiführers Mitte, SS-Obergruppenführer v. dem Bach-Zelewski, zu seinem „Bevollmächtigten für Bandenbekämpfung". Ihm war zunächst die „totale Befriedung" des Hinterlands der Heeresgruppe Mitte in Weißrußland aufgetragen. Für die drei ersten Monate seiner Tätigkeit meldete der Bevollmächtigte rund 15 000 erschossene Partisanen oder verdächtige Personen. Hitlers Forderung, den Widerstand bis zum Ende des Jahres 1942 „auszurotten", war damit aber nicht einmal in diesem Bereich Genüge getan. Das Partisanenproblem ließ sich weder durch organisatorische Veränderungen noch durch vermehrte Anweisungen lösen.

Eine strenge, aber gerechte Behandlung der Bevölkerung und die Gewährleistung ihres Existenzminimums sah eigentlich auch Hitler als Voraussetzung für eine erfolgreiche Bekämpfung des Widerstands an, die ohne die einheimische Mitarbeit nicht zu führen war. Dazu sollten großzügige Belohnungen versprochen werden. Aber von der Verhängung „härtester Maßnahmen" gegen die Partisanen und ihren Unterstützungsbereich wollte Hitler nicht abgehen. Daran hielten die Richtlinien „Bandenbekämpfung" fest, die der Reichsführer-SS im September 1942 drucken ließ. Auch die mit der SS abgestimmte „Kampfanweisung für die Bandenbekämpfung im Osten" des OKW vom 11. November 1942 forderte in erster Linie die Vernichtung der Partisanen. Männliche wie weibliche Gefangene waren, wenn sie nicht ausnahmsweise noch gebraucht wurden, sofort aufzuhängen oder zu erschießen. „Bandenkinder" sollten in Lagern auf eine Entscheidung über ihr weiteres Schicksal warten. Nur Überläufer, und das sollte propagandistisch besonders herausgestellt werden, durften auf eine Behandlung als Kriegsgefangene hoffen, und die sogenannten „Bandenhelfer" konnten entsprechend einem Befehl Görings vom 26. Oktober zur Strafarbeit im Reich „begnadigt" werden.

Eine Kursänderung war mit dieser Kampfanweisung vom November 1942 aber nicht bezweckt. Kollektive Strafmaßnahmen konnten weiterhin verhängt werden, wenn sie ein Offizier anordnete, der mindestens im Range eines Hauptmanns stand. Nur der Ermessensspielraum der Verantwortlichen hatte sich etwas vergrößert, falls diese davon Gebrauch machen wollten. Hitler selbst drängte unbeirrt auf die Anwendung der „allerbrutalsten Mittel", wie der Chef OKW in seinem Auftrag am 16. Dezember 1942 verlangte, und zwar selbst gegen Frauen und Kinder, „wenn es nur zum Erfolg führt". Soldatische Ritterlichkeit und Humanität hielt der Diktator für unangebracht. Ausschreitungen, die bei der Partisanenbekämpfung vorkamen, sollten nicht geahndet werden.

Der Einsicht, daß der „Knüppel auf den Kopf" auf die Dauer kein überzeugendes Argument darstellte, konnte sich wenigstens der Reichspropagandaminister Goebbels nicht verschließen. Für einzelne Militär- und Zivilbehörden hatte das schon früher festgestanden. Sie empfahlen, das rigorose Vorgehen gegen die Partisanen allein schon aus Eigeninteresse mit einer besseren Behandlung der Bevölkerung zu verbinden, nebst der Auslobung von Geldprämien, der Sonderzuteilung von Lebensmitteln sowie der Gewährung von Landbesitz an verdiente Angehörige der landeseigenen Formationen.

Die Erfolglosigkeit in der Partisanenbekämpfung stärkte die Bedenken mancher militärischer Stäbe, „daß man durch Abbrennen von Dörfern und Massenerschießungen der Bevölkerung diese den Partisanen zutreibt und die Arbeit unterbindet". „Wir machen uns die Partisanen selbst", formulierte überspitzt die Abteilung Kriegsverwaltung des Generalquartiermeisters. Ihre „Aufzeichnungen über die Ostfrage" vom 3. Januar 1943 stand in einer Reihe mit ähnlichen Urteilen anderer Stellen des Generalstabes des Heeres, des Ostministeriums und von Einzelpersonen wie etwa Oberländer oder Dwinger. Angemahnt wurden echte politische Entscheidungen, die dem Anwachsen der Partisanengefahr den Boden entziehen konnten – nicht nur taktische Zugeständnisse, die nach einem gewonnenen Krieg mühelos wieder rückgängig gemacht werden konnten.

Im Ostministerium fand am 18. Dezember 1942 eine Besprechung mit Vertretern des Ostheeres, des OKW und des OKH statt, die Rosenberg ermutigte, mit einigen Vorschlägen beim „Führer" vorstellig zu werden. Die Mühe hätte er sich ersparen können. Nach einigen Monaten mußte sich der Minister belehren lassen, daß „das Partisanenwesen im Osten keineswegs als Auswirkung deutscher politischer Maßnahmen zu sehen sei, sondern nur als Rückwirkung militärischer Fehlschläge ... Wenn die einmütige Ansicht Rosenbergs und der Vertreter der Heeresgruppen die richtige sei, müßten dort, wo gegenüber der Bevölkerung eine milde Haltung eingenommen würde, die Partisanenaktionen entsprechend gering sein – doch das genaue Gegenteil sei zutreffend ... Er [Hitler] sei daher überzeugt, daß die Partisanenfrage nur mit der Anwendung von Gewalt gelöst werden könnte."

Inzwischen war das Partisanenproblem ohnehin nicht mehr zu lösen, weder mit gewaltsamen Mitteln noch durch eine geänderte Besatzungspolitik. Während die deutschen Verwaltungs- und Wirtschaftsdienststellen zunehmend die geringe Zahl der Sicherungskräfte beklagten und eine einheitliche Führung bei der Niederkämpfung des Widerstands vermißten, bedienten sich SS, Polizei und Wehrmacht weiterhin der eingefahrenen Methoden. Ihre Unternehmen endeten mit den gewohnten Erfolgsmeldungen, bei denen nach wie vor die große Zahl an getöteten „Banditen" mit der geringen Menge an erbeuteten Waffen kontrastierte. Auch die „Endlösung der Judenfrage" geriet dabei nicht aus dem Blickwinkel. Häufig genug gerieten die deutschen Gegenmaßnahmen aber zu einem „Griff ins Leere", und die Einwohner umliegender Ortschaften mußten für die Anschläge der Partisanen büßen. Vergebens protestierte Rosenberg gegen die Massaker der SS. Sie waren, wie Lohse im Juni kritisierte, „der deutschen Sache nicht würdig" und taten „unserem Ansehen stärksten Abbruch".

Der Reichsführer-SS wurde ermächtigt, einzelne Teile des deutschen Machtbereichs zu „Bandenkampfgebieten" zu erklären, die inzwischen schon als eine Art „zweite Front" angesehen wurden. Bach-Zelewski avancierte zum „Chef der Bandenkampfverbände", und Himmler war der Überzeugung, daß „nur straffeste Planung und Führung ... und unmittelbare Einflußnahme des Reichsführers-SS und des von ihm beauftragten hohen SS-Führers zu dauerndem Erfolg führen". Die neubearbeitete „Kampfanweisung" des OKW vom 18. August 1943, die mit der SS abgesprochen worden war, und ein Merkblatt „Bandenbekämpfung" Bach-Zelewskis vom 6. Mai 1944 räumten die Möglichkeit ein, ergriffene Partisanen, wenn sie nicht Uniformen der Wehrmacht oder der deutschen Verbündeten trugen, wie Kriegsgefangene zu behandeln. Aus „bandenverseuchten" Gebieten wurde die Bevölkerung, wenn sie nicht rechtzeitig in die Wälder entwich, evakuiert und zur Arbeit eingesetzt. Die Auflösung der deutschen Besatzungsherrschaft war indessen nicht länger aufzuhalten. Noch ehe der Rückzug der Wehrmacht in großem Umfange einsetzte, mußten sich die Deutschen eingestehen, „daß die Leistungen der besetzten Ostgebiete durch die Partisanenkämpfe stark beeinträchtigt und weitgehend unmöglich gemacht" worden waren.

Die Ausbeutung der besetzten Ostgebiete

Kriegsziel im Osten war nicht nur die Eroberung eines neuen „Lebensraums" für deutsche und „germanische" Siedler, sondern auch die Übernahme der großen wirtschaftlichen Werte des westlichen Teils der Sowjetunion, insbesondere der Ukraine. Das „Wohl des Deutschen Reiches und Volkes" hatte nach den ausgegebenen Weisungen absolute Priorität. Rohstoffe und das Aufkommen an Lebensmitteln, deren Erzeugung die Besatzungsmacht noch steigern zu können glaubte, sollten das Dritte Reich blockadefest und von überseeischen Kolonien unabhängig machen. Das sowjetische Territorium, dessen geplante Entindustrialisierung unter den Erfordernissen der Kriegführung zugunsten einer intensiven Produktionspolitik und des Aufbaus einer einfachen Rüstungsindustrie aufgegeben werden mußte, konnte zugleich als riesiges Absatzgebiet dienen. Schon frühzeitig hatte eine Förderung des Handwerks eingesetzt, das in starkem Maße für die Bedürfnisse des Ostheeres zu arbeiten hatte. Ein Lohn- und Preisstop sollte für niedrige Produktionskosten und billige Einkaufspreise sorgen, die Abschöpfung des beim Wiederverkauf im Reich erzielten Gewinns („Schleusengewinne") zur Bestreitung der Kriegskosten beitragen.

Die Ausbeutung der zu besetzenden Gebiete, die Göring mit Hilfe einer neuen Organisation zu betreiben gedachte, wurden einigermaßen gründlich vorbereitet. Unter dem Decknamen „Oldenburg" erarbeitete der spätere ressortübergreifende Wirtschaftsstab Ost als Ausführungsorgan des Wirtschaftsführungsstabes Richtlinien, die schon in Kürze die Ernährung der gesamten Wehrmacht aus dem sowjetischen Territorium vorsahen und sich nicht daran stießen, daß dadurch in den Zuschußgebieten „zweifellos zig Millionen Menschen verhungern" würden (was dann nicht in dieser Dimension realisiert wurde). Wirtschaftsinspektionen und Armeewirtschaftsoffiziere mit Wirtschaftskommandos sowie eine Vielzahl von Landwirtschaftsführern übernahmen die Durchführung. Produktion, Erfassung und Verwertung der Erzeugnisse fielen zunehmend sogenannten „Ostgesellschaften" für einzelne Branchen oder Regionen zu, die als halbstaatliche Körperschaften treuhänderisch für das Reich tätig wurden und auch den deutschen Konzernen ein ausreichendes Betätigungsfeld ließen.

Ganz „ohne Rücksicht auf Verluste" zu verfahren, wie Koch im Sommer 1942 von sich gab, verbot dann das Eigeninteresse. Im Baltikum schritt die Besatzungsmacht nach langem Zögern und zu spät zu einer größeren Reprivatisierung des in sowjetischer Zeit enteigneten Besitzes, und insgesamt mußte die für die Besatzungsmacht arbeitende Bevölkerung wenigstens soweit ernährt werden, daß ihre Leistungsfähigkeit einigermaßen erhalten blieb: durch regelmäßige Belieferung mit den Grundnahrungsmitteln, durch Zulagen und Werksverpflegung.

Auch der ländlichen Bevölkerung, die sich mit einem erdrückenden Ablieferungssoll konfrontiert sah und der nicht selten das letzte Vieh requiriert wurde, mußten schließlich Anreize geboten werden. Sachwerte sollten die Vergütung mit Geld ersetzen, für das es kaum noch etwas zu kaufen gab. Rosenberg rang sich gegen den Widerstand der auf Beibehaltung des Status quo bedachten Wirtschaftsressorts, der Reichskommissare und der SS zur Ankündigung einer „Neuen Agrarordnung" durch, der Hitler Mitte Februar 1942 zugestimmt hatte. Der propagandistische Aufwand überstieg bei weitem die Vorteile, die sich für die bäuerliche Bevölkerung ergaben. Entsprechend groß war deren Enttäuschung. Die Kolchosen erhielten lediglich die Bezeichnung „Gemeinwirtschaften", und nur das Hofland ihrer einzelnen Mitglieder wurde steuerfreier Privatbesitz, der noch erweitert werden konnte. In einem zweiten Schritt sollten aus den ehemaligen Kolchosen „Landbaugenossenschaften" entstehen, in denen das Land den Bauern zur individuellen Nutzung, aber nicht als Eigentum überlassen wurde. Die Maschinen-Traktoren-Stationen und die Sowchosen blieben in deutscher Hand.

Die Durchführung der „Neuen Agrarordnung" fiel unterschiedlich aus. Am wenigsten wurde sie in der Ukraine umgesetzt, wo sich Koch vehement dieser Aufweichung der von ihm betriebenen Kolonialpolitik widersetzte. Am 5. Juni 1943 schob Rosenberg noch eine „Deklaration über die Einführung bäuerlichen Grundeigentums" nach, in der das inzwischen individuell genutzte Land als Privateigentum der Bauern anerkannt wurde. Zur Durchführung blieb aber kaum noch Zeit, und auch diese Maßnahme wäre nicht mehr geeignet gewesen, die ablehnende Haltung der Bevölkerung noch zu verändern. Die deutsche Präsenz in den besetzten Ostgebieten war nach der Katastrophe von Stalingrad, wie erkennbar wurde, nicht mehr von langer Dauer. Sie endete auch bald, fortschreitend nach Westen, mit Evakuierungen der Einwohner, wilden Plünderungen und der Politik der „verbrannten Erde". Die wirtschaftlichen Werte, die das Deutsche Reich aus der Besetzung sowjetischen Territoriums gewonnen hatte, waren weit hinter den optimistischen Erwartungen und selbst hinter dem früheren Handelsaustausch zurückgeblieben. Zum Scheitern der deutschen Herrschaft im Osten trug auch die verfehlte, die Einwohner verbitternde Wirtschaftspolitik bei.

Keine Rücksichten kannte die Besatzungsmacht bei der Rekrutierung von rund 2,8 Millionen Arbeitskräften für das Reich. Nachdem nicht zuletzt wegen der schlechter Behandlung der sogenannten „Ostarbeiter" in Deutschland die Anwerbung von Freiwilligen ohne Ergebis blieb, schreckte Gauleiter Sauckel, der „Generalbevollmächtigte für den Arbeitseinsatz", auch vor den rüdesten Zwangsmaßnahmen nicht zurück: Razzien, Repressalien aller Art und Deportation selbst beider Eltern ohne Rücksicht auf die unversorgt zurückbleibende Familie waren in der Ukraine und auf russischem Gebiet keine Ausnahme. Die Erfassung von Arbeitskräften in den Partisanengebieten und später beim Rückzug der Wehrmacht kamen hinzu. Die Auswirkung auf die Stimmung in der Bevölkerung war verheerend, und entsprechend wuchs der Zulauf zu den Partisanen. Warnungen oder Gegenmaßnahmen des Ostministeriums oder einzelner militärischer Kommandobehörden hatten keinen Erfolg. Die Deportationen behinderten sogar die volle Ausnutzung des Landes, in dem immer mehr Arbeitskräfte für Landwirtschaft und Industrie fehlten.

Das Problem der Osttruppen

Hitler hatte keine hohe Meinung von Kollaborateuren. In seinen Augen waren sie entweder charakterlose Verräter an ihrem eigenen Volk oder für die Deutschen selbst eine Gefahr. Insbesondere widerstrebte ihm der Gedanke, Russen zu bewaffnen und auf deutscher Seite mitkämpfen zu lassen. Es paßte nicht zu den nationalsozialistischen Vorstellungen von der Überlegenheit der „arischen Herrenrasse", auf die militärische Hilfeleistung verachteter „Untermenschen" angewiesen zu sein und deren Dienste später vielleicht sogar durch politische Konzessionen honorieren zu müssen. Nach seinem Willen sollte es im deutschen Machtbereich nie wieder eine russische Armee geben.

In der Wehrmacht gab es dagegen weitaus weniger Berührungsängste. Schon vor dem Überfall auf die Sowjetunion hatte die Abwehr einige Sonderformationen aus Angehörigen der ethnischen Minderheiten aufgestellt und im sowjetischen Hinterland eingesetzt. Anschließend rekrutierten die Kampftruppen vornehmlich aus Kriegsgefangenen, die darin eine Chance zum Überleben sahen, Hunderttausende von „Hilfswilligen" (Hiwis), die von ihnen für einfache Tätigkeiten benutzt, zunehmend aber auch an der Front oder gegen Partisanen eingesetzt wurden. Aus ihnen entstand eine wachsende Zahl von selbständigen oder in deutsche Verbände eingefügten „Osteinheiten", deren Beitrag zur Kriegführung der Wehrmacht angesichts der steigenden Verluste bald unentbehrlich erschien. Allerdings sollten die Freiwilligenformationen klein gehalten und durch deutsches Rahmenpersonal beaufsichtigt werden. So ging die Verpflichtung von Kosaken-Hundertschaften und nichtslawischen Einheiten voran, obwohl Hitler im Februar 1942 die Aufstellung weiterer Formationen untersagt hatte. Die Rekrutierung von Osttruppen durch die Kommandobehörden der Wehrmacht ging weiter und führte schließlich zur Bildung ganzer Divisionen. Im August 1942 genehmigte Hitler dann die Verwendung von Osteinheiten im Kampf gegen die Partisanen.

Auf weitere Schritte drangen vor allem einige Abteilungen im Generalstab des Heeres. Die Organisationsabteilung, vertreten durch Stauffenberg, richtete Anfang Dezember 1942 die Dienststelle eines „Generals der Osttruppen", später „der Freiwilligenverbände" ein. Der Versuch militärischer und ziviler Zentralstellen und von Kommandobehörden im Osten, Ende 1942 mit Hilfe Rosenbergs die deutsche Führung zu einer Änderung der Ostpolitik zu bewegen, blieb allerdings erfolglos. Hitler war zu einem Umdenken nicht zu bewegen, und schon gar nicht war für ihn die Zulassung einzelner nationaler Armeen akzeptabel, die dem Ostministerium vorschwebte. Die Bereitschaft des kriegsgefangenen Sowjetgenerals Wlassow zur Gründung einer antibolschewistischen russischen Befreiungsarmee wurde nicht aufgegriffen. Wlassow sah sich nur, wie von Hitler verlangt, von der deutschen Propaganda ausgenutzt, bis gegen Ende des Krieges die SS, die ihn lange bekämpft hatte, auf ihn zurückkam. Das konnte zu diesem Zeitpunkt keine Auswirkungen mehr auf den Kriegsverlauf haben.

Zu spät wären inzwischen auch die für die Ostfreiwilligen geforderten politischen Versprechungen gekommen. Ihre Zuverlässigkeit ließ seit Ende 1942 merklich nach. Zu den militärischen Rückschlägen der Wehrmacht, die einen deutschen Sieg nicht länger wahrscheinlich machten, kam eine gezielte sowjetische Propaganda an die Adresse der Ostbataillone, die Amnestie und ein Überleben im aussichtslos gewordenen Kampf versprach. Die Desertionen in großer Zahl kamen immer häufiger vor, nicht selten nach Ermordung des deutschen Rahmenpersonals. Hitler sah sein Vorurteil bestätigt. Auf deutscher Seite wurde zeitweise die Auflösung aller Osteinheiten und die Abgabe der Leute an den Arbeitseinsatz erwogen. Dagegen erhoben sich aber Widerstände von militärischer Seite, so daß die noch als verläßlich angesehenen Bataillone, damals noch die Masse, im Herbst 1943 auf andere Kriegsschauplätze verteilt wurden. Für alle Freiwilligen gab es jetzt aber erst recht keinen Grund mehr, sich als „Kanonenfutter" für die Deutschen aufzuopfern. Aus deren Sicht stellten sie einen Unsicherheitsfaktor dar, wie ihre zunehmende Neigung zum Überlaufen deutlich unterstrich.

Bemühungen um eine Änderung der deutschen Ostpolitik

In seiner ideologischen Fixiertheit, die in den slawischen Bevölkerungen der Sowjetunion nur „Untermenschen" gelten ließ, und in Erwartung eines wiederum nur kurzen Feldzuges zur Niederschlagung der Roten Armee glaubte Hitler, sich eine menschenverachtende Besatzungspolitik leisten zu können, die nur seine Fernziele im Auge hatte und die Ansprüche und Interessen der Einwohner außer Acht ließ. In Koch, Bormann und lange Zeit auch Himmler hatte er bereitwillige Vollstrecker dieser „Kolonialpolitik" gefunden.

Das schloß aber nicht aus, daß in Ämtern und Stäben auch andere Vorstellungen existierten: teils taktische Erwägungen, die angesichts der militärischen Rückschläge immer akuter wurden, teils prorussische Vorstellungen traditioneller Prägung. Vorschläge für Konzessionen und eine gemäßigte Ostpolitik wurden von den einen mit der zynischen Anmerkung versehen, man könne sie ja nach der siegreichen Beendigung des Krieges wieder rückgängig machen. Andere meinten sie ernster, wobei an den grundsätzlichen Kriegszielen auch hier nicht gerüttelt wurde.

Zu den Institutionen und Einzelpersonen, die zunehmend auf Änderungen drängten, gehörten vor allem die Abteilung für Wehrmachtpropaganda im OKW, Kreise des Auswärtigen Amtes und des Ostministeriums sowie einige Abteilungen im Generalstab des Heeres. Unterstützung fanden sie bei vielen Kommandobehörden an der Ostfront und in den rückwärtigen Gebieten, die mehr noch als die Instanzen im Reich und manche politisch ausgerichteten Repräsentanten der Zivilverwaltung die Nachteile der deutschen Maßnahmen vor Ort erfuhren: Enttäuschung, Ablehnung, Haß und erbitterter Widerstand. Diese verständliche Reaktion war nicht mehr abzubauen, als sich die Besatzungsmacht zu spät zu einigen halbherzigen und meist nur verbalen Zugeständnissen gegenüber den baltischen Völkern bereit fand.

Die Bemühungen, die Führung des Reiches in einer „Denkschriften-Schlacht" (Dallin) zu neuen Überlegungen zu bewegen, erreichten am 18. Dezember 1942 ihren Höhepunkt, als sich im Ostministerium kritische Militärs und Beamte unter dem Vorsitz von Rosenberg versammelten. Der Minister erklärte sich bereit, ihre Empfehlungen in einem Memorandum an Hitler weiterzugeben, wo die Vorschläge allerdings ungnädig abgetan wurden. Der „Führer" verbat sich die unwillkommenen Einmischungen in Angelegenheiten, die er allein zu entscheiden gedachte, und zwar ohne von seinen ursprünglichen Plänen abzugehen. Die geforderte Aufklärung der Bevölkerung über die ihr zugedachte Zukunft im deutschen Machtbereich blieb aus oder fiel wie schließlich im Baltikum auf Betreiben der an „Freiwilligen" interessierten SS zu unentschieden aus, um gegen Kriegsende noch beeindrucken zu können. Angesichts der sich abzeichnenden deutschen Niederlage waren zuvor schon die Weisungen des Propagandaministers und einzelner Oberbefehlshaber ohne Wirkung geblieben, die aus eigenem Interesse mehr Rücksicht auf die Einwohner gefordert hatten.

Die deutsche Herrschaft in den besetzten sowjetischen Gebieten, die zeitweise bis zu 70 Millionen Menschen zu ertragen hatten, war schon vor der militärischen Niederlage gescheitert. Eine geschicktere Politik als die in den besetzten Ostgebieten betriebene dürfte den Ausgang des Krieges wohl kaum geändert haben. Das Ergebnis hätte dann immerhin weniger schrecklich ausfallen können, die große Blutschuld, die von einer bedenkenlosen deutschen Herrschaft über die besetzten Ostgebiete für die vermeintlichen „Herrenmenschen" übrigblieb, wäre wenigstens kleiner geblieben.

Deutschland und Rußland nach Potsdam. Historischer Abriß

Abdulhan Achtomsjan

Der in der Nacht vom 8. zum 9. Mai 1945 in Berlin (im Gebäude der ehemaligen Festungspionierschule Karlshorst) unterzeichnete „Akt der bedingungslosen Kapitulation" Deutschlands wurde in der Geschichte zum Wendepunkt nicht nur des deutschen Volkes, sondern auch der anderen Völker Europas. Die bedingungslose Kapitulation bedeutete nicht nur die Einstellung der Kriegshandlungen seitens der Wehrmacht, sondern auch die Möglichkeit für die Alliierten, bestimmte Bedingungen und Forderungen zu erheben, sie schloß gar, falls erforderlich, besonders bei Fortsetzung des Widerstandes seitens der Deutschen, die Möglichkeit der Anwendung von Strafmaßnahmen ein.

In Berlin, dessen Garnison bereits eine Woche früher (am 2. Mai) kapituliert hatte, gingen die sowjetischen Truppen unter Führung des ersten Stadtkommandanten, N. E. Bersarin, an die Wiederherstellung eines normalen Lebens, der Versorgung mit Elektroenergie, Wasser und Lebensmitteln, der Säuberung der Ruinen, was die in der Stadt verbliebene Bevölkerung vor Epidemien und Hunger bewahrte. In den Materialien der sowjetischen Verwaltungsstrukturen läßt sich verfolgen, daß in den Tagen der Einnahme Berlins ein großer Teil der Bevölkerung die Stadt verlassen hatte (es blieben nicht mehr als eine Million Menschen, vor allem in den Randbezirken, in der Stadt), aber schon kurz nach Beendigung der Schlacht waren eine Million Einwohner ohne Angst und ohne Behinderung in die Stadt zurückgekehrt. Ende Mai waren schon drei Millionen Menschen in der Stadt.

Die bedingungslose Kapitulation Deutschlands bedeutete die Vernichtung des Nazireiches und aller seiner Machtorgane. In der Deklaration über die Niederlage Deutschlands, die von den Oberbefehlshabern der Okkupationsstreitkräfte der vier Mächte (UdSSR, USA, Großbritannien und Frankreich) am 5. Juni 1945 veröffentlicht wurde, wurde verkündet, daß die Siegermächte „die oberste Gewalt in Deutschland übernehmen". Die Oberbefehlshaber der alliierten Truppen übernahmen die gesamte Macht in den entsprechenden Okkupationszonen. Zur Kontrolle über die Erfüllung der Vereinbarungen der bedingungslosen Kapitulation wurde der Alliierte Kontrollrat geschaffen, der von Juni 1945 bis Dezember 1946 95 Verordnungen, Befehle und Instruktionen nicht nur militärischer und wirtschaftlicher Art, sondern auch administrativen und politischen Charakters, insbesondere zum Zwecke der Beseitigung nazistischer Institutionen und der Beschlagnahme ihres Eigentums sowie der Abschaffung der nazistischen Gesetze herausgab. Der Alliierte Kontrollrat tagte in einem Gebäude in Berlin, wohin die alliierten Truppen erst einige Wochen zuvor auf der Grundlage einer Vereinbarung mit den sowjetischen Militärorganen gelangt waren, gleichzeitig mit dem Abzug der amerikanischen Truppen aus Thüringen, das sie während der Angriffsoperationen besetzt hatten.

Das gesellschaftliche und politische Leben der Deutschen selbst legalisierte sich allmählich durch die Zulassung der alten und die Gründung neuer Parteien, die natürlich nur mit Einverständnis der Besatzungsmächte und in Zusammenarbeit mit ihnen wirkten. So übernahm in den Westzonen die führende Rolle die CDU, die bald nach ihrer Gründung von K. Adenauer geleitet wurde, und in der Ostzone die im April 1946 von Kommunisten und Sozialdemokraten gegründete SED, an deren Spitze W. Pieck und O. Grotewohl, bekannt als konsequente Gegner des Naziregimes, standen.

Die soziale und ökonomische Entwicklung verlief in dem größeren (gemessen am Potential) westlichen und in dem östlichen Teil Deutschlands verschieden: In den Westzonen überwog der Einfluß der USA, die Ostzone unterlag dem ausschließlichen Einfluß und dem Willen der UdSSR. Das letzte Wort lag bei allen politischen Angelegenheiten bei Generalissimus Stalin und seiner nächsten Umgebung. Die ehrfurchtsvolle (ja sogar neidvolle) Haltung der Führer der Westmächte zu „Marschall Stalin" bleibt zumindest in der Zeit des Krieges bis zur Potsdamer Konferenz, ja sogar bis in die Zeit danach ein historischer Fakt. Es ist nicht notwendig, sich vor dem Schatten Stalins zu verneigen, doch muß man anerkennen, daß er in der Koalition, die das Hitlerreich stürzte, die Hauptfigur war.

Schon im Mai 1945 stand zwischen den Verbündeten die Einrichtung eines Kontrollrates zur Verwaltung Deutschlands „als Ganzes" auf der Tagesordnung. Die Westmächte teilten über diplomatische Kanäle mit, daß sie als ihre Vertreter in dieses Organ General D. Eisenhower (USA), Feldmarschall Montgomery (Großbritannien) und General de Lattre de Tassigny (Frankreich) entsenden würden. Um den 20. Mai rief J. Stalin G. K. Shukow nach Moskau und teilte ihm mit, daß er ihn als Oberkommandierenden nach Deutschland entsenden und ihn mit dem Aufbau der Militäradministration in Deutschland und der Vertretung der UdSSR im Kontrollrat beauftragen werde. Auf Vorschlag von G. Shukow wurde zu seinem Stellvertreter in der Militäradministration General W. D. Sokolowski ernannt. Von Mai 1945 bis März 1946 leitete Marschall Shukow die SMAD (Sowjetische Militäradministration in Deutschland) und entschied gemeinsam mit den Vertretern der Westmächte die schwierigen Fragen der Entnazifizierung, der Entmilitarisierung und der Verwaltung des besetzten Landes. In der Zeit zwischen 1945 und 1949 konnte auch von einer „kleinen" Souveränität der Deutschen keine Rede sein.

Eine der ersten zwischen den Verbündeten zu lösenden Fragen war das Problem der Stationierung der alliierten Truppen in Berlin, das im Ergebnis einer gigantischen Schlacht von den sowjetischen Truppen eingenommen worden war. Die Stationierung der Alliierten in der Stadt warf die Frage nach dem Kommunikationsnetz (auf der Erde und in der Luft) durch die sowjetische Zone hindurch auf. Die Lösung des Problems wurde auf Initiative von G. Shukow mit dem Abzug der amerikanischen Truppen aus Thüringen, das zur sowjetischen Besatzungszone gehörte, koordiniert. Einige Zeit wurden im Kontrollrat auch komplizierte Fragen der Zusammenarbeit zwischen den Verbündeten „vergleichsweise glatt" (Shukow) gelöst. Doch bald entstanden politische Probleme, die mit dem Unwillen der Westmächte zusammenhingen, einige Strukturen aus der Nazizeit aufzulösen, sowjetische Offiziere zu Verhören deutscher Kriegsverbrecher, die in den Westzonen interniert waren, zuzulassen und schließlich die Rückführung sowjetischer Staatsbürger (Kriegsgefangene, Zwangsarbeiter), die sich auf dem Gebiet der Westzonen befanden, zu unterstützen. Es scheint, daß gerade der Unwille, die Zusammenarbeit im Geist der alliierten Beziehungen während des gemeinsamen Krieges gegen den Nationalsozialismus fortzusetzen, die Westmächte bewogen hat, ihre bekannten Heerführer aus Deutschland abzuberufen. In diesem Zusammenhang wurde im April 1946 auch Marschall G. Shukow nach Moskau abgerufen. Die sowjetische Militäradministration konzentrierte unter der Leitung von W. D. Sokolowski, danach von W. I. Tschuikow, ihre Anstrengungen auf die Zusammenarbeit mit gesellschaftlichen Kräften antinazistischer Orientierung, vor allem mit Kommunisten, Sozialdemokraten und der liberalen Intelligenz im Ostteil des Landes.

Auf der Potsdamer Konferenz der „großen Drei" vom 17. Juli bis 2. August 1945 wurden Beschlüsse gefaßt, die die Rechte und die Verantwortung der Mächte bezüglich Deutschlands als territoriales Ganzes gewährleisten sollten. Die Verbündeten setzten sich das Ziel, den Nationalsozialismus und den Militarismus zu beseitigen, damit von Deutschland kein Angriff mehr ausgehen kann. Die Formel von Potsdam war klar: Niemals mehr darf von deutschem Boden ein Krieg ausgehen. Die Beschlüsse von Potsdam bestimmten die Politik der Siegermächte gegenüber Deutschland, mit dem noch ein Friedensvertrag abzuschließen war.

Eine große gemeinsame Aktion der vier Mächte war die Durchführung des internationalen Tribunals in Nürnberg von Oktober 1945 bis Oktober 1946. Im Ergebnis von mehr als 400 Sitzungen fällte das Gericht ein begründetes, strenges Urteil über die Hauptkriegsverbrecher, deren verbrecherische Tätigkeit nicht mit einem bestimmten geographischen Ort verbunden war. Viele andere Kriegsverbrecher wurden in den Ländern verurteilt, in denen sie Verbrechen gegen die Menschheit begangen hatten: in Frankreich, in Italien und in der Sowjetunion.

In der Zeit von 1945 bis 1949 fand in Deutschland ein sozialpolitischer Umbau statt. Die Teilung Deutschlands war das Ergebnis einer diametral entgegengesetzten Politik der UdSSR und der USA, die dabei von den zwei Westmächten unterstützt wurde. Das Resultat der scharfen Auseinandersetzung, vor allem in der deutschen Frage, aber auch der sozialökonomischen Umgestaltungen im West- und im Ostteil des Landes, war die Entstehung zweier deutscher Staaten im Jahre 1949, die Gründung der BRD und die Gründung der DDR. Heute darüber Streit anzufangen, welcher Staat legitimer sei, würde kaum ein Ergebnis bringen. Im Endeffekt waren beide durch die Weltgemeinschaft als souveräne Staaten anerkannt. Die BRD wurde unter dem Schutz der drei Westmächte, die mit ihr im Mai 1952 einen „allgemeinen Vertrag" abschlossen und sie zum Mai 1955 in ihren Nordatlantikpakt und in die Militärorganisation NATO aufnahmen, gegründet. Die DDR wurde in der Einflußsphäre der Sowjetunion gegründet und in den Militärpakt der Staaten des Warschauer Vertrages eingebunden, wenn auch unter „Vorbehalt Grotewohls".

Die Beziehungen zwischen der UdSSR und den beiden deutschen Staaten entwickelten sich nicht gleichartig. Die am 7. Oktober 1949 ausgerufene DDR wurde sofort von der UdSSR und ihren Verbündeten anerkannt. Die Sowjetunion entschied sich, die BRD anzuerkennen und stellte im September 1955 diplomatische Beziehungen her. Zu diesem Zeitpunkt hatte die BRD völlige Souveränität erlangt. Die Trennung der beiden deutschen Staaten wurde 1955 auch in internationaler politischer Hinsicht vollendet: Sie wurden Mitglied in zwei gegeneinander gerichteten Militärblöcken. Das war das Ergebnis des ersten Nachkriegsjahrzehnts, das die politischen Realitäten für 35 Jahre Konfrontation und Koexistenz festlegte.

Der Abschluß des Staatsvertrages über die Wiederherstellung der Souveränität und Unabhängigkeit Österreichs zwischen den USA, Großbritannien und Frankreich unter Teilnahme der UdSSR im Mai 1955 gab ein gutes Beispiel einer Regelung auch für Deutschland. Diese Möglichkeit wurde aber von den damaligen führenden Politikern der BRD nicht genutzt, wurde vielmehr "im Namen aller Deutschen" abgelehnt, die die Neutralität nicht wünschen würden. Die herrschenden Kreise der BRD zogen die Einheit mit dem Westen der Einheit mit den Deutschen in der „sowjetischen Besatzungszone" vor und verschoben damit ernsthafte Verhandlungen mit Moskau bis zu dem Zeitpunkt, zu dem die BRD sich auf ein bedeutendes wirtschaftliches und militärisches Potential würde stützen können.

Die Koexistenz zweier deutscher Staaten unter den Bedingungen des „Kalten Krieges" wurde durch Krisen und Konflikte bedroht, die ganz Europa in Schwierigkeiten bringen konnten. So war es während der Krisen am Suez-Kanal und in Ungarn 1956, so war es später 1958 bis 1961, als die internationalen Beziehungen im Zusammenhang mit den Spannungen um den Status von West-Berlin sich verschärften. Im Ergebnis der zehrenden Konfrontation wurde 1961 die Mauer in Berlin errichtet, die nicht nur die Deutschen voneinander trennte.

Weder die Berliner Mauer noch die „Friedensnote" von L. Ehrhard (1966) konnten natürlich eine Normalisierung im Zentrum Europas herbeiführen. Die Versuche der Regierung der „großen Koalition", auf Initiative W. Brandts eine neue Ostpolitik zu beginnen, wurden gerade wegen des beidseitigen konfrontativen Herangehens nicht von Erfolg gekrönt. Nur die Wende zum Realismus in der BRD und die Anerkennung der historischen Realitäten als Folge des Sieges der sozial-liberalen Koalition bei den Wahlen von 1969 öffneten den Weg zu einer neuen Ostpolitik. Im November 1969 trat die BRD dem Vertrag über die Nichtweiterverbreitung der Kernwaffen (von 1968) bei und äußerte die Bereitschaft, den Dialog mit Moskau und „dem anderen Teil" Deutschlands aufzunehmen.

Die neue Ostpolitik der Regierung W. Brandt/W. Scheel, die sich auf dem Prinzip „Wandel durch Annäherung" gründete, führte zum Abschluß der Verträge über die gegenseitigen Beziehungen zwischen der BRD und der UdSSR, Polen, der Tschechoslowakei und schließlich der DDR. Die „Ostverträge" spielten ihre positive Rolle bei der Erhaltung des Friedens in Europa im Verlauf von zwei Jahrzehnten und bei der Normalisierung der europäischen Zusammenarbeit sowie im Endeffekt bei der Vorbereitung der Vereinigung beider deutscher Staaten.

Die Regelung der Beziehungen der BRD mit ihren Nachbarn

in Osteuropa gestattete, vergleichsweise schmerzlos, die Schwierigkeiten der Weltenergiekrise Mitte der 70er Jahre zu überwinden und erlaubte schließlich die Aufnahme beider deutscher Staaten in die Weltgemeinschaft der UNO (1973). Der „Brief über die deutsche Einheit", der vom Außenminister der BRD W. Scheel mit „normaler Post" an seinen Kollegen A. Gromyko am Tag der Unterzeichnung des Moskauer Vertrages, dem 12. August 1970, abgesandt wurde, schuf zwar keine neuen internationalen Rechtsnormen, war aber eine sehr wirksame innenpolitische und außenpolitische Klausel. Der Brief W. Scheels beinhaltete nur einen Satz: Die Unterzeichnung des Vertrages bedeute nicht den Verzicht auf das nationale Ziel, die Einheit Deutschlands, die deutsche Regierung beabsichtige, einen solchen Friedenszustand in Europa anzustreben, bei dem das deutsche Volk seine Einheit wiedererlangen würde. Im Ergebnis des komplizierten diplomatischen Spiels mußte die sowjetische Regierung die Haltung zur Selbstbestimmung der Nation anerkennen.

Der Moskauer Vertrag ist äußerlich einfach, auf jeden Fall kurz, dabei ist es ein streng ausgewogenes Dokument. Seinem Wesen nach ist es ein Vertrag über den Gewaltverzicht in den internationalen Beziehungen auf Grundlage der Anerkennung der Unverletzlichkeit der Staatsgrenzen in Europa. Die „Absichtserklärung der Seiten" (Hauptbestandteil des Vertragsentwurfs) schrieb die Regelung der Beziehungen der BRD und Polen, der Tschechoslowakei, der DDR und selbst die gleichzeitige Aufnahme der DDR und der BRD in die UNO vor. Die geschickte Verknüpfung der Vereinbarungen zwischen der Sowjetunion und der Bundesrepublik Deutschland mit der zufriedenstellenden Regelung der Berlin-Frage (als Junktim bezeichnet) durch die Regierung Brandt war ebenso erfolgreich. Auf jeden Fall wurden das Recht und die Verantwortung der vier Mächte für Berlin und Deutschland insgesamt nicht nur nicht berührt, sondern sie waren selbst auch nicht „Gegenstand des Vertrages". Die Ostverträge, einschließlich des Vertrages über die Ungültigkeit des Münchener Abkommens über die Tschechoslowakei von 1938, wurden als einheitliches Ganzes betrachtet, was jedem osteuropäischen Land erlaubte, seine Interessen maximal zu realisieren. Die Bedeutung des Regelwerkes der 70er Jahre ist zu berücksichtigen, wenn wir die erfolgreiche Vereinigung Deutschlands in den 90er Jahren richtig verstehen wollen.

Die Vereinigung der Deutschen in einem Staat nach vier Jahrzehnten Trennung war natürlich historisch unausweichlich. Die wirtschaftlichen, folglich die Lebensinteressen der einst einheitlichen Nation waren für die Tendenz zur politischen Einigung vorbestimmend. Das Wesen der Frage ließ sich darauf zurückführen, wann und in welcher Form sich die Annäherung und Verschmelzung der DDR und der BRD, die sich unter verschiedenen Bedingungen entwickelten und verschiedene soziale Ziele verfolgten, vollziehen würde. Gar über die Angliederung des aufblühenden größeren Teiles an den durchaus erfolgreichen (aber nicht zu den reichsten in Europa zählenden) kleineren Teil der Nation nachzudenken, war unsinnig. Man konnte aber über das Verschmelzen beider Teile der Nation in einen einheitlichen neuen Staat nachdenken, der anfangs konföderativ sein könnte, um so mehr, als eine solche Variante für Nachbarn und Verbündete des einen wie des anderen Staates annehmbar gewesen wäre. Realisiert wurde eine andere Variante: der Beitritt des seinem Potential nach kleineren Staates DDR zu dem Industrie- und Finanzgiganten BRD. Es stimmt, den Deutschen wurde versprochen, daß es im Ergebnis keinem schlechter gehen solle. Ob es sich wirklich so verhält, ist noch nicht entschieden.

Betrachtet man Tempo und Mittel der Organisation des Einigungsprozesses, so kann der Beitritt der DDR zur BRD als gelungene Improvisation erscheinen. Die Untersuchung der Voraussetzungen dieses Aktes weckt die Überzeugung, daß die Vereinigung nicht nur durch den ganzen Verlauf der Ereignisse während vieler Jahre, sondern auch durch die durchdachte Politik der Regierung der BRD, vor allem in den Krisenjahren der DDR 1989 und 1990 vorbereitet wurde. Die Festigung der Positionen der BRD auf den Waren- und Kapitalmärkten der Welt, die Stärkung des Industrie- und Finanzpotentials des größten der „mittleren Staaten", die faktische wirtschaftliche Abhängigkeit der DDR von der BRD, die sich im Verlaufe langjähriger Finanzströme, des zollfreien Handels, der Valutaorientierung herausgebildet hatte – das alles schuf unterschwellig die Bedingungen für die sich bei einem Teil der DDR-Bevölkerung verstärkenden Tendenzen der Annäherung an die Verwandten im anderen Teil des Landes. Diese Tendenz erhielt ihren unmittelbaren Ausdruck in der Stimmung der jungen Generation, die bereit zur Ortsveränderung war, um mit eigenen Augen zu sehen, wie die Menschen am und hinter dem Kurfürstendamm lebten.

Der Vereinigungsprozeß hatte wohl zwei Aspekte: einen innerdeutschen, d.h. die Regelung zwischen der DDR und der BRD, und einen außerdeutschen, d.h. die Bestimmung des internationalen Status des vereinigten Deutschlands. Wenn der außerdeutsche Aspekt bestimmend gewesen und die Verhandlungen nach der Formel „2+4" verlaufen wären (d.h. tatsächliche Verhandlungen unter Beachtung des Reglements), so hätte sich der Vereinigungsprozeß langwieriger gestalten und dafür aber alle internationalen Fragen stärker berücksichtigt werden können. Jedoch ihrem Wesen nach waren es keine Verhandlungen im eigentlichen diplomatischen Sinne: Es gab periodische Treffen von Vertretern der sechs Staaten nach der Formel „2+4" (am 5. Mai in Bonn, am 22. Juni in Berlin, am 17. Juli in Paris), auf welchem die Teilnehmer des Prozesses über die Erfolge der deutschen Diplomatie, genauer über die Ergebnisse der freundschaftlichen Begegnungen von H.-D. Genscher und E. Schewardnadse unterrichtet wurden.

Ein Eckpunkt auf dem Weg der Regelung des äußeren Aspektes der Vereinigung wurde die Reise von Helmut Kohl und Hans-Dietrich Genscher vom 14.–16. Juli 1990 in die Sowjetunion. Das war kein Gang nach Canossa oder gar nach Rapallo. Das war eine glanzvolle Aktion der deutschen Diplomatie. Im Ergebnis des Treffens auf höchster Ebene in Archys bei Stawropol wurde der Inhalt des Vertrages über die endgültige Regelung der Beziehungen zu Deutschland bestimmt, insbesondere als zu diesem Zeitpunkt M. S. Gorbatschow mit seiner „willkürlichen Entscheidung" die Einwände gegen die Einbeziehung des vereinigten Deutschlands in die NATO aufhob. Im weiteren Sinne wurde Einigkeit darüber erzielt, wenn auch mündlich, „unter Gentlemen", daß die Länder der ehemaligen DDR Grenzen der NATO-Erweiterung würden und die NATO diese Grenzen nicht überschreitet. Dieser Vorgang ist ein Zeugnis dafür, wie in der Gegenwart zivilisierte Regierungen Vereinbarungen unter Gentlemen interpretieren können: Das, was nicht zu Papier gebracht wurde, zählt nicht.

Die Anstrengungen der Diplomaten wurden von der vorfristigen Unterzeichnung des Vertrages über die endgültige Regelung der Beziehungen zu Deutschland am 12. September 1990 in Moskau gekrönt, der die „Rechte und die Verbindlichkeiten" der vier Mächte hinsichtlich „Deutschlands als Ganzem" aufhob. Die BRD verpflichtete sich zu bestimmten Begrenzungen auf militärischem Gebiet, vor allem zu Begrenzungen bei der Truppenstärke und zum völligen Verzicht auf ABC-Waffen. Der Territorialstatus des vereinigten Deutschlands wurde durch historisch herausgebildete Realitäten bestimmt, die aber im Ganzen für Deutschland recht günstig sind. Die BRD entschloß sich, mit Polen eine Vereinbarung abzuschließen und bekräftigte die Unverletzlichkeit der bestehenden Staatsgrenze.

Der innerdeutsche Aspekt des Vereinigungsprozesses spielt eine entscheidende Rolle, besonders bei der Bestimmung der Formen und des Vereinigungstempos. Die ausführliche Analyse der innerdeutschen Regelungen gehört nicht zu den Aufgaben eines russischen Historikers, wenn auch die Bewertung der Ergebnisse ein Diskussionsgegenstand sein kann, insofern die Vereinigung zweier souveräner Mitgliedstaaten der UNO zur Debatte stand. Nach den Wahlen auf dem Territorium der DDR im März 1990, an denen nicht nur verschiedene Parteien der BRD, sondern auch der Bundeskanzler in eigener Person unmittelbar teilnahmen (wobei die Teilnahme physisch wie auch finanziell erfolgte), wurden recht schnell die Vereinbarungen zwischen der BRD und der DDR bis hin zur völligen Integration, des Beitritts der DDR zur BRD auf Grundlage des Artikels 23 des Grundgesetzes der BRD ausgearbeitet.

Ein objektiver Historiker muß anerkennen, daß die deutsche Diplomatie die nationale Frage erfolgreich gelöst hatte, indem sie die gewachsene wirtschaftliche und finanzielle Macht des Staates und die Krise der DDR geschickt ausnutzte. In der russischen Historiographie wird das dilettantische Wirken von M. S. Gorbatschow und E. Schewardnadse zum Aufbau eines „gemeinsamen europäischen Hauses" kritisch bewertet. Es genügt festzustellen, daß wichtige Dokumente der zweiseitigen Beziehungen zwischen der UdSSR und der BRD, die Vereinbarung über die Bedingungen des Aufenthaltes und des Abzuges der sowjetischen Truppen, vor allem aber der „große Vertrag" und die Probleme der wirtschaftlichen Zusammenarbeit, auf die Zeit einer „endgültigen Regelung" verschoben wurden. Es ist eine Tatsache, daß die beiden deutschen Staaten viele Jahrzehnte lang die größten Handelspartner der UdSSR waren. Die Liquidierung der DDR bedeutete die Kappung der Beziehungen zwischen Hunderten von Betrieben. Zwischen der UdSSR und der DDR gab es Dutzende und Hunderte von Vereinbarungen, die jetzt „in der Luft hingen", übrigens nicht durch Schuld der deutschen Seite. Die wirtschaftliche Zusammenarbeit der UdSSR mit dem vereinigten Deutschland war nicht durch neue Abkommen und Vereinbarungen gesichert. In einem vertraulichen Schreiben des Vorsitzenden des Ministerrates der UdSSR N. Ryshkow im ZK der KPdSU vom 29. Juni 1990 wurde beispielsweise die Frage gestellt, womit der Aufenthalt der sowjetischen Truppen auf dem Territorium der DDR, wo ab dem 1. Juli die DM eingeführt wurde, bezahlt wird und wie die wirtschaftliche Zusammenarbeit mit den Betrieben der DDR fortzusetzen sei.

Eine gewisse Unzufriedenheit mit den Ergebnissen der deutschen Regelung war in Rußland mit der faktischen Kappung nicht nur der vorhandenen Wirtschaftbeziehungen, sondern auch der gewachsenen wissenschaftlichen, kulturellen und rein menschlichen Kontakte zu den Deutschen in den östlichen Ländern verbunden. Das Wichtigste in den Überlegungen der russischen Bürger war, daß die sowjetischen Führer nicht die langfristigen Interessen des Landes gewahrt hatten und für die Verwendung der von der BRD erhaltenen Kredite niemandem Rechenschaft ablegten.

Die Russische Föderation, die Rechtsnachfolgerin der UdSSR, sagte sich von den politischen Traditionen, nicht aber vom Erbe los. Ihre Beziehungen zum vereinigten Deutschland baute sie natürlich auf den Vertrag über die endgültige Regelung der Beziehungen zu Deutschland vom 12. September 1990 (der am 15. Mai 1991 in Kraft trat) und auf den Vertrag über Partnerschaft, gute Nachbarschaft und Zusammenarbeit vom 9. November 1990. Rußland wollte seine Beziehungen zur BRD auf neuer gleichberechtigter Grundlage entwickeln, soweit das zwischen Schuldner und Kreditgeber möglich ist, indem mit seinem Potential und vergangener Größe die wirkliche Wirtschaftskraft des Partners nivelliert wird.

Die offiziellen Beziehungen zwischen den Regierungen der BRD und der Russischen Föderation werden als völlig zufriedenstellend und „fast freundschaftlich" eingeschätzt. Eine besondere Bedeutung hatten die gegenseitigen Besuche von B. Jelzin und H. Kohl in den Jahren 1991 bis 1994. Im Ergebnis der erreichten Vereinbarungen (d.h. hinsichtlich der „Nullbilanz" bezüglich des russischen Eigentums auf dem Territorium Deutschlands und der zusätzlichen Zahlung von 500 Millionen DM für die Unterbringung der in die Heimat zurückgeführten Truppen) wurden die russischen Truppen zum 31. August 1994 vorfristig aus Deutschland abgezogen, was den Erfolg H. Kohls bei den Wahlen im November 1994 begünstigte.

Man erinnert sich in Rußland an die finanziellen Aufwendungen der BRD, die von der deutschen Seite mit 86 Milliarden Mark beziffert werden. Die Frage der Verschuldung kann allerdings nur auf Grundlage der Erweiterung der gegenseitigen Handelsbeziehungen gelöst werden. An der Fortsetzung und Erweiterung der wirtschaftlichen Zusammenarbeit ist vor allem Rußland interessiert. Gerade deshalb ist es besonders an der Schaffung und Pflege einer Atmosphäre des gegenseitigen Verständnisses und Vertrauens interessiert.

Das Ende der nationalsozialistischen Herrschaft: Die Kapitulation in Berlin-Karlshorst am 8. Mai 1945

Peter Jahn

Im allgemeinen Geschichtsbewußtsein wurde seit den fünfziger Jahren, geprägt durch die Frontstellung des Kalten Krieges, die deutsche Kapitulation in der Regel alternativ an zwei unterschiedlichen Orten lokalisiert. Im bundesdeutschen wie auch allgemein im westlichen Bewußtsein hatte die deutsche Wehrmacht am Morgen des 7. Mai 1945 im „Supreme Headquarter of the Allied Expeditionary Forces" (SHAEF) in Reims vor den westlichen Alliierten (in Anwesenheit eines untergeordneten sowjetischen Repräsentanten, des Generals Susloparow) kapituliert, der Akt in Karlshorst am folgenden Tage war demnach eine Propagandainszenierung, die der Westen Stalin konzediert hatte. Deutlich wird das schon in den 1948 erschienenen Memoiren von General Eisenhower, des Oberkommandierenden der Westalliierten: „Die Westalliierten wurden zur Teilnahme an der Unterzeichnung in Berlin eingeladen, aber ich hielt es nicht für angemessen zu fahren. Die Deutschen waren schon im Alliierten Hauptquartier erschienen, um ihre bedingungslose Kapitulation zu vollziehen, und ich meinte, die Ratifizierung in Berlin sollte eine sowjetische Angelegenheit sein. Dementsprechend bestimmte ich meinen Stellvertreter, Luftmarschall Tedder, mich bei der Zeremonie zu vertreten."

In den sowjetischen Veröffentlichungen hatten dagegen in Reims, wenn dieser Ort überhaupt Erwähnung fand, nur Vorverhandlungen stattgefunden und war auch nur ein „vorläufiges Protokoll" der Kapitulation unterzeichnet worden. Der Ort, an dem Hitlerdeutschland kapituliert hatte, war demnach das Hauptquartier der 5. Stoßarmee in Berlin-Karlshorst, die prägende Persönlichkeit des Aktes der sowjetische Marschall Shukow. Dem folgten auch die Darstellungen in der DDR.

Der Vorgang von zwei kurz aufeinander folgenden Kapitulationsakten in den verschiedenen Hauptquartieren mit weitgehend, aber nicht völlig identischen Aussagen der Urkunden erleichtert in der Tat ideologische Verdrehungen und bedarf der Erklärung. Eine formal-juristische Sicht führt dabei schnell auf Holzwege: Wenn die Berliner Unterzeichnung nur eine Ratifizierung war, sind die Textabweichungen zu erklären; wenn in Reims nur ein vorläufiges Protokoll unterzeichnet wurde, ist die Wirksamkeit der Bestimmungen vor Unterzeichnung der eigentlichen Urkunde eine erklärungsbedürftige Merkwürdigkeit. Eine solche Sicht wird kaum der politischen Bedeutung beider Akte im Kontext der Entwicklung bis zum 7. und 8. Mai 1945 gerecht werden. Wichtiger sind zum Verständnis der Vorgänge zwei Faktoren.

Zum einen war die Koalition zwischen der Sowjetunion und den angloamerikanischen Verbündeten nie frei von gegenseitigem Mißtrauen gewesen, das sich bei erkennbarem Kriegsende trotz der Absprachen in der Krimkonferenz vom Januar 1945 noch verstärkte. Indem der Kitt der Koalition,

2

nationalsozialistischer Herrschaftsanspruch und -praxis in Europa, mit der näher rückenden deutschen Niederlage immer mehr zerbröckelte, wurden die trennenden Elemente auch wieder deutlicher, häuften sich die konkreten Konfliktpunkte wie etwa in der Frage der kommunistisch gelenkten Regierung Polens oder des Einflusses Titos an der Adria.

Darauf setzten – der zweite Faktor – die letzten fragmentarischen Versuche deutscher Politik. In den phantasiegespeisten Hoffnungen Hitlers auf den Tod Roosevelts wie auch in etlichen, von Hitler schon unabhängigen Versuchen von Partei-, SS- und Militärführern, durch Einzelverhandlungen mit den Westmächten einen Separatfrieden zu erreichen oder gar gemeinsam mit diesen wieder gegen die Sowjetunion zu ziehen, sollte die totale Niederlage abgewendet und noch ein Rest der alten Herrschaft gesichert werden – in völliger Verkennung des aktuellen Gewichts einzelner Konfliktpunkte zwischen den Alliierten.

Konkretisiert wurden diese Vorstellungen in Teilkapitulationen großer Verbände allein vor den Briten und Amerikanern. Am bedeutsamsten war dabei die Kapitulation der deutschen Truppen in den Niederlanden, Nordwestdeutschland und Dänemark am 4. Mai bei Lüneburg, wobei der Vorgang formal nicht anders zu werten war als die Kapitulation der 6. Armee bei Stalingrad oder der restlichen Berliner Truppen am 2. Mai. In dieser Situation stellte die Teilkapitulation eines weitgehend intakten Großverbandes jedoch den Versuch dar, das Muster für einen Separatfrieden der deutschen Führung mit den Westmächten zu schaffen.

Es hieße allerdings, die Konflikte zwischen den Verbündeten der Anti-Hitler-Koalition weit zu überschätzen, wenn man heute glaubt, daß dieses deutsche Kalkül 1945 eine reale politische Alternative in den Augen der Westmächte dargestellt hätte. Daran ändert auch die britische Politik nichts, den Verbänden der Wehrmacht nach der Kapitulation erst einmal ihre Kommandostruktur zu belassen, denn im schon eingesetzten Machtpoker für die Nachkriegszeit hatte die Andeutung solcher Möglichkeiten des Bündniswechsels gegenüber dem Koalitionspartner zwar als Drohung ihre Bedeutung. Angesichts der aktuellen Erfahrung mit dem deutschen Herrschaftssystem und auch der Stimmung in der Öffentlichkeit war allerdings ein Bündnis mit der Wehrmacht 1945 keine reale Handlungsmöglichkeit.

Während die sowjetische Seite eindeutig für Berlin, das Zentrum faschistischer Herrschaft, als Ort der Kapitulation eintrat, votierte Anfang Mai das Britische Foreign Office für Torgau, wo amerikanische und sowjetische Truppen am 25. April zusammengetroffen waren. Wichtiger noch als der Ort erschien dem Foreign Office, daß die höchsten Repräsentanten nationalsozialistischer Herrschaft die Kapitulation unterschrieben, um nicht die Verantwortung für die bedingungslose Kapitulation später auf zweitrangige Befehlsempfänger abwälzen zu können, wie es nach 1918 geschehen war. Bestand ursprünglich noch die Vorstellung, daß sowohl die zivile Regierung wie auch die Militärspitze des Deutschen Reiches die Kapitulation unterzeichnen sollten, so waren Anfang Mai bei den Alliierten nur noch die Wehrmachtsbefehlshaber als Unterzeichner vorgesehen, da man beschlossen hatte, die von Hitler eingesetzte Nachfolgeregierung Dönitz nicht anzuerkennen.

Zwei Vorgänge liefen in diesen letzten vier Tagen vor den Kapitulationen parallel. Eine deutsche Abordnung führte im Auftrag der Dönitz-„Regierung" Kapitulationsverhandlungen im alliierten Hauptquartier bei Reims mit dem Ziel, im günstigsten Fall eine Separatkapitulation vor dem Westen zu erreichen, aber auf jeden Fall den Akt so lange hinauszuzögern, bis sich die deutschen Truppen in den Bereich der Westalliierten zurückziehen und dort die Waffen niederlegen konnten. Gleichzeitig machte Stalin seinen westlichen Verbündeten klar, daß für ihn eine Kapitulation nur Gültigkeit haben könne, wenn sie auch in Anwesenheit des sowjetischen Oberkommandos und im Zentrum nationalsozialistischer Herrschaft, also in Berlin, unterzeichnet würde. Wieweit er zu diesem Zeitpunkt wirklich Angst vor einem Separatfrieden im Westen gehabt hat, bleibt bei unserem heutigen Kenntnisstand Spekulation.

Am 5. Mai bot Generaladmiral von Friedeburg im alliierten Hauptquartier in Reims die Kapitulation aller den westlichen Verbündeten gegenüberliegenden Truppen an. Als das Angebot abgelehnt wurde, erklärte er sich zur allgemeinen Kapitulation bereit, benötigte dafür aber die Vollmacht von Dönitz. Mit dieser Vollmacht traf der Generalstabschef, Generaloberst Jodl, am Morgen des 6. Mai in Reims ein, versuchte aber ebenfalls, noch über eine Separatkapitulation zu verhandeln. Als dies strikt zurückgewiesen und sogar mit neuen Bombenangriffen gegen deutsche Städte gedroht wurde, lenkte die deutsche Seite ein, wollte aber noch Zeit für eine Umgruppierung der deutschen Truppen zur westlichen Front gewinnen, um vor den Westalliierten kapitulieren zu können. Hatte Eisenhower das Ansinnen einer Separatkapitulation eindeutig zurückgewiesen, kam er dem Wunsch nach Zeitgewinn teilweise entgegen. Als Termin für die Waffenruhe wurde der 9. Mai, 0.01 Uhr festgesetzt, die Urkunde für diese Kapitulation wurde am Morgen des 7. Mai um 2.40 Uhr unterzeichnet.

An der Gültigkeit dieser Kapitulationsunterzeichnung besteht kein Zweifel, auch die sowjetische Seite hat danach gehandelt und auf Flugblättern die deutsche Seite über die Unterzeichnung und den Termin der Waffenruhe informiert. Andererseits war schon bei der Unterzeichnung den westlichen Alliierten klar, daß mit diesem Akt noch nicht alles abgeschlossen war. Denn man gab sich mit der Unterschrift Jodls zufrieden, obwohl er keine Kommandogewalt in der Befehlsspitze der Wehrmacht besaß. Auch von alliierter Seite unterzeichnete nicht Eisenhower selbst die Urkunde, sondern General Smith, sein Stabschef. Und zugleich mit der Kapitulationsurkunde unterzeichnete die deutsche Delegation in Reims ein Dokument, demzufolge die Oberbefehlshaber der Wehrmacht wie auch aller Teilstreitkräfte in Anwesenheit des sowjetischen Oberkommandos die Urkunde zu ratifizieren hätten. Ein zweiter Kapitulationsakt war also bei Abschluß des ersten bereits vorgesehen.

Bereits am 6. Mai war den alliierten Militärvertretern in Moskau eine diplomatische Note übergeben worden, in der gefordert wurde, daß die Kapitulation nicht im westlichen Hauptquartier stattfinden solle und daß Textänderungen am westlichen Entwurf der Kapitulationsbedingungen vorgenommen würden. Bemerkenswerterweise gelangte diese Note erst am 7. Mai, morgens um 1.00 Uhr nach Washington und entsprechend spät erst nach Reims zu Eisenhower.

Welche Koordinierungspannen technisch bedingt und welche beabsichtigt waren, wird sich nicht eindeutig abgrenzen lassen. Zu berücksichtigen ist auch, daß die Befehlshaber der gegen Deutschland aufgebotenen Truppen sich im Kontext der militärischen Operationen fern der politischen Zentrale Handlungsvollmachten nahmen, die nicht immer kongruent mit den Vorstellungen der politischen Spitze waren. Es scheint aber plausibel zu sein, daß die westliche Seite zwei Dinge zu vereinen suchte: sowohl die Kapitulation in eigener Regie festzulegen als auch die sowjetischen Verbündeten nicht vor den Kopf zu stoßen. Damit findet auch die in Reims unterzeichnete Zusatzerklärung über einen zweiten Kapitulationsakt ihren Platz.

So gab am Morgen des 7. Mai Eisenhower nach Washington durch, daß er jeden Wunsch nach Separatkapitulation abgeschmettert habe (was den Tatsachen entsprach), und daß er auch, wenn denn die Termine es ermöglichten, zur formellen Unterzeichnung nach Berlin kommen wolle (was kaum den Tatsachen entsprach). In einem Briefwechsel mit Churchill hat Stalin noch versucht, die Veröffentlichung der Kapitulation in Reims auf den 9. Mai, also nach der Karlshorster Kapitulation, zu verschieben, hat aber von Churchill aus praktischen Gründen nur die Zusicherung für den 8. statt des 7. Mai erhalten.

Über exakte Zeitpunkte hat es auch ohne politischen Hintergrund zwischen den westlichen und östlichen Verbündeten Verwirrung gegeben. Die Delegation aus dem westlichen Hauptquartier in Reims traf in Stendal, der Zwischenstation auf dem Weg nach Berlin, nicht auf die angekündigte sowjetische Eskorte, da die Uhren nach verschiedenen Zeitzonen gestellt waren. Auch die Unterzeichnung der Kapitulation, die nach sowjetischer Angabe um 0.15 Uhr erfolgte (daher auch der 9. Mai als Feiertag), wird in den westlichen Veröffentlichungen auf eine frühere Stunde am 8. Mai gelegt, wurde also dort nach der westeuropäischen Zeitzone gerechnet. Sieht man auf die unterschiedlichen Zeitangaben für den Kapitulationsakt, ist im Augenblick nicht einmal klar, ob den Zeitangaben der sowjetischen Teilnehmer die mittel- oder osteuropäische Zeiteinstellung zugrunde lag.

Die Delegation aus Reims traf am späten Vormittag auf dem Flughafen in Berlin-Tempelhof ein, der nach den Kämpfen um Berlin inzwischen wieder verwendungsfähig war. An der Spitze

3

der Delegation stand Luftmarschall Tedder, der als Stellvertreter Eisenhowers die Kapitulation für das westliche Hauptquartier entgegennehmen sollte. Neben zahlreichen anderen hohen Offizieren war in seiner Begleitung der Oberkommandierende des strategischen Bomberkommandos der USA, General Spaatz, der als Zeuge und Repräsentant der Vereinigten Staaten seine Unterschrift unter die Kapitulationsurkunde setzen sollte. Frankreich, das bei beiden Kapitulationsakten nicht als befreites Land, sondern als Siegermacht anwesend war, wurde durch General de Lattre de Tassigny vertreten. Die französische Delegation traf erst später in Berlin ein, während die deutsche Delegation, die mit einem amerikanischen Flugzeug aus Flensburg abgeholt worden war, nur wenige Minuten nach den Alliierten in Tempelhof eintraf.

Diese Delegationen mit zahlreichem Stabspersonal und begleitenden Journalisten nahmen den Weg zum Offizierskasino der Pionierschule in Karlshorst, da die sowjetischen Gastgeber keinen Platz für diesen Akt gefunden hatten, der dichter am Zentrum Berlins gelegen war. Die enormen Zerstörungen durch Bombenkrieg und durch die Kämpfe im April hatten nur wenige Gebäude völlig unbeschädigt gelassen. Für fast alle, die ihre Erinnerungen an den 8. Mai 1945 festgehalten haben, machte das Ausmaß der Zerstörungen in Berlin – erst aus der Vogelperspektive des Flugzeugs und dann auf der Fahrt nach Karlshorst – einen erschreckenden Eindruck. Die verschiedenen Delegationen wurden in den Villen der umliegenden Straßen untergebracht.

Die Unterzeichnung zur Ratifikation der Kapitulation sollte eigentlich am Nachmittag des 8. Mai stattfinden. Zum einen begannen jedoch noch einmal Verhandlungen um kleine Veränderungen im Text der ersten Urkunde, die in Reims unterzeichnet worden war. Zum anderen bemerkten die Westalliierten, als der endgültige Urkundentext in der englischen und russischen Fassung verglichen wurde, daß in der russischen Fassung einige Zeilen fehlten, die erst wieder aus Moskau übermittelt werden mußten. So versammelten sich die alliierten Delegationen erst kurz vor Mitternacht im großen Speise- und Festsaal des Offizierskasinos, die deutsche Delegation betrat den Saal erst kurz nach Mitternacht.

Der ganze Akt der Kapitulation dauerte nur knapp fünfzehn Minuten. Es blieb bei dem nüchternen Akt der Unterzeichnung der Dokumente durch die Delegationen, der durch keinerlei politische Erklärungen begleitet wurde. Auf deutscher Seite unterschrieben neben Generalfeldmarschall Keitel, der für die gesamte Wehrmacht wie auch für das Heer unterzeichnete, Generaloberst Stumpf für die Luftwaffe und Generaladmiral v. Friedeburg für die Marine die Dokumente. Für das östliche Hauptquartier bestätigte Marschall Georgij Shukow mit seiner Unterschrift die Kapitulation. Auch wenn mit der Unterschriftenleistung nur ein nüchterner Akt vollzogen wurde, der durch keine politischen Erklärungen interpretiert wurde, herrschte nach Aussagen zahlreicher Zeugen eine gespannte Atmosphäre im Saal, die sich schlagartig in dem Moment auflöste, als die deutsche Delegation den Saal verlassen hatte. Jetzt war der Krieg, der sechs Jahre lang Europa zerstört hatte, zu Ende.

Auch wenn mit der Kapitulation in Reims am 7. Mai vollendete Tatsachen geschaffen waren, bleibt die Unterzeichnung in der Nacht vom 8. zum 9. Mai in Berlin-Karlshorst ein Akt, der auch von westlicher Seite als das demonstrative

4

Signal vom Ende des nationalsozialistischen Regimes in Europa und Deutschland anerkannt wurde. Darauf weisen nicht nur die höheren Repräsentanten der kapitulierenden Wehrmacht hin, auch die westliche Seite ließ mit dem Stellvertreter Eisenhowers, dem britischen Luftmarschall Tedder, einen höher gestellten Vertreter als in Reims die Urkunde unterzeichnen.

Bei aller zwingenden Kritik am Charakter der stalinistischen Herrschaft im Innern wie auch über die von ihr befreiten und gleichzeitig unterworfenen Länder bleibt festzuhalten, daß die Unterzeichnung in Berlin, vor Shukow, dem höchsten Repräsentanten der sowjetischen Armee, angesichts des Kriegsverlaufs und der Lastenverteilung ein angemessener und folgerichtiger Abschluß des großen Mordens in Europa war. Die Zeremonie im ehemaligen Offizierskasino der Pionierschule blieb ein kurzer, auch von den deutschen Beteiligten als nüchtern charakterisierter Akt. Der Rausch der anschließenden Siegesfeier blieb auf eine Nacht beschränkt.

Offizierskasino – „Marschallhaus" – Museum. Zur Geschichte des Ortes

Viktor Gorynia

Im Frühjahr 1936 begannen am östlichen Rande von Karlshorst auf einem ehemaligen Flugplatzgelände die Bauarbeiten für die Pionierschule 1 der deutschen Wehrmacht. Bereits im September desselben Jahres wurden die ersten Gebäude bezogen, im März 1937 begann der Lehrbetrieb, die letzten Bauarbeiten wurden 1938 abgeschlossen.

Der Bau war Teil eines forcierten Aufrüstungsprogramms. In Berlin wurden zur selben Zeit noch viele andere Wehrmachtsbauten errichtet, genannt seien u.a. die Seeckt-Kaserne in Spandau, das Luftgaukommando III in Zehlendorf (heute Clayallee), die Kriegsschule der Luftwaffe sowie die Lufttechnische Akademie in Gatow und die Kaserne des Luftwaffen-Infanterieregiments „Hermann Göring" in Reinickendorf (nach 1945: Quartier Napoleon, heute: Julius-Leber-Kaserne). Die meisten Neubauten wurden als Putzziegelbau mit hohem Walmdach errichtet, Säulen, Sockel und Türgewände sind oft mit Werkstein verkleidet. Das Resultat war in der Regel eine Verquikkung von Elementen, die den preußischen Klassizismus aufgreifen, mit dem damals so bezeichneten „Heimatschutzstil", der traditionelle ländliche Bauformen aufgriff. So wurden die Bauten gezielt in Randgebieten mit großen Grünflächen errichtet, Schlagworte wie „organischer Bestandteil der Landschaft" und „bodenständige Heimstätte" spielten eine große Rolle. Vorrang hatten allerdings militärische Überlegungen.

Der im Osten Berlins gelegene Stadtteil Karlshorst war, insbesondere östlich der Treskowallee, ein Villenvorort, der überwiegend von höheren Beamten und Angestellten bewohnt wurde. Seit der Bildung des einheitlich verwalteten „Groß-Berlin" im Jahre 1920 gehörte Karlshorst zum Stadtbezirk Lichtenberg. Ursprünglich war es ein Vorwerk des Gutes Friedrichsfelde, das nach dem Gutsherrn Karl v. Treskow „Karlshorst" benannt worden war. Der Aufschwung von Karlshorst begann am Ende des 19. Jahrhunderts, als sich Berlin mit großer Geschwindigkeit zu einem Ballungszentrum entwickelte. Begünstigt wurde diese Entwicklung hier durch die Eröffnung einer Pferderennbahn, die auch Verkehrsanbindungen schuf. 1895 entstand die „Kolonie Karlshorst", die damals gerade 214 Einwohner zählte. 1925 waren es 15222 Einwohner.

Die neugebaute Pionierschule in Berlin-Karlshorst war keine Neugründung, sie war aus der seit 1920 in München bestehenden Pionierschule der Reichswehr hervorgegangen. Mit dem Aufrüstungsprogramm wurde diese Schule in zwei Schulen aufgeteilt, die als Pionierschule I nach Berlin und als Pionierschule II nach Dessau-Rosslau (1938) verlegt wurden. Die Pionierschule I unterschied sich von den üblichen Waffenschulen, auf denen der Offiziersnachwuchs der einzelnen Waffengattungen seine Spezialausbildung erhielt. Sie stand in der Tradition der 1903 in Berlin gegründeten Militärtechnischen Akademie, die ihre Ursprünge bis in das Jahr 1775 zurückführte, und sollte neben der Ausbildung von Pionieroffizieren des Heeres und der Marine auf dem Gebiet des Festungsbaus auch der wissenschaftlichen Entwicklungsarbeit dienen.

Die Offizierslehrgänge, zu denen aus dem Truppendienst Subalternoffiziere (in der Regel Oberleutnants) entsandt wurden, bildeten in der ungewöhnlich langen Zeit von zwei Jahren in den Fächern Festungsbau, Pionierwesen, Beton- und Wasserbau, Statik, Geologie, Maschinenkunde, Vermessungswesen, Technisches Zeichnen und Verwaltungswesen aus. Weiterhin gab es dreijährige Kurse für Unteroffiziere, die mit dem Zeugnis eines Tiefbautechnikers abgeschlossen wurden, sowie neunmonatige „Wallmeisterlehrgänge". Auch für Angehörige des Reichsarbeitsdienstes wurden spezielle Ausbildungsgänge durchgeführt.

In den mehr als zwanzig Gebäuden der Pionierschule waren nicht nur Unterkünfte und Hörsäle untergebracht, dazu zählten auch Labore, insbesondere ein großes Betonlabor, Werkstätten, eine Bibliothek mit Platz für mehr als 90000 Bände sowie eine Reithalle und ein Hallenschwimmbad. Das Lehrpersonal wurde in der Regel durch Stabsoffiziere bzw. durch zivile Kräfte im Rang von Stabsoffizieren gebildet (Bauräte und Diplomingenieure). Für diesen Lehrkörper wie auch für Offiziere, die zu Lehrgängen abkommandiert waren, diente das entsprechend groß dimensionierte Offizierskasino für die Mahlzeiten, für den Freizeitaufenthalt wie auch für Versammlungen und Festveranstaltungen. Dafür dienten im Erdgeschoß neben dem großen Speise- und Festsaal ein Lesezimmer, ein Klubraum, ein „Bauernzimmer", ein Musikraum und ein Raucherzimmer. Da es eine Reihe von Wohnräumen im ersten Stockwerk besaß, diente das Gebäude gleichzeitig als Offiziersheim.

Bei Kriegsbeginn im September 1939 wurden alle Lehrgänge abgebrochen, da die Schüler und viele der Lehrer Verwendung an anderer Stelle erhielten. Erst im Herbst 1940 wurde der planmäßige Unterricht wieder aufgenommen. Die Festungspionierschule, so ihr offizieller Name seit dem Oktober 1942, blieb bis zum März 1945 Lehr- und Forschungseinrichtung der Wehrmacht, die mit der Kriegführung an den Fronten eng verbunden war. Dazu zählten monumentale Anlagen wie der „Atlantikwall" an der Küste Frankreichs ebenso wie die Einrichtung zahlreicher Stäbe für den Stellungsbau an der Ostfront, so auch für Verteidigungsanlagen in Ostpreußen und schließlich für das Stadtgebiet von Berlin. Im März 1945 wurden die Lehrgänge wie auch der Lehrstab auf den Truppenübungsplatz Hammelburg in Bayern verlegt.

Im Schulgebäude in Karlshorst wurde im April 1945 – als Teil einer Kriegführung des alles oder nichts – der „Gefechtsstand I" des „Verteidigungsabschnitts B" eingerichtet, der in diesem Bereich die sowjetischen Angriffe am Stadtrand abwehren sollte. Dieser Stab hat nur kurze Zeit hier arbeiten können.

Berlin-Karlshorst lag im Angriffsstreifen der 5. Stoßarmee der 1. Belorussischen Front. Diese Stoßarmee war eine bevorzugt ausgerüstete Elitetruppe, die bereits in Stalingrad, Rostow am Don und in Kischinjow gekämpft hatte. Am 2. Februar 1945 hatte sie als erste die Oder überquert. Geführt wurde die Armee von Generaloberst Nikolaj E. Bersarin (1904–1945). Am 21. April 1945 drangen Einheiten der Armee als erste in die östlichen Bezirke von Berlin ein. Am 23. April wurde die Festungspionierschule laut Gefechtsbericht des 2. Bataillons des 1050. Schützenregiments der 301. Schützendivision eingenommen. Kommandeur des Bataillons war Hauptmann Schapowalow.

Der Bereich der Schule war praktisch nicht umkämpft worden, da sich die schwachen deutschen Einheiten noch vor einer Konfrontation mit dem weit überlegenen Gegner rechtzeitig zurückgezogen hatten. Daher blieben die Gebäude völlig unzerstört und der Stab der 5. Stoßarmee schlug im Offizierskasino sein Hauptquartier auf. Von hier wurde die Überquerung der Spree bei Treptow, die Eroberung des Stadtzentrums einschließlich des Alexanderplatzes, der Museumsinsel, der Straße Unter den Linden und des Regierungsviertels geleitet. Der Kampf der 5. Stoßarmee endete am 2. Mai 1945 mit der Eroberung der Reichskanzlei, bei der sich das von Schapowalow geführte Bataillon auszeichnete.

Inzwischen war Generaloberst Bersarin vom Oberkommandierenden der 1. Belorussischen Front, Marschall Shukow, am 24. April zum Stadtkommandanten Berlins ernannt worden, so daß die ehemalige Pionierschule, jetzt mit dem Kasino als Kommandozentrum, für kurze Zeit Stadtkommandantur Berlins wurde. Diese Ernennung Bersarins folgte einer russischen Militärtradition, wonach der Offizier, dessen Einheit zuerst in eine Festung oder Stadt eindrang, nach der Eroberung zu deren Kommandant ernannt wurde. Das Kasino wurde allerdings sehr schnell für andere Aufgaben benötigt.

Auf der Suche nach einem intakten Gebäude, das einen größeren Saal für die Durchführung des zweiten Aktes der Kapitulation der deutschen Wehrmacht aufwies, war der Stab der 1. Belorussischen Front im zerstörten Berlin auf das Offizierskasino der Festungspionierschule gestoßen. So wurde am 7. Mai Generalleutnant Bokow, Mitglied des Stabes der 5. Stoßarmee, von Marschall Shukow darüber informiert, daß am nächsten Tag im bisherigen Hauptquartier der 5. Stoßarmee die bedingungslose Kapitulation der Wehrmacht in Anwesenheit aller Alliierten unterzeichnet werden sollte. Bersarin und Bokow erhielten den Befehl, die Zeremonie und den Empfang der Teilnehmer vorzubereiten. Abgesehen vom intakten Zustand und ausreichenden Raum des Gebäudes hatte das Offizierskasino in Karlshorst für diesen Vorgang auch den Vorteil, daß es gut zu überwachen war.

Wesentlich für den Akt der Unterzeichnung war der Speisesaal des Kasinos mit mehr als 200 qm Fläche, der in aller Eile für ca. 200 Personen eingerichtet werden mußte. Zumindest ein Teil der dafür benötigten Möbel wurden nach Aussagen sowjetischer Teilnehmer aus der Reichskanzlei herbeigeschafft. Die heutige Einrichtung ist allerdings eine Rekonstruktion aus dem Jahr 1967, als das Museum der sowjetischen Streitkräfte eingerichtet wurde. Als Original erhalten sind die architektonische Ausstattung des Saals, wie Wandbekleidung und Beleuchtungskörper, die an der Wand befestigten Fahnen der vier Allierten und auch das Mikrophon.

In den folgenden Jahren behielt das Haus seine zentrale Bedeutung für die sowjetische Besatzungsmacht. Es war seit der Gründung der Sowjetischen Militäradministration in Deutschland (SMAD) am 9. Juni 1945 Amtssitz des Chefs der SMAD. Der Ortsteil wurde für die sowjetische Armee beschlagnahmt, das gesamte Gebiet wurde mit Zäunen abgeriegelt, Zutritt wurde Deutschen nur mit einem Passierschein („Propusk") gestattet.

Chef der SMAD war von Juni 1945 bis März 1946 Marschall Shukow. Sein Nachfolger wurde von März 1946 bis März 1949 Marschall Sokolowski und von März 1949 bis Oktober 1949 Armeegeneral Tschuikow. Der Chef der SMAD war zugleich auch der Oberbefehlshaber der am 10. Juni 1945 gebildeten „Gruppe der sowjetischen Truppen in Deutschland". Die Büros der SMAD-Chefs und ihrer Stellvertreter befanden sich im ehemaligen Offizierskasino, Shukow und seine Nachfolger hatten ihr Arbeitszimmer im ehemaligen Klubraum des Kasinos. Hierher wurden auch die deutsche Ziviladministration, Partei- und Verbandsvertreter zur Berichterstattung und zur Entgegennahme von Weisungen bestellt. „Karlshorst" wurde in der Sprache der Zeit zum Synonym der sowjetischen Macht in Deutschland.

Der große Saal, in dem die Kapitulation unterzeichnet worden war, wurde für Arbeitssitzungen, Empfänge und Festveranstaltungen genutzt. Im internen sowjetischen Sprachgebrauch wurde das Gebäude in dieser Zeit mit dem deutschen Wort „Marschallhaus" bezeichnet, so wird es selbst in zeitgenössischen Lageplänen gekennzeichnet. Viele Vertreter der sowjetischen Macht, die später in den deutsch-sowjetischen Beziehungen eine wichtige Rolle gespielt haben, sind in der Karlshorster SMAD-Zentrale tätig gewesen. Besonders gilt das für die Deutschlandexperten des diplomatischen Dienstes, die häufig vor dem Krieg bereits an der sowjetischen Botschaft in Berlin gedient hatten, nach Kriegsende als politische Berater der SMAD-Chefs fungierten und später als Botschafter die Sowjetunion in der DDR oder der Bundesrepublik vertraten. Zu nennen ist hier etwa Wladimir Semjonow, der von 1953 bis 1954 Botschafter in Ostberlin und von 1978 bis 1986 Botschafter in Bonn war. Dazu gehört auch Andrej Smirnow, der ebenfalls von 1956 bis 1966 sowjetischer Botschafter in Bonn war. Auch Valentin Falin ist hier zu nennen, der von 1971 bis 1978 Botschafter in Bonn war.

Am 10. Oktober 1949 fand im Offizierskasino der ehemaligen Pionierschule ein symbolisch bedeutsamer Akt für die deutsche Geschichte statt, als dem Ministerpräsidenten der drei Tage zuvor gegründeten Deutschen Demokratischen

Republik, Otto Grotewohl, analog zu dem einen Tag vorher vollzogenen Akt auf dem Petersberg bei Bonn, die Verwaltungsfunktionen und eine begrenzte Souveränität durch die sowjetische Militärverwaltung übergeben wurden. In den beiden Akten auf dem Petersberg und in Karlshorst hatte die Einbindung der deutschen Besatzungszonen in die jeweiligen Machtblöcke und damit die Teilung eine erste konkrete Etappe erreicht. Die Übergabe in Karlshorst erfolgte durch General Tschuikow und Botschafter Semjonow in jenem Saal, in dem 1945 die bedingungslose Kapitulation unterzeichnet worden war. Am selben Tag wurde die Sowjetische Kontrollkommission (SKK) gebildet, die große Teile des Apparates der SMAD übernahm und an deren Spitze bis 1953 der Oberkommandierende der sowjetischen Besatzungstruppen stand. Das Gebäude in Karlshorst blieb so ein zentraler Ort beim Aufbau des „ersten deutschen Arbeiter- und Bauernstaats" nach sowjetischem Vorbild.

Karlshorst war nicht nur Zentrum der SMAD, sondern diente auch als – zeitweise größte – Operationsbasis der sowjetischen Spionage sowie für die Spionageabwehr „Smersch". Selbst ein eigenes Gefängnis gehörte zu den Einrichtungen des sowjetischen Geheimdienstes in Karlshorst. Chef dieses Sicherheitsapparates war von 1945 bis 1947 Generaloberst Iwan Serow, einer der engsten Vertrauten Stalins, der auch bei der Unterzeichnung der Kapitulation anwesend war. In den sechziger Jahren breitete sich der sowjetische Geheimdienst so weit aus, daß mit Ausnahme des Kapitulationsgebäudes/Marschallhauses alle Gebäude der Pionierschule übernommen wurden.

In den fünfziger Jahren verlor Karlshorst seine zentrale politische Bedeutung. Die meisten sowjetischen Einrichtungen wurden verkleinert oder zogen ganz ab. Mit ihnen verkleinerte sich auch das Sperrgebiet in diesem Stadtteil, mehr und mehr Gebäude wurden geräumt, obwohl bis zum Schluß neben den Kasernenkomplexen für die Berlin-Brigade und den Geheimdienst auch zahlreiche Gebäude im Ortsbereich noch von der sowjetischen Armee genutzt wurden: als Wohnungen, Schulen, Geschäfte, Theater u.a. Selbst eine russisch-orthodoxe Kirche hatte hier ihren Platz. In viele größere zurückgegebene Gebäude zogen Behörden der DDR: Ministerien, auch Einrichtungen des Ministeriums für Staatssicherheit, später das Grenzkommando Mitte der Grenztruppen der DDR.

Eine Ausnahme bildete das ehemalige Offizierskasino der Pionierschule, das nach der Auflösung der sowjetischen Kontrollkommission erst einmal als Standortkommandantur genutzt wurde, dann aber 1967 aus dem internen Militärbereich herausgelöst und als „Museum der bedingungslosen Kapitulation des faschistischen Deutschland im Großen Vaterländischen Krieg 1941–1945" gestaltet wurde. Seine Geschichte führt bis in das Jahr 1994. Seit 1995 wird die historische Erinnerung hier durch ein neues Museum fortgesetzt.

5

Das sowjetische Museum der bedingungslosen Kapitulation

Gabriele Camphausen

Im Jahr 1966 faßte der Militärrat der sowjetischen Streitkräfte in Deutschland auf Vorschlag des Generalmajors Karpow den Beschluß, in Berlin ein historisches Museum der Sowjetarmee zu errichten. Das Museum sollte an jenem Ort untergebracht werden, an dem in der Nacht vom 8. auf den 9. Mai 1945 das Oberkommando der deutschen Wehrmacht die bedingungslose Kapitulation unterzeichnet hatte. „Museum der bedingungslosen Kapitulation des faschistischen Deutschlands im Großen Vaterländischen Krieg 1941–1945" lautete seine offizielle Bezeichnung, „Kapitulationsmuseum" die verbreitete Kurzform.

Nach offizieller Lesart beruhte die Entscheidung des sowjetischen Militärrates, in Berlin-Karlshorst ein Militärmuseum zu gründen, auf dem großen Interesse der Öffentlichkeit an dem historischen Ort der Kapitulation. Das eigentliche Motiv für die Errichtung des Kapitulationsmuseums dürfte jedoch anderer Natur gewesen sein. Das Museum wurde zu einer Zeit ins Leben gerufen, in der die Sowjetunion ihre Traditionspflege zum Gedenken an den Zweiten Weltkrieg erheblich intensivierte und zahlreiche neue Gedenkstätten im In- und Ausland einrichtete. Es war der Beginn der Breshnew-Ära, deren zunehmende Besinnung auf sowjetischen Patriotismus, auf die Erinnerung an Standfestigkeit und Abwehrbereitschaft im Krieg, zu einem eng gefaßten kulturpolitischen Regelwerk führte. Das Museum der bedingungslosen Kapitulation war in seiner Gründungsgeschichte wie in seinen Inhalten und seiner Ausgestaltung diesem Zeitgeist unverkennbar verpflichtet.

Als Eröffnungsdatum wurde der 50. Jahrestag der Oktoberrevolution am 5. November 1967 festgelegt. Die Bitte des damaligen Staatsratsvorsitzenden der DDR, Walter Ulbricht, den Termin um vier Wochen vorzuziehen und die Eröffnungszeremonie mit dem Jahrestag der DDR-Gründung am 10. Oktober zu verbinden, fand auf sowjetischer Seite keine Resonanz. Das zukünftige Museum wurde ungeachtet seines geographischen Standortes als eine rein sowjetische, nicht als bilaterale Einrichtung betrachtet. Die DDR-Führung reagierte darauf mit Nichtbeachtung: Die Eröffnung des Museums fand in der Presse der DDR keine Erwähnung, lediglich der Auslandspressedienst „Panorama DDR" publizierte im November 1967 einen lobenden Artikel. Erst am 8. Mai 1970, zum 25. Jahrestag der Kapitulation, folgte unter dem Titel „Stätte der Besinnung. Besuch im sowjetischen Militärmuseum in Berlin-Karlshorst" ein ausführlicher Bericht in der Zeitung „Neue Zeit". Erst im August 1972, nach vier Jahren, erschien der erste Beitrag im SED-Zentralorgan „Neues Deutschland": „Einzigartige historische Dokumente des Sieges über den Faschismus". Das lange Schweigen der DDR-Presse erscheint in der Tat ungewöhnlich: Schließlich war in dem Karlshorster Gebäude der formale Grundstein für die Schaffung der DDR gelegt worden, als der Chef der SMAD, Armeegeneral Tschuikow, am 10. Oktober 1949 dem Ministerpräsidenten der DDR, Otto Grotewohl, im ehemaligen Kapitulationssaal die Verwaltungsvollmacht übergeben hatte.

Der Gründungsplanung zufolge sollte das Militärmuseum in Karlshorst die historischen Zusammenhänge aufzeigen, die zu dem Einmarsch der sowjetischen Armee in Deutschland und der Kapitulation der deutschen Wehrmacht geführt hatten. Besondere Aufmerksamkeit war in diesem Rahmen der „Berliner Operation" der Sowjetarmee zugedacht, die in der Eroberung der Reichshauptstadt ihren Abschluß gefunden hatte. Adressaten der Ausstellung waren erst einmal Angehörige der eigenen Streitkräfte, des weiteren nach Aussage des Projektleiters Generalmajor Karpow Vertreter anderer Staaten aus dem sozialistischen wie dem kapitalistischen Ausland.

Eine dafür eingesetzte Arbeitsgruppe suchte in Zusammenarbeit mit dem Oberkommando der sowjetischen Streitkräfte in Deutschland, dem Zentralen Museum der Streitkräfte der UdSSR, dem Zentralen Marinemuseum und dem Grekow-Studio in Moskau sowie verschiedenen Museen in der DDR innerhalb kurzer Zeit Exponate zu sammeln und bereitzustellen. Die Bestände umfaßten schließlich mehrere tausend Einzelstücke: von Fotografien und Textdokumenten (in Original und Kopie) über zahlreiche militärische Sachobjekte

6

(insbesondere Waffen) bis zu künstlerischen Verarbeitungen des Krieges (Skulpturen, Zeichnungen und Gemälde). Ergänzung fanden diese Objektbestände durch dokumentarisches Filmmaterial. Zahlreiche Erinnerungsstücke wurden der neuen Einrichtung durch ehemalige Kriegsteilnehmer der sowjetischen Armee überlassen, darunter auch so prominente Veteranen wie Marschall Shukow, Marschall Konew, Generalleutnant Bokow und Generalleutnant Telegin, die auch zum Teil aktiv an der Gründung des Museums beteiligt waren.

Der Rundgang durch das sowjetische Militärmuseum in Karlshorst, der durch insgesamt vierzehn Räume führte, war in drei zentrale Ausstellungsbereiche gegliedert. Den Anfang bildete der sogenannte Lenin-Saal, der die Geschichte der Oktoberrevolution und insbesondere das Wirken Lenins behandelte. Stationen aus Lenins Leben wurden nachgezeichnet, Zitate aus seinen Schriften wurden hervorgehoben präsentiert: Als Ausgangspunkt des Rundgangs entsprach der Lenin-Saal der traditionellen Erhöhung Lenins zur Ursprungsquelle der sowjetischen Geschichte. 1990 wurde dieser Raum nach der Überführung des Bestandes „Lenin in Berlin" aus dem DDR-Museum für Deutsche Geschichte neu gestaltet.

An den Lenin-Saal schloß sich die zwölf Räume umfassende historische Darstellung des „Großen Vaterländischen Krieges" und seiner Folgen für die Nachkriegszeit an. Den dritten Schwerpunkt der Ausstellung setzte der historische Saal, in welchem in der Nacht vom 8. auf den 9. Mai 1945 das Oberkommando der deutschen Wehrmacht die bedingungslose Kapitulation unterzeichnet hatte. Der Saal ist in seiner Anlage im wesentlichen unverändert geblieben. 1967 wurden an der Stirnseite Marmortafeln mit den Namen jener sowjetischen Einheiten und Verbände angebracht, die für ihre Teilnahme an der Berliner Operation die Ehrentitel „Berliner Einheit" oder „Berliner Verband" erhalten hatten. Nicht mit in den Museumsrundgang einbezogen wurde das ehemalige Arbeitszimmer Shukows und seiner Nachfolger. Dieser Raum wurde als Büro des Museumsdirektors genutzt.

Außerhalb des Ausstellungsgebäudes war (und ist) auf einer Betonplattform schwere Militärtechnik ausgestellt: drei Panzerfahrzeuge, ein Salvengeschütz „Katjuscha" („Stalinorgel") und drei Geschütze. Dazu kommt als Denkmal auf einem Sockel neben dem Eingang ein Panzer T 34, der beim Angriff auf Berlin verwendet worden ist.

Den größten Platz des Museums nahm die Ausstellung über den Siegeszug der sowjetischen Armee bis zur Eroberung Berlins ein. Einem einleitenden Abriß über Charakter und Politik des Nationalsozialismus folgte, auf vier Räume zusammengefaßt, die Darstellung der militärischen Ereignisse nach dem deutschen Angriff vom 22. Juni 1941 bis zur Befreiung des sowjetischen Territoriums im Spätsommer 1944. Es wurde in knappster Form an die verschiedenen Stationen des Krieges erinnert, an die erbitterten Kämpfe um Brest und Kiew zu Kriegsanfang, den Vormarsch der Wehrmacht bis zur sowjetischen Hauptstadt Moskau im Herbst/Winter 1941, den Kampf um Stalingrad im Winter 1942/43, die Schlacht im Kursker Bogen im Sommer 1943, die Räumung der Krim durch die deutsche Wehrmacht im Frühjahr 1944 und schließlich den Vormarsch der sowjetischen Armee nach Ostpreußen im August des Jahres. Hierbei fanden auch die Mitwirkung der sowjetischen Partisanenbewegung und die Unterstützung durch deutsche Widerstandsgruppen, einschließlich des „Nationalkomitee Freies Deutschland" Beachtung. Den weiteren Etappen des sowjetischen Vormarsches durch die ehemals besetzten Länder Ost- und Südosteuropas folgte dann die ausführliche Darstellung der Berliner Operation, die sehr detailliert in Planung und Durchführung bis zur Kapitulation Berlins am 2. Mai 1945 beschrieben wurde.

Die Exponate, die in der Dauerausstellung des Museums präsentiert wurden, besaßen häufig eine besondere Herkunfts- und Wirkungsgeschichte. Diese verschiedenen Viten und Legenden ergaben in ihrer Summe einen Gesamteindruck, der das Museum in Karlshorst für den Besucher, insbesondere westlichen Besucher, unverwechselbar zu machen schien,

7

8

auch wenn sie in dieser Form in zahlreichen sowjetischen Museen zur Geschichte des „Großen Vaterländischen Krieges" zu finden waren. Einige dieser Exponate seien an dieser Stelle als Beispiele beschrieben.

Ein interessantes Objekt stellte das Modell der Stadt Berlin dar, welches im März 1945 zur Vorbereitung der Berliner Operation von der Topographischen Abteilung der 1. Belorussischen Front angefertigt worden war. Anhand dieses Modells wurden die taktischen Varianten für die Eroberung Berlins durchgespielt. Der eigentliche Ablauf des Sturms auf Berlin wurde auf einer großen Leuchtkarte (ca. 2,5 mal 6 m) veranschaulicht, die einen ganzen Raum ausfüllte. Sie zeigte die drei Verteidigungsringe der Deutschen um bzw. in Berlin sowie die verschiedenen Etappen des sowjetischen Vormarsches am 26. sowie am 28. und 29. April 1945. Im selben Raum wurden auch Skizzen des Frontzeichners Bogatkin ausgestellt, die im April/Mai des Jahres entstanden waren. Als Teilnehmer der Schlacht um Berlin hat Bogatkin seine Eindrücke von den Geschehnissen jener Tage grafisch festgehalten und 1967 die Zeichnungen dem künftigen Museum in Karlshorst als Geschenk übergeben.

Ein eher problematisches Exponat war die sogenannte Hitler-Karte, ein Stadtplan Berlins mit handschriftlichen Notizen, die als ein bedeutendes Unikat galt. Sie wurde am 2. Mai 1945 im Führerbunker gefunden und Hitler zugeschrieben. Ein Hauptmann Schapowalow hatte, dem eigenen Bekunden nach, die Karte entdeckt. In russischer Sprache schrieb er an den Rand der Karte: „Diese Karte wurde von mir vom Schreibtische Hitlers am 2. Mai 1945 um 5 Uhr genommen und um 12 Uhr desselben Tages dem Mitglied des Militärrates der 5. Stoßarmee Generalleutnant Bokow übergeben." Bokow gab die Karte an Marschall Shukow weiter, der sie wiederum dem sowjetischen Militärmuseum in Karlshorst vermachte. Der Umstand, daß dieses Objekt Hitler persönlich zugeschrieben wurde, entsprach wohl weniger dem realen Sachverhalt als dem Bedürfnis, den Wert des Beutestücks zu erhöhen. Als gesichert kann jedoch gelten, daß die Karte aus dem Hauptquartier stammt.

Eine besondere Geschichte rankte sich auch um die Skulptur „Sowjetischer Sussanin" des Bildhauers Perschudtschew. Sie ist dem 80jährigen Bauern Matwej Kusmin aus dem Dorf Kurakino bei Pskow gewidmet. Kusmin hatte am 18. Februar 1942 eine deutsche Einheit in eine Falle gelockt und dabei den Tod gefunden. Dafür war er postum zum Helden der Sowjetunion ernannt worden. Der Titel der Skulptur lehnt sich an die historische Figur Iwan Sussanins an, der zur Zeit der „russischen Wirren" Anfang des 17. Jahrhunderts polnische Invasionstruppen in die Irre geführt hatte.

In dieses legendenreiche Umfeld fügte sich auch die bronzene Lenin-Statue im Lenin-Saal – eine verkleinerte Replik der Skulptur des Bildhauers Maniser, deren Original ursprünglich in der nordrussischen Stadt Puschkin gestanden hatte. Von dort wurde sie 1943 durch die deutsche Besatzungsverwaltung abtransportiert, um sie in einer Fabrik in Eisleben einzuschmelzen. Einer Gruppe sowjetischer Zwangsarbeiter und deutscher Widerstandskämpfer gelang es, die Skulptur zu entwenden und bis Kriegsende zu verstecken. Am 2. Juli 1945 wurde die Statue mitten in Eisleben aufgestellt, 1948 schließlich wurde das Denkmal auf Beschluß der sowjetischen Regierung der Stadt Eisleben offiziell als Geschenk überreicht.

Einen eigenen Ausstellungsraum erhielt das Diorama „Sturm auf den Reichstag", das der sowjetische Maler Ananjew vom Moskauer Grekow-Studio entworfen hat. Diese monumentale Form der künstlerischen Verarbeitung des Krieges spielte in der sowjetischen musealen Darstellung eine große Rolle, unter den zahlreichen Kriegsdarstellungen auf Dioramen oder gar auf großflächigen Panoramawänden in sowjetischen Museen zählt das Diorama in Karlshorst zu den kleineren Stücken. Es zeigt die Kampfszenerie kurz vor der Eroberung des Reichstages, eine eigens dafür installierte Tonanlage sorgt durch Kampfgeräusche für die entsprechende akustische Untermalung.

9

10

Es ist bemerkenswert, daß gerade die Eroberung des Reichstages und nicht die Einnahme der Neuen Reichskanzlei, d.h. des deutschen Regierungssitzes, im Vordergrund des Interesses stand. Ein eigener Ausstellungsraum, der neben dem Diorama verschiedene Huldigungen an die offiziellen Reichstagseroberer Kantarija, Jegorow und Sjanow präsentierte, machte den hohen symbolischen Wert deutlich, den der siegreiche Kampf um den Reichstag für die sowjetische Armee besessen hat: Die geradezu mythische Handhabung der Reichstagseroberung ist in der sowjetischen Historiographie stets wiederkehrendes Motiv. Die Erklärung für diese Überhöhung und letztlich Verzerrung ist in der sowjetischen Rezeption des Reichstages als Ausgangspunkt des nationalsozialistischen Terrors zu finden. Die Verfolgung von Regimegegnern nach dem Reichstagsbrand im Februar 1933 wie auch der Reichstagsbrandprozeß ließen die Begriffe Reichstag und Faschismus zu Synonymen verschmelzen: Der Reichstag wurde zum „Hort der faschistischen Bestie" – so ein sowjetischer Reporter, dessen Bericht im Original in einer Vitrine ausgelegt war.

Neben den genannten Einzelobjekten gab es eine Reihe persönlicher Gegenstände, die für das Museum eine nicht unerhebliche Rolle spielten. Es handelte sich zum einen um Erinnerungsstücke hoher Militärs – z.B. die Uniformjacke, Mütze, Feldkarte und Zirkel von Marschall Shukow, Uniformstücke von Generalleutnant Telegin, ein Zigarettenetui des ersten sowjetischen Stadtkommandanten Generaloberst Bersarin –, zum anderen aber auch um persönliche Gegenstände exemplarischer „unbekannter" Soldaten. So war das Scharfschützengewehr des Soldaten Shirnoklejew zu sehen, an dem Metallsternchen für die erschossenen deutschen Soldaten angebracht waren, oder das von zwei Kugeln durchschossene Komsomol-Mitgliedsbuch des Rotarmisten Aleksejew mit der Widmung seines Kommandeurs, daß Aleksejew bei den Kämpfen um Berlin den „Heldentod" gestorben sei. Auch außerhalb des strikt militärischen Umfeldes sind derartige Erinnerungsstücke zu finden, wie beispielsweise der Brief der 15jährigen Katja Sussanina, den sie, als Zwangsarbeiterin nach Deutschland verschleppt, an ihre Familie in der Heimat geschrieben hat, oder die Kopie des Abschiedsbriefes der Partisanin Olga Rshewskaja, kurz vor ihrer Hinrichtung durch die Deutschen auf Seidentuch geschrieben.

Erst einige Jahre nach der Eröffnung des Museums, als die größten Besuchergruppen durch DDR-Bürger gestellt wurden, wurde auch das Schicksal des Deutschen Gefreiten Fritz Schmenkel, der die Fronten wechselte und 1942 in der Smolensker Partisanenabteilung „Tod dem Faschismus" mitkämpfte, ausführlich dokumentiert. 1943 wurde Fritz Schmenkel von den Deutschen gefaßt und 1944 in Minsk hingerichtet. Zu seinen Ehren wurde die frühere Rheinsteinstraße am Militärmuseum 1976 in Fritz-Schmenkel-Straße umbenannt. 1992 wurde die Namensänderung wieder rückgängig gemacht. Schmenkel, wie auch andere Widerstandskämpfer dienten in der Ausstellung als Beleg für die Existenz eines anderen, nichtnationalsozialistischen Deutschlands und personifizierten die positive Variante des Deutschen in Gestalt des deutschen Kommunisten.

Die Auswahl und die Präsentation der Exponate, ihre Reichhaltigkeit wie auch die inhaltliche Struktur und Themensetzung in der Karlshorster Ausstellung schufen eine besondere, für westliche Besucher ungewohnte Museumsatmosphäre. Nicht Nüchternheit, Zurückhaltung und dokumentarische Distanz waren die bestimmenden Stil- und Gestaltungsmomente, hier wurde vielmehr offen und nachdrücklich an Gefühle appelliert. Der Besucher sah sich der Forderung nach eindeutigen Reaktionen ausgesetzt: Er sollte sich mit den Helden des Krieges identifizieren, Trauer und Hochachtung vor den Opfern empfinden. Um die gewünschten tiefen Emotionen zu wecken, wurden auch Objekte von sehr drastischer Aussagekraft eingesetzt, so eine Fotowand mit Aufnahmen aller in Nürnberg zum Tode verurteilten NS-Funktionäre kurz nach ihrer Hinrichtung durch den Strang sowie der verbrannten Leiche von Joseph Goebbels („So endeten sie!"), eine Urne mit Knochenasche von KZ-Häftlingen (eine Leihgabe der Gedenkstätte Sachsenhausen) oder andererseits jenes Scharfschützengewehr des Rotarmisten Shirnoklejew, der in 15 Tagen 14 Feinde erschoß und für jeden Toten ein Metallsternchen an seinem Gewehr anbrachte. In diesen Zusammenhang gehörte auch die akustische Untermalung des Dioramas „Sturm auf den Reichstag", die dem Ausstellungsbesucher das Kriegsgeschehen durch Kampfgeräusche hautnah heranbringen sollte.

Karlshorst war kein Museum, das der exakten struktur- oder sozialgeschichtlichen Aufarbeitung verpflichtet war – es war ein Museum aus vor allem symbolisch aufgeladenen Ausstellungsstücken. Seine Ausstellung setzte sich aus Fakten, Mythen, Legenden und emotionalen Appellen zusammen, ohne daß diese Ebenen streng voneinander getrennt waren. Originalrelikte und künstlerische Verarbeitungen historischer Vorgänge waren nicht getrennt. Die Botschaft stand im Mittelpunkt, nicht die Realitätstreue des einzelnen Details. Einzelne Arrangements, wie die gußeiserne Schreibtischgarnitur mit Schäferhund auf dem Tisch der deutschen Delegation im ehemaligen Kapitulationssaal, waren als verstärkende atmosphärische Elemente, nicht als historisch korrekte Details aufgestellt. Maßgeblich war die Vermittlung bestimmter Werte und Einstellungen, das Hervorrufen von Ehrfurcht, die Bereitschaft zur Anerkennung der propagierten Ziele.

Zahlreiche kleine Geschichten, die über die einzelnen Exponate erzählt wurden, suchten eine dichte, emotionalisierte Atmosphäre zu schaffen, die in ihrer Symbolhaftigkeit über die präsentierte Vergangenheit hinaus auch die Gegenwart und Zukunft erfaßte. Stellvertretend für viele andere jener Generation wurde ein konkretes Menschenschicksal dem Besucher nähergebracht So erfuhr man beispielsweise von Klawdija Njupijewa-Boboljewa, die nach dem Angriff der Deutschen in ein baltisches Kinder-KZ deportiert worden war und Blut für die medizinische Versorgung der Deutschen spenden mußte, jedoch überlebte und später als Mutter zweier Kinder und Biologin in der Sowjetunion lebte. Ihr Überleben ließ das Leiden zu einer sinnhaften historischen Größe werden und verlieh der Vergangenheit eine eigene inhaltliche Erfüllung, die auch den Schmerz oder Tod anderer Zeitgenossen

11

aufwiegen sollte.

In erster Linie war die Informationsvermittlung allerdings durch militärische Aspekte bestimmt. Die Lebensbedingungen der sowjetischen Zivilbevölkerung im Krieg fanden lediglich am Rande Erwähnung. Die ungeheuren Entbehrungen, die dieser Krieg den Bewohnern der Sowjetunion auferlegte, wurden weitgehend ignoriert – selbst die gezielte Ausbeutungs- und Vernichtungspolitik der Nationalsozialisten in den besetzten sowjetischen Gebieten blieb lediglich eine Marginalie. Die Belagerung Leningrads, ein zentrales Ereignis des deutsch-sowjetischen Krieges, wurde nur vage angerissen. Die Zivilbevölkerung fand fast ausschließlich nur dann Beachtung, wenn der Aspekt der gesamtsowjetischen Einheit und Solidarität hervorgehoben werden sollte. Die Informationen erschöpften sich dabei in Beispielen heroischer ziviler Kampfmoral, einer Kampfmoral, die als das Selbstverständliche zum militärischen Einsatzwillen aufgezeigt wurde.

Leiden und Schmerz aber wurde auch innerhalb der militärischen Darstellung nur eine sehr nachgeordnete Aufmerksamkeit zuteil. Die Trauer über gefallene Soldaten wurde durch die Beschwörung des Heldentodes überdeckt, der graue Soldatenalltag trat vollständig hinter der Mauer überzeugter und vom Kampfeswillen durchdrungener Vaterlandsverteidiger zurück. „Der sowjetische Sieg stellt die Krönung einer Kampfmoral dar, von der sich die vom Geiste Lenins erfüllten sowjetischen Soldaten bei allen ihren Handlungen leiten ließen." Diese Einschätzung in der „Neuen Zeit" vom 8. Mai 1970 spiegelte eine wesentliche Zielsetzung der Aussteller wieder. Im Mittelpunkt stand der heldenhafte Kampf für die Befreiung vom Faschismus und für die Sicherung des Friedens in der Welt. Die Geschichte wurde in traditioneller Militärsicht auf eine Geschichte großer Schlachten, großer Heeresführer und Strategen sowie beispielhafter „unbekannter" Heroen reduziert.

Das Militärmuseum in Karlshorst zeugte vom Selbstverständnis der sowjetischen Armee als Siegermacht. Sie bzw. das durch sie repräsentierte Volk hatte die größten Leiden und Verluste während des Zweiten Weltkrieges ertragen müssen und hatte dennoch den Feind zu besiegen vermocht – diese selbstbewußte und stolze Eigensicht suchte man den Ausstellungsbesuchern zu vermitteln. Die Selbstdarstellung, ja Selbstinszenierung der sowjetischen Armee richtete sich dabei, wie eingangs bereits erwähnt, an verschiedene Adressaten. Bis 1989 zählte man 1,85 Millionen Besucher aus insgesamt 65 Ländern: Touristen, Angehörige der westalliierten Truppen, Schüler-, Studenten- und Betriebsgruppen aus der DDR und nicht zuletzt Soldaten der eigenen Streitkräfte. Dementsprechend vielseitig war die Zielsetzung der Ausstellung: Profilierung vor dem ideologischen Gegner und Akzentuierung der eigenen Position innerhalb der Vier-Mächte-Konstellation in Berlin, Hervorhebung der sowjetischen Führungsrolle im Warschauer Vertragssystem, Darstellung der sowjetischen Armee als das entscheidende Instrument des Friedens im In- und Ausland, Ermahnung zu sowjetischer Vaterlandsliebe und Opfermut. Ein früherer Direktor des Museums, Major Iwanow, benannte die Aufgabenstellung mit den Worten: erstens „die Herausbildung des Gefühls von sowjetischem Patriotismus und proletarischem Internationalismus" und zweitens „die Propagierung der sowjetischen Lebensart, der friedliebenden Politik der KPdSU und der sowjetischen Regierung, die internationale Erziehung, die Stärkung der Freundschaft und der Zusammenarbeit mit den Werktätigen der DDR, der Waffenbrüderschaft mit den Streitkräften der NVA der DDR."

Um diesen Zielen gerecht zu werden, wurden auch außerhalb des eigentlichen Ausstellungsbetriebes Aktivitäten entwickelt. Ein Minimuseum - „musej w polje" (dt. Feldmuseum) - wurde erarbeitet und als kleine Wanderausstellung den verschiedenen Einheiten der sowjetischen Westgruppe zu Schulungszwecken zur Verfügung gestellt. Ein Beispiel generationsübergreifender Traditionspflege stellte der „Klub poisk" („Klub Suche") dar. Er setzte sich aus Schülern der sowjetischen Mittelschule Nr. 113 in Karlshorst zusammen, und seine Aufgabe bestand darin, Gräber gefallener Rotarmisten im Berliner Raum aufzufinden. Im Museum selbst wurden Treffen mit ehemaligen Kriegsteilnehmern und Mitgliedern von Widerstandsgruppen organisiert, die Gespräche zeichnete man auf Tonband auf, um sie als historische Information wie auch „als unersetzbares Material zur Durchführung von Diskussionen unmittelbar in den Armee-Einheiten" festzuhalten. Im ehemaligen Kapitulationssaal wurde die Vereidigung junger Soldaten zelebriert, ebenso die Einführung neuer Mitglieder der deutsch-sowjetischen Freundschaftsgesellschaft DSF. Politische Schulungen für die sowjetischen Soldaten und Begegnungen mit Angehörigen der FDJ und anderer DDR-Organisationen fanden statt, und nicht zuletzt wurden in Karlshorst während der traditionellen „Woche der Waffenbrüderschaft" Treffen von Vertretern beider Armeen organisiert. Eine kritische Auseinandersetzung mit dem vermittelten Selbstverständnis dürfte hier keinen Raum gefunden haben, vielmehr sollte die Weitergabe feststehender Bilder der Vergangenheit eine Fixierung der eigenen Bedeutung in

12

Gegenwart und Zukunft garantieren. Die ideologische Starrheit ließ eine offene Diskussion problematischer Fragen nicht zu.

Unter dem Eindruck der tiefen politischen Umwälzungen seit Ende der achtziger Jahre waren in der Ausstellung des Museums einige Veränderungen vorgenommen worden. Die bislang ausschließlich in Russisch verfaßten Beschriftungen der Exponate wurden teilweise durch deutschsprachige Erklärungen ergänzt. Der Nachkriegsteil wurde durch Fotodokumente über verschiedene Ereignisse seit dem Mauerfall aktualisiert. Neu hinzu kam der bereits erwähnte Lenin-Bestand „Lenin in Berlin", den das Karlshorster Museum im April 1990 vom „Museum für deutsche Geschichte" kurz vor dessen Schließung übernommen hatte.

Großenteils waren damit aber nur Veränderungen durchgeführt worden, die schon früher geplant waren. Denn seit dem Abschluß des Vertrages über Partnerschaft und Zusammenarbeit zwischen der Bundesrepublik Deutschland und der Sowjetunion war klar, daß die sowjetischen Truppen abziehen würden und mit ihnen auch ihre nichtmilitärischen Einrichtungen. Wäre es nach den Buchstaben des Vertrages gegangen, hätte die russische Armee schließlich nur ein leeres Gebäude hinterlassen. Aber beiden Seiten war die historische Bedeutung des Ortes bewußt, und man kam schnell zur Übereinkunft, auch in Zukunft hier eine Stätte der Erinnerung an den Krieg und das Ende des Krieges zu betreiben. Auch wenn es politisch wie ästhetisch argumentierende Stimmen gab, die das Museum unverändert belassen sehen wollten, gab es auf russischer wie auf deutscher Seite ein eindeutiges Votum für einen gemeinsamen neuen Blick auf die Geschichte des Schreckens. Dabei sollte allerdings die Geschichte des Ortes auch jenseits des 8. Mai 1945, und damit auch das „Kapitulationsmuseum" Thema des Museums sein. So findet sich im neuen Museum ein eigener Platz, an dem die Atmosphäre des Kapitulationsmuseums rekonstruiert wurde. Auch das große Diorama ist als Zitat des alten Museums im neuen Museum ausgestellt. Große Exponate, wie das Berlinmodell zur Vorbereitung des Sturms auf die Stadt, sind ebenso im neuen Museum zu finden wie zahlreiche andere Exponate. Denn der gesamte Bestand des Kapitulationsmuseums wurde als Grundstock des neuen Museums in Karlshorst belassen, so daß das deutsch-russische Museum darauf aufbauen konnte.

1.1 Uniform und Ausrüstung eines deutschen Soldaten.
Leichtes Maschinengewehr 34 der deutschen Armee.

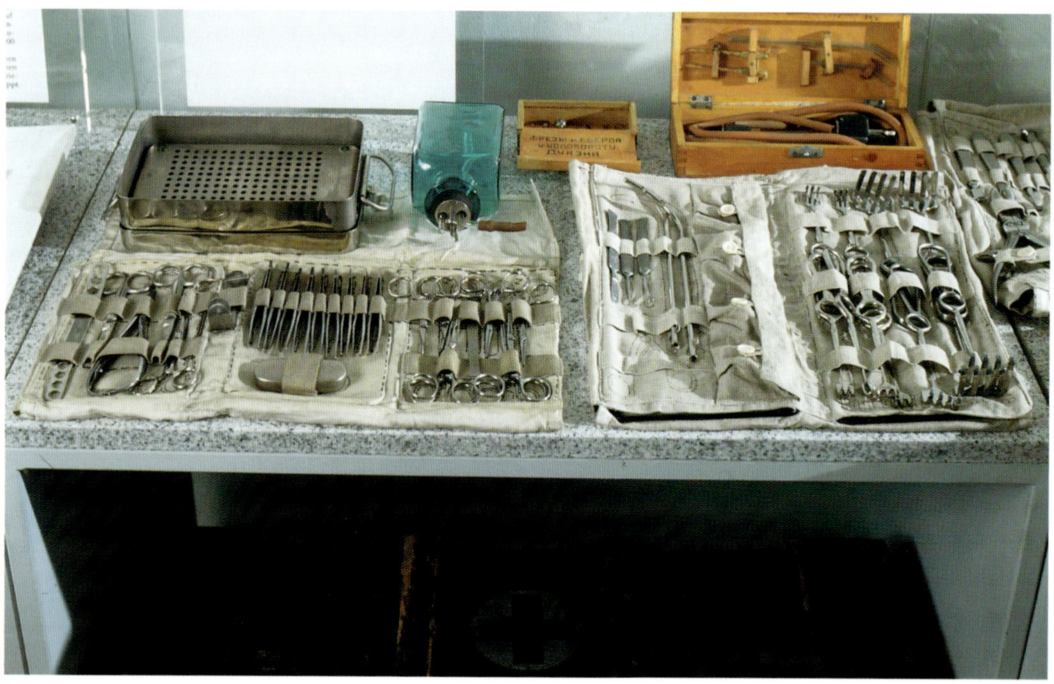

1.2 OP-Besteck eines sowjetischen Feldlazaretts.

1.3 Sowjetische Sommeruniform, MP, Stahlhelm und Flugblätter.

1.4 Modell eines Breitspur-Personenwagens der 1./2. Klasse und eines Breitspur-Waggons für den Massentransport sowjetischer Zwangsarbeiter (zum Größenvergleich: Modell eines Reichsbahn-Paketwagens).
Die Modelle wurden nach Originalplänen der Reichsbahn aus den Jahren 1942/43 gebaut. Diese Breitspurbahn sollte von Westeuropa bis an das Schwarze Meer führen.

1.5 Verbrüderung deutscher und russischer Soldaten an der Ostfront, Dezember 1917.

Während die deutsche militärische Führung anfangs diese Szenen an der Ostfront nur als Auflösung der russischen Disziplin wahrnahmen, wurde im Rückblick nach der Novemberrevolution in Deutschland diese Annäherung von Soldaten als Beginn der Zersetzung durch den Bolschewismus gewertet. Diese Vorstellung ging später in die Befehle der nationalsozialistischen Kriegführung gegen die Sowjetunion ein.

Die Oktoberrevolution der Bolschewiki war von der deutschen kaiserlichen Regierung unterstützt worden, weil diese mit der neuen Regierung den Weltkrieg an der östlichen Front beenden und ihr im März 1918 in Brest-Litowsk den Frieden diktieren konnte. Der Friedensvertrag verschob die deutschen Grenzen weit nach Osten und schuf eine Reihe abhängiger Staatsgebilde vom Baltikum über die Ukraine bis in den Kaukasus. Das halbkoloniale Imperium in Osteuropa brach schon im November 1918 mit der Niederlage und der Revolution in Deutschland zusammen. Während die sowjetrussische Regierung jetzt auf die Radikalisierung der Revolution in Deutschland hoffte, sahen deutsche Führungsschichten in der eigenen Revolution ein Werk der Bolschewiki. In den Bürgerkriegs- und Unabhängigkeitskämpfen der baltischen Staaten kämpften deutsche Truppen und Freikorps gegen die „roten" Bürgerkriegstruppen.

Nach dieser Phase feindseliger Konfrontation näherten sich Deutschland und Sowjetrußland zwischen 1920 und 1922 einander wieder an. Beide Staaten sahen sich im Gegensatz zu den Siegermächten des Weltkriegs und insbesondere zu Polen. Verbindend wirkten wirtschaftliche Interessen. 1922 nahmen durch den Vertragsabschluß von Rapallo beide Länder wieder normale Beziehungen auf. In dem Berliner Vertrag von 1926 wurden diese Beziehungen ausgebaut. Am engsten gestalteten sich die deutsch-russischen Beziehungen in der geheimen Zusammenarbeit zwischen der Reichswehr und der Roten Armee. Seit Mitte der zwanziger Jahre wurden in der Sowjetunion Zentren für die Flieger-, Panzer- und chemische

Kampfführung der Reichswehr eingerichtet, die ihr durch den Versailler Vertrag verboten waren. Die Sowjetunion profitierte von diesen Entwicklungen wie auch von der Generalstabsausbildung der Reichswehr.

Trotz dieser engen Zusammenarbeit, die sich auch auf viele Bereiche der Wissenschaft und Kultur erstreckte, fürchteten beide Seiten im Grunde das andere System und hofften auf dessen Zusammenbruch. In der Sowjetunion schufen Bedrohungsvorstellungen von einer weltumspannenden kapitalistischen Verschwörung das Klima einer fortgesetzten Belagerung. Dieses Feindbild war nicht von nationalen, sondern von sozialen Klischees bestimmt. Sowjetrußland unterstützte daher auch die deutschen Kommunisten, die in einer zweiten Revolution die Weimarer Republik nach sowjetischem Vorbild umwälzen wollten. Aus der anfänglichen Unterstützung wurde bis zur Mitte der zwanziger Jahre eine straffe Anbindung der KPD an die sowjetische Politik. Für die deutschen Kommunisten verband sich die Isolierung in der eigenen Gesellschaft mit der Idealisierung der sowjetischen.

Auf der anderen Seite sahen sich in Deutschland große politische Gruppen wie auch die Kirchen durch den „Bolschewismus" fundamental bedroht. In der Auseinandersetzung mit dem revolutionären Anspruch dominierte ein undifferenziertes Feindbild, das traditionelle Rußlandfurcht, Schreckensbilder von Anarchie und Revolution wie auch Antisemitismus zu umfassenden Bedrohungsängsten vereinte. Mit dem Schlagwort des „Kulturbolschewismus" wurde die gesamte kulturelle Moderne mit den Schrecken des sowjetischen Herrschaftssystems gleichgesetzt.

Unabhängig von diesen vielschichtigen Beziehungen zwischen beiden Ländern gab es auch innerhalb beider Gesellschaften deutsch-russische Berührungspunkte. Durch die Revolution waren Hunderttausende von russischen Emigranten nach Deutschland gelangt. Viele blieben auf Dauer. Auch in der Sowjetunion lebten mehrere Millionen Deutsche schon seit dem 18. und 19. Jahrhundert. Dazu kamen in den zwanziger Jahren Deutsche in die Sowjetunion, teils aus politischer Überzeugung, teils auch nur, um Arbeit zu finden.

1.6 Deutsche Truppen in einem ukrainischen Kosakendorf, 1918.

1.7 Deutsche Freikorpssoldaten der „Eisernen Division" mit russischen Soldaten der antibolschewistischen „Westarmee" des Generals Awalow, Lettland 1919.

An den Bürgerkriegskämpfen in den Ostseestaaten waren auf der „weißen" Seite auch mehrere deutsche Freikorps beteiligt, die hofften, diese Länder unter deutschem Einfluß halten zu können. Die Grausamkeit dieser Kriegführung war in den folgenden Jahren in der deutschen Öffentlichkeit ein häufig behandeltes Thema.

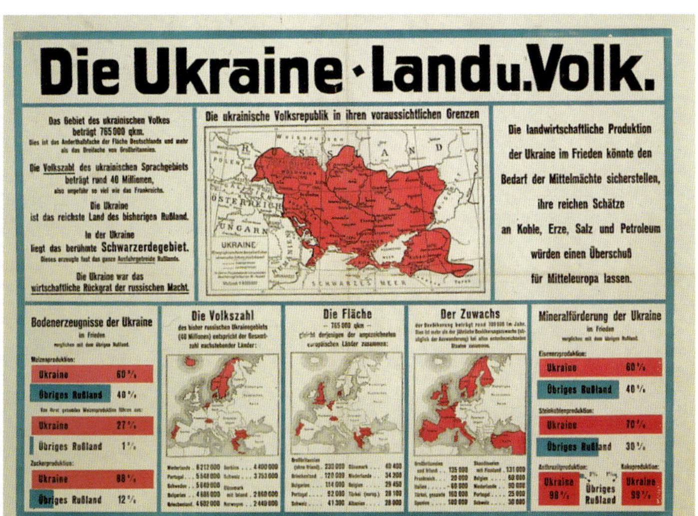

1.8 Deutsches Propagandaplakat „Die Ukraine – Land und Volk", 1918.

Das Plakat sollte der Bevölkerung, die unter den Mängeln der Kriegswirtschaft litt, die Bedeutung der Lebensmittel und Rohstoffe aus der Ukraine deutlich machen und damit die Schaffung eines ukrainischen Vasallenstaates rechtfertigen.
Es wurde vermutlich im Schulunterricht verwendet.

1.11 Sowjetisches Plakat: „Stärke die Verteidigung der UdSSR", 1930.

1.12 Plakat des sowjetischen Films „Panzerkreuzer Potemkin", 1926.

Die Aufführung des sowjetischen Films „Panzerkreuzer Potemkin" (Regie: Eisenstein) stieß in Deutschland aufgrund seiner Verklärung der Revolution auf starken konservativen Widerstand. Zeitweise fiel der Film unter Zensurverbot.

1.13 Plakat der Kommunistischen Partei Deutschlands: „Nieder mit den Kriegshetzern! Kämpft für die Sowjetunion!", 1932.

Autor des Plakats: John Heartfield.

1.14 Sowjetisches Plakat: „Der Siegeszug des Fünfjahresplans ist nicht durch die Imperialisten aufzuhalten!", 1930.

1.9 Plakat der „Vereinigung zur Bekämpfung des Bolschewismus", Anfang 1919.

Die „Vereinigung zur Bekämpfung des Bolschewismus" war Ende 1918 mit staatlicher und industrieller Unterstützung gegründet worden, um mit Propaganda in Broschüren und auf Plakaten die Radikalisierung der Novemberrevolution zu verhindern. Zielscheibe der Propaganda war der Spartakusbund, der mit „Bolschewismus" und allgemeiner mit Anarchie und Verbrechen gleichgesetzt wurde. Seitdem meinte „Bolschewismus" in Deutschland nicht nur das Herrschaftssystem in Rußland, sondern war gleichzeitig eine Chiffre für Bedrohungen durch radikale Veränderung in allen Lebensbereichen („Kulturbolschewismus").

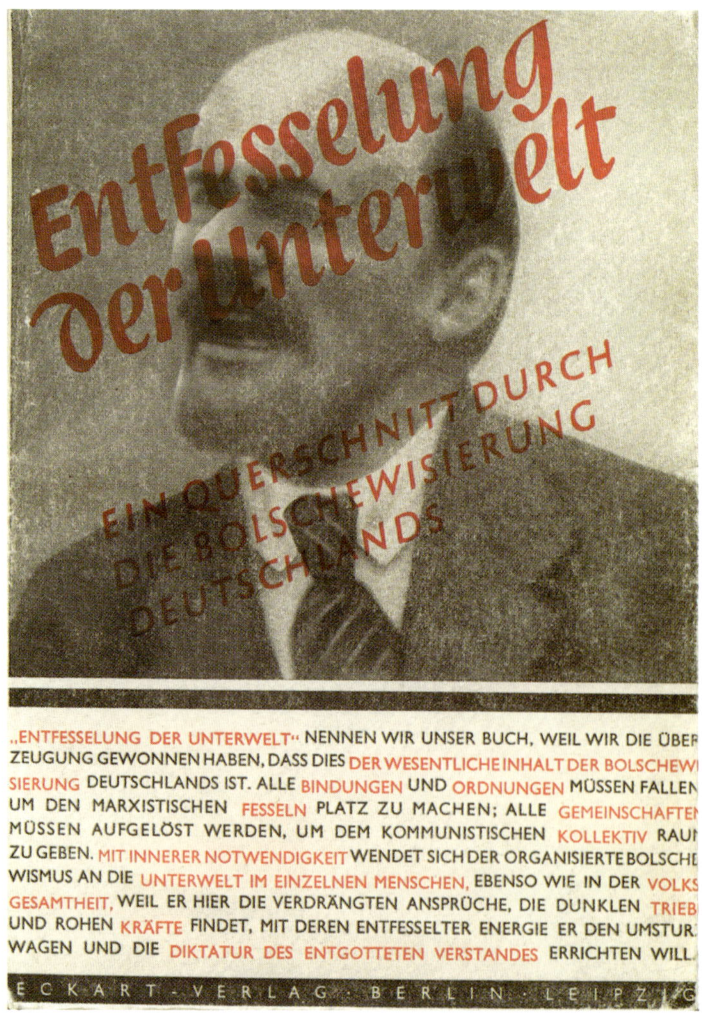

1.10 Propagandadarstellung der Deutschland drohenden Gefahren durch Bolschewismus und Kulturbolschewismus, Berlin, 1933.

ПЯТИЛЕТКА В ЧЕТЫРЕ ГОДА
КРЕСТОВЫЙ ПОХОД
КЛЕВЕТА
С.-Д.
КРЕПИ
ОБОРОНУ СССР!

NIEDER MIT DEN KRIEGSHETZERN!
MOSKAU
KÄMPFT FÜR DIE SOWJETUNION!
HERAUS ZUM KAMPFMAI 1932

REGIE: S.M.EISENSTEIN
Panzerkreuzer „Potemkin“

ПОБЕДНОГО ШЕСТВИЯ
ПЯТИЛЕТКИ
НЕ ОСТАНОВИТЬ
ИМПЕРИАЛИСТАМ!

1.15 Aufruf zur Hilfe gegen die Hungersnot: „Helft Rußland!", 1921.

Das von Käthe Kollwitz gestaltete Plakat wurde im Zusammenhang einer internationalen Hilfsaktion für die Opfer der großen Hungersnot in Rußland veröffentlicht. Die Hungersnot hatte als Folge des Bürgerkriegs, durch den die landwirtschaftliche Produktion und das Transportsystem zusammengebrochen waren, mehrere Millionen Opfer gefordert. Die Hilfsaktion wurde von dem Norweger Fridtjof Nansen organisiert, an ihr beteiligten sich auch zahlreiche Repräsentanten des westeuropäischen Kulturlebens.

1.16 Demonstration der Kommunistischen Partei Deutschlands im Berliner Lustgarten, 1924.

1.17 Russisches Restaurant in der Pariser Straße, Berlin-Wilmersdorf, 1924.

1.18 Eine Lokomotive deutscher Produktion wird im Hafen von Petrograd entladen, 1922.

1.19 Vertreter der deutschen und der sowjetischen Delegationen bei Verhandlungen in Rapallo, April 1922.

2.v.l.: der deutsche Reichskanzler Wirth; 2.v.r.: der sowjetische Volkskommissar für Auswärtige Politik Tschitscherin.

1.20 Produktion von Tankkesseln für die sowjetische Eisenbahn durch die Linke-Hoffmann-Lauchhammer-AG in Riesa, ca. 1930.

1.21 Brief des sowjetischen Volkskommissars für Verteidigung Woroschilow an den Chef des Truppenamtes der Reichswehr, General Adam, über dessen Besuch in der UdSSR, Januar 1932.

General Adam hatte im Spätherbst 1931 als Chef des Truppenamtes wie früher auch seine Vorgänger verschiedene Militäreinrichtungen in Moskau, Charkow und Kiew besichtigt und war mit hohen Vertretern der Roten Armee zusammengetroffen. Woroschilow drückt seinen Dank für die Beurteilung der Roten Armee durch eine „maßgebliche Persönlichkeit eines befreundeten Landes" aus.

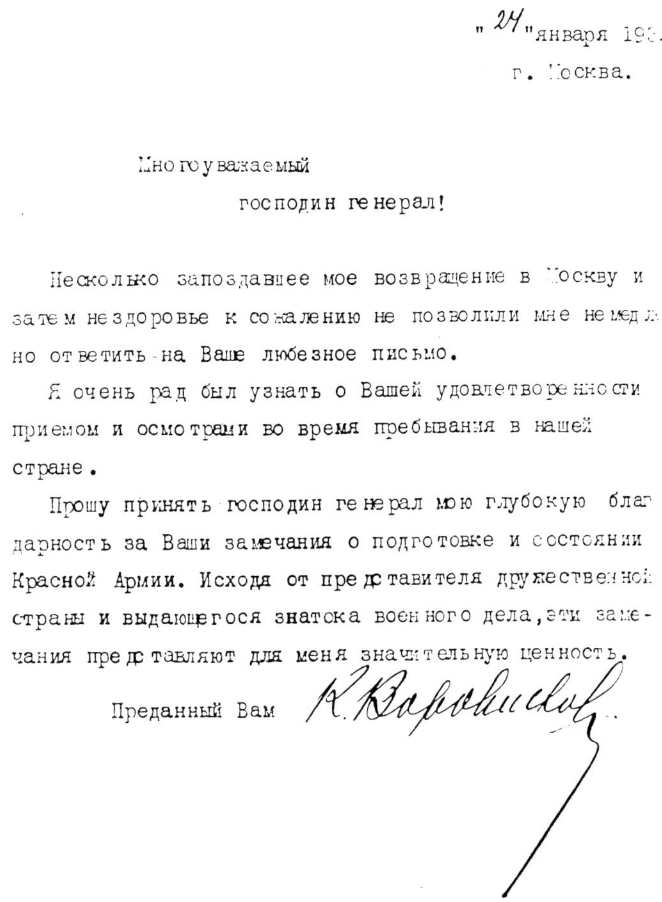

"24" января 193.
г. Москва.

Многоуважаемый
господин генерал!

Несколько запоздавшее мое возвращение в Москву и затем нездоровье к сожалению не позволили мне немедленно ответить на Ваше любезное письмо.

Я очень рад был узнать о Вашей удовлетворенности приемом и осмотрами во время пребывания в нашей стране.

Прошу принять господин генерал мою глубокую благдарность за Ваши замечания о подготовке и состоянии Красной Армии. Исходя от представителя дружественной страны и выдающегося знатока военного дела, эти замечания представляют для меня значительную ценность.

Преданный Вам К. Ворошилов

1.22 Dienstmütze der Reichswehr, Feldmütze der Roten Armee, dazwischen Reisepaß und Visum des stellvertretenden Generalstabschefs der sowjetischen Armee Triandafilow für einen Besuch Deutschlands zur Teilnahme an einem Generalstabslehrgang 1928.

1.23 Reichspräsident v. Hindenburg begrüßt eine sowjetische Militärdelegation unter Leitung Marschall Tuchatschewskis bei einem Manöver der Reichswehr, 1932.

3.v.l.: Tuchatschewski.

2.1 Rassistische und antibolschewistische NS-Literatur.

In der unteren Reihe die Propagandabroschüre „Der Untermensch", in der mittleren Reihe Publikationen über den propagierten „Drang nach Osten", in der oberen Reihe Berichte über die deutsche Beteiligung am spanischen Bürgerkrieg als antibolschewistischer Kampf.

2.2 Plakat zur Wanderausstellung „Der Bolschewismus. Große Antibolschewistische Schau", München, 7.11.1936 bis 31.1.1937.

Im nationalsozialistischen Rußlandfeindbild mischten sich traditionelle Rußlandfurcht, Antibolschewismus und Rassismus. Zentraler Bestandteil des Feindbildes war der Begriff „jüdischer Bolschewismus". Man konstruierte die Vorstellung einer „bolschewistisch-jüdischen Weltverschwörung", die 1917 in Rußland gesiegt habe und nun auch Deutschland und die übrige Welt bedrohe. Dazu kam die Forderung nach deutscher Expansion in Osteuropa, die in der Formel „Lebensraum im Osten" ihren Ausdruck fand. Mit dem Schlagwort von der „slawischen Minderwertigkeit" und dem „slawischen Untermenschentum" wurde diese Ostexpansion gerechtfertigt. Die einzelnen Elemente dieses Rußlandbildes waren in der deutschen Öffentlichkeit weit verbreitet und keineswegs auf die Nationalsozialisten beschränkt.

Die antisowjetische NS-Propaganda trat mit der Machtübernahme der Nationalsozialisten 1933 in eine grundlegend neue Phase. Die Vermittlung von Informationen und Meinungen über die Sowjetunion wurde nun zentral durch das Reichsministerium für Volksaufklärung und Propaganda gesteuert, zugleich vergrößerte sich merklich das Spektrum der Agitationsmöglichkeiten. Presseberichte, Buchpublikationen, Ausstellungen und Filme wurden als massenwirksame Medien der antisowjetischen NS-Propaganda eingesetzt. Inszenatorische Höhepunkte bildeten die Reichsparteitage der NSDAP in Nürnberg in den Jahren 1935 bis 1938.

Abb. S. 68/69

2.3 Wahlplakat der NSDAP „Der rote Krieg – Mutter oder Genossin?", um 1930.

2.4 Plakat zum Film „Weiße Sklaven. Panzerkreuzer Sebastopol", 1937.

Der Film der „das Schicksal einer großen Liebe und einer unerschütterlichen Kameradschaft" zeigen will, war als Gegenstück zum „Panzerkreuzer Potemkin" in Auftrag gegeben worden.

Der Bolschewismus
Grosse antibolschewistische Schau
München, Bibliothekbau d. Deutschen Museums
Ab 5. November 1936 täglich von 10 bis 21 Uhr

Der
rote Krieg
Mutter oder
Genossin?
Mensch oder Maschine?
Gott oder Teufel?
Blut oder Gold?
Rasse oder Mischling?
Volkslied oder Jazz?
Nationalsozialismus
oder Bolschewismus?

Camilla Horn · Werner Hinz · Theodor Loos
Panzerkreuzer
SEBASTOPOL
EFU
EUROPÄISCHE FILM·UNION
FILMGESELLSCHAFT M.B.H.
«WEISSE SKLAVEN»
Regie: Karl Anton · Musik: Peter Kreuder, Frdr. Schröder

2.5 Plakat zur Wanderausstellung „Der ewige Jude", München, 8.11.1937 bis 31.1.1938.

Die Ausstellung wurde während des Krieges auch in den besetzten Gebieten der UdSSR gezeigt, z.B. 1942 in ukrainischer Fassung.

2.6 NSDAP-Wandzeitung „Parole der Woche", Folge 36, 8.–14.9.1938.

Es wird über die Ausstellung „Europas Schicksalskampf im Osten!" berichtet, die anläßlich des Nürnberger Reichsparteitages 1938 gezeigt wurde.

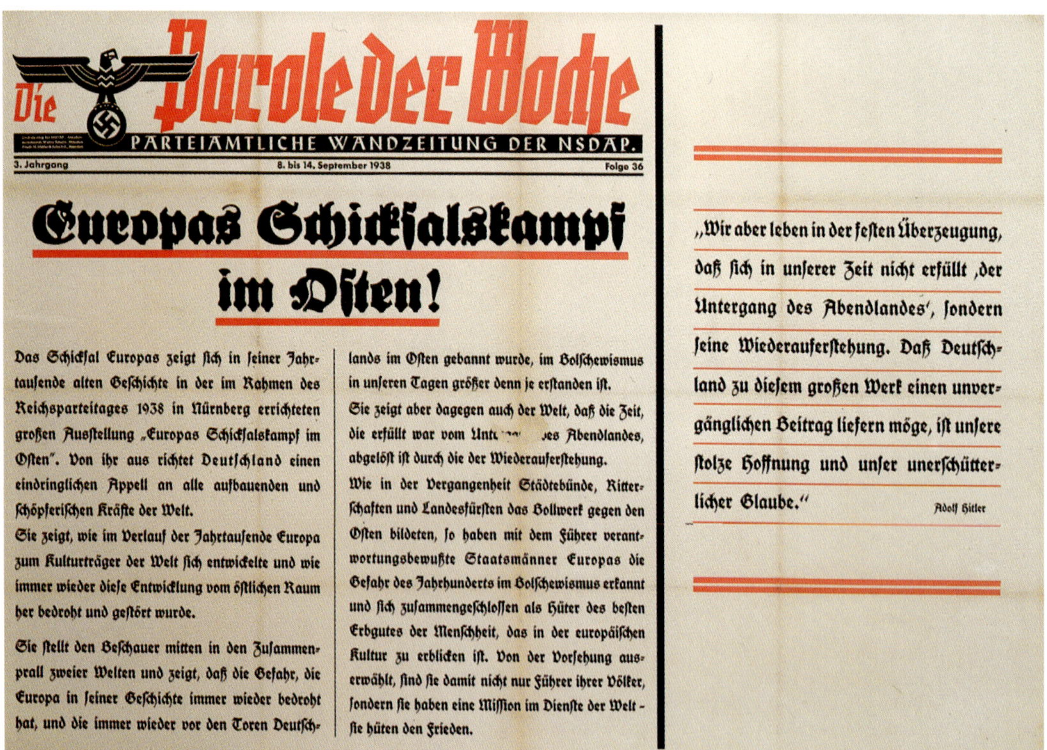

Die Parole der Woche

PARTEIAMTLICHE WANDZEITUNG DER NSDAP.

3. Jahrgang | 8. bis 14. September 1938 | Folge 36

Europas Schicksalskampf im Osten!

Das Schicksal Europas zeigt sich in seiner Jahrtausende alten Geschichte in der im Rahmen des Reichsparteitages 1938 in Nürnberg errichteten großen Ausstellung „Europas Schicksalskampf im Osten". Von ihr aus richtet Deutschland einen eindringlichen Appell an alle aufbauenden und schöpferischen Kräfte der Welt.

Sie zeigt, wie im Verlauf der Jahrtausende Europa zum Kulturträger der Welt sich entwickelte und wie immer wieder diese Entwicklung vom östlichen Raum her bedroht und gestört wurde.

Sie stellt den Beschauer mitten in den Zusammenprall zweier Welten und zeigt, daß die Gefahr, die Europa in seiner Geschichte immer wieder bedroht hat, und die immer wieder vor den Toren Deutschlands im Osten gebannt wurde, im Bolschewismus in unseren Tagen größer denn je erstanden ist.

Sie zeigt aber dagegen auch der Welt, daß die Zeit, die erfüllt war vom Unt[illegible]es Abendlandes, abgelöst ist durch die der Wiederauferstehung.

Wie in der Vergangenheit Städtebünde, Ritterschaften und Landesfürsten das Bollwerk gegen den Osten bildeten, so haben mit dem Führer verantwortungsbewußte Staatsmänner Europas die Gefahr des Jahrhunderts im Bolschewismus erkannt und sich zusammengeschlossen als Hüter des besten Erbgutes der Menschheit, das in der europäischen Kultur zu erblicken ist. Von der Vorsehung auserwählt, sind sie damit nicht nur Führer ihrer Völker, sondern sie haben eine Mission im Dienste der Welt – sie hüten den Frieden.

„Wir aber leben in der festen Überzeugung, daß sich in unserer Zeit nicht erfüllt ‚der Untergang des Abendlandes', sondern seine Wiederauferstehung. Daß Deutschland zu diesem großen Werk einen unvergänglichen Beitrag liefern möge, ist unsere stolze Hoffnung und unser unerschütterlicher Glaube."

Adolf Hitler

2.7 Antisowjetische Ausstellung „Das Sowjetparadies" im Berliner Lustgarten, Juni 1942.

Eine jüdisch-kommunistische Widerstandsgruppe um Herbert und Marianne Baum verübte am 18.5.1942 einen Anschlag auf die Propagandaausstellung. Über zwanzig Personen wurden daraufhin von der Gestapo verhaftet und hingerichtet.
Die Ausstellung wurde auch in besetzten Ländern gezeigt, so in einer französischen Fassung in Belgien.

2.8 Vertreter des Antikomintern-Paktes in der Ausstellung „Das Sowjetparadies", 8.5.1942.

In der Mitte der spanische Botschafter José Graf v. Mayalde, rechts daneben der japanische Botschafter Hiroshi Oshima, weiter rechts im dunklen Mantel der bulgarische Gesandte Parvan Draganoff.

AUSS ELLUNG DAS SOWJETPARADIES

Nummer 35 31. August 1939

Berliner
Illustrirte Zeitung

48. Jahrgang Preis 20 Pfennig

Nach dem Abschluß des deutsch-russischen Nichtangriffspaktes im Kreml von Moskau
Stalin und Reichsaußenminister von Ribbentrop reichen sich die Hand.

3.1 Titelblatt der „Berliner Illustrierte Zeitung" mit der Nachricht über den Abschluß des deutsch-sowjetischen Nichtangriffsvertrages vom 23.8.1939, 31.8.1939.

Die deutsche Führung setzte nach der Ausdehnung der Herrschaft auf Österreich und die Tschechoslowakei ihre Expansionspolitik fort. Das benachbarte Polen war das nächste Ziel. Trotz des festen Entschlusses zur gewaltsamen Expansion bestand bei der deutschen Führungsspitze Sorge vor einem Zweifrontenkrieg.

Eine Koalition der anderen europäischen Großmächte England, Frankreich und der Sowjetunion gegen Hitler war 1939 möglich. Zu einem Bündnis kam es aufgrund des tiefen gegenseitigen Mißtrauens nicht. Die Westmächte fürchteten die Ausdehnung der Stalinschen Herrschaft in Osteuropa, Stalin hatte Angst vor einer neuen Einigung der Westmächte mit dem Dritten Reich wie 1938 im Münchner Abkommen, die dann die Sowjetunion allein in der Konfrontation mit Deutschland gelassen hätte.

Stattdessen einigten sich Stalin und Hitler unter Rückstellung aller ideologischen Überzeugungen und unter Mißachtung aller völkerrechtlichen Prinzipien auf die Aufteilung Polens und Ostmitteleuropas. Mit dem deutsch-sowjetischen Nichtangriffsvertrag vom 23.8.1939, dem Grenz- und Freundschaftsvertrag vom 28.9.1939 (sowie jeweils beigefügten geheimen Zusatzprotokollen) und einem am 11.2.1940 geschlossenen Wirtschaftsabkommen wurde die Neuaufteilung im Osten Europas und die Zusammenarbeit vertraglich festgelegt.

Das erste Opfer war Polen, das nach dem schnellen Erfolg des am 1.9.1939 begonnenen deutschen Angriffs zwischen Deutschland und der Sowjetunion aufgeteilt wurde. Für die

3.2 Besuch deutscher Offiziere bei einem sowjetischen Panzerregiment östlich von Brest-Litowsk, 20.9.1939.

3.3 Geheimes Zusatzprotokoll zum Nichtangriffsvertrag über die „Abgrenzung der beiderseitigen Interessensphären", 23.8.1939.

polnische Bevölkerung begann eine fünf Jahre dauernde deutsche Besatzungsherrschaft, die durch die Ermordung der polnischen Führungsschicht und fast der gesamten jüdischen Bevölkerung, durch Vertreibung und wirtschaftliche Ausbeutung charakterisiert war. Drei Millionen polnische Juden und drei Millionen nichtjüdische Polen wurden Opfer von Krieg und Besatzung.

Die Sowjetunion setzte im ehemaligen Ostpolen mit stalinistischen Methoden unter einer vorwiegend nichtpolnischen Bevölkerung ihre Herrschaft durch. Große Bevölkerungsgruppen wurden deportiert, ca. 26 000 Vertreter der polnischen Staatsmacht und des Bürgertums wurden exekutiert. Die drei baltischen Staaten Litauen, Lettland und Estland wie auch Bessarabien wurden durch das Abkommen mit Hitler annektiert, auch hier wurden Teile der Bevölkerung deportiert. Finnland wurde in einem kurzen, aber verlustreichen Krieg zu Gebietsabtretungen gezwungen.

Für Hitler war der Pakt von Anfang an nur ein taktisches Zwischenspiel, das Hauptziel des Krieges, „Lebensraum im Osten", blieb davon unberührt. Auch Stalin hat nicht an eine lange Dauer des Paktes geglaubt. Für die sowjetische Führung scheint neben den Eroberungen der Gewinn von Zeit das zentrale Motiv für das Bündnis gewesen zu sein.

Geheimes Zusatzprotokoll.

Aus Anlass der Unterzeichnung des Nichtangriffsvertrages zwischen dem Deutschen Reich und der Union der Sozialistischen Sowjetrepubliken haben die unterzeichneten Bevollmächtigten der beiden Teile in streng vertraulicher Aussprache die Frage der Abgrenzung der beiderseitigen Interessenssphären in Osteuropa erörtert. Diese Aussprache hat zu folgendem Ergebnis geführt:

1. Für den Fall einer territorial-politischen Umgestaltung in den zu den baltischen Staaten (Finnland, Estland, Lettland, Litauen) gehörenden Gebieten bildet die nördliche Grenze Litauens zugleich die Grenze der Interessenssphären Deutschlands und der UdSSR. Hierbei wird das Interesse Litauens am Wilnaer Gebiet beiderseits anerkannt.

2. Für den Fall einer territorialpolitischen Umgestaltung der zum polnischen Staate gehörenden Gebiete werden die Interessenssphären Deutschlands und der UdSSR ungefähr durch die Linie der Flüsse Narew, Weichsel und San abgegrenzt.

Die Frage, ob die beiderseitigen Interessen die Erhaltung eines unabhängigen polnischen Staates erwünscht erscheinen lassen und wie dieser Staat abzugrenzen wäre, kann endgültig erst im Laufe der weiteren politischen

Entwickelung geklärt werden.

In jedem Falle werden beide Regierungen diese Frage im Wege einer freundschaftlichen Verständigung lösen.

3) Hinsichtlich des Südostens Europas wird von sowjetischer Seite das Interesse an Bessarabien betont. Von deutscher Seite wird das völlige politische Desinteressement an diesen Gebieten erklärt.

4) Dieses Protokoll wird von beiden Seiten streng geheim behandelt werden.

Moskau, den 23. August 1939.

Für die Deutsche Reichsregierung:
v. Ribbentrop

In Vollmacht der Regierung der UdSSR:
W. Molotow

3.5 Übergabe eines sowjetischen Erdöltransportes an die deutschen Bahnbeamten, Februar 1940.

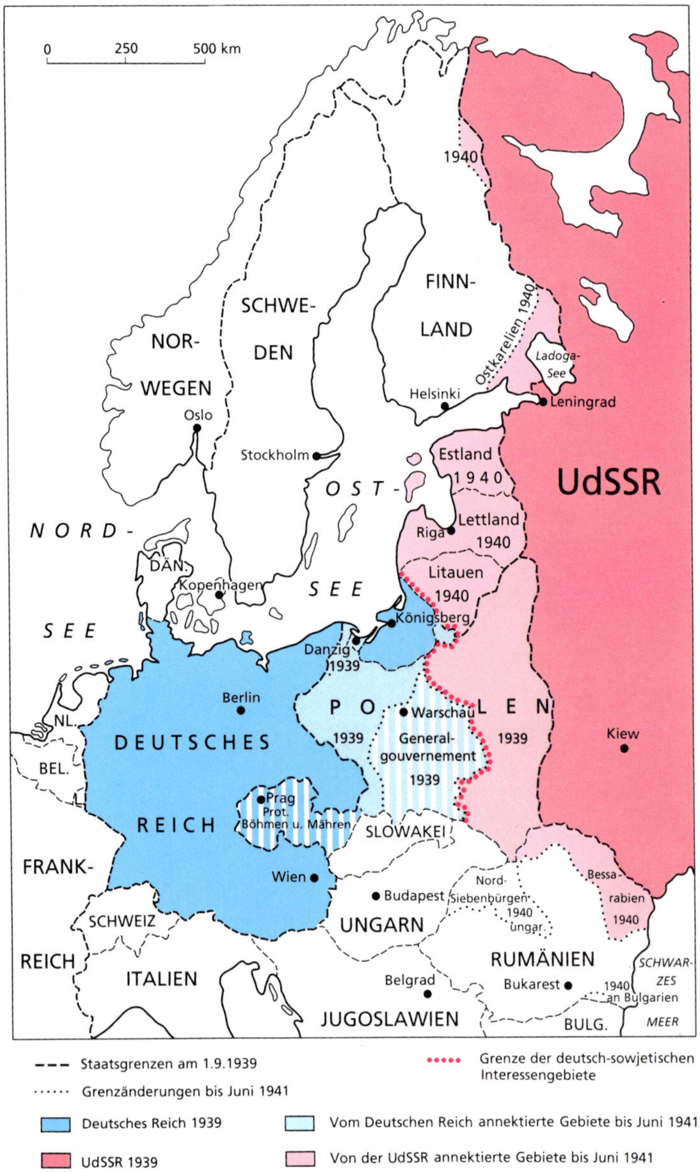

3.4 Grenzveränderungen in Osteuropa 1939–1941.

3.6 Umsiedlertreck von deutschstämmigen Bauern aus Wolhynien, 1940.

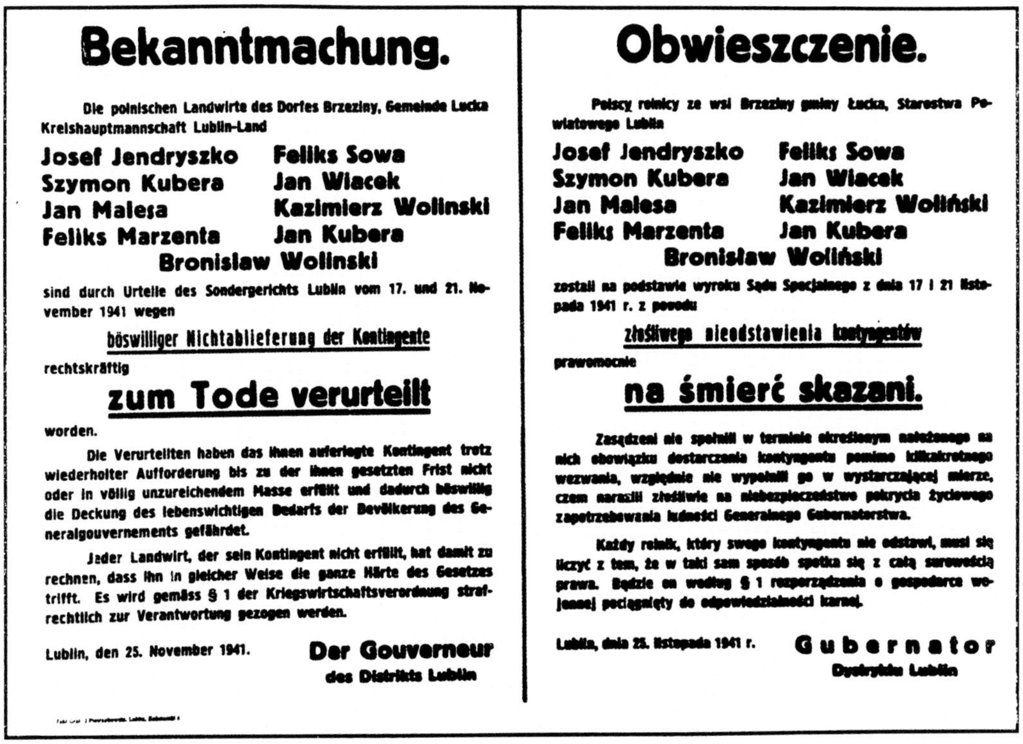

Bekanntmachung.

Die polnischen Landwirte des Dorfes Brzeziny, Gemeinde Lucka Kreishauptmannschaft Lublin-Land

Josef Jendryszko	Feliks Sowa
Szymon Kubera	Jan Wiacek
Jan Malesa	Kazimierz Wolinski
Feliks Marzenta	Jan Kubera

Bronislaw Wolinski

sind durch Urteile des Sondergerichts Lublin vom 17. und 21. November 1941 wegen

böswilliger Nichtablieferung der Kontingente

rechtskräftig

zum Tode verurteilt

worden.

Die Verurteilten haben das ihnen auferlegte Kontingent trotz wiederholter Aufforderung bis zu der ihnen gesetzten Frist nicht oder in völlig unzureichendem Masse erfüllt und dadurch böswillig die Deckung des lebenswichtigen Bedarfs der Bevölkerung des Generalgouvernements gefährdet.

Jeder Landwirt, der sein Kontingent nicht erfüllt, hat damit zu rechnen, dass ihn in gleicher Weise die ganze Härte des Gesetzes trifft. Es wird gemäss § 1 der Kriegswirtschaftsverordnung strafrechtlich zur Verantwortung gezogen werden.

Lublin, den 25. November 1941.

Der Gouverneur
des Distrikts Lublin

Obwieszczenie.

Polscy rolnicy ze wsi Brzeziny gminy Łucka, Starostwa Powiatowego Lublin

Josef Jendryszko	Feliks Sowa
Szymon Kubera	Jan Wiacek
Jan Malesa	Kazimierz Woliński
Feliks Marzenta	Jan Kubera

Bronisław Woliński

zostali na podstawie wyroku Sądu Specjalnego z dnia 17 i 21 listopada 1941 r. z powodu

złośliwego nieodstawienia kontyngentów

prawomocnie

na śmierć skazani.

Zasądzeni nie spełnili w terminie określonym należnego na nich obowiązku dostarczenia kontyngentu pomimo kilkakrotnego wezwania, względnie nie wypełnili go w wystarczającej mierze, czem narazili złośliwie na niebezpieczeństwo pokrycia życiowego zapotrzebowania ludności Generalnego Gubernatorstwa.

Każdy rolnik, który swego kontyngentu nie odstawi, musi się liczyć z tem, że w taki sam sposób spotka się z całą surowością prawa. Będzie on według § 1 rozporządzenia o gospodarce wojennej pociągnięty do odpowiedzialności karnej.

Lublin, dnia 25. listopada 1941 r.

G u b e r n a t o r
Dystryktu Lublin

3.7 Plakat mit der Bekanntmachung der Todesurteile gegen neun polnische Bauern wegen Nichtablieferung von Lebensmitteln an die deutsche Besatzungsmacht, 25.11.1941.

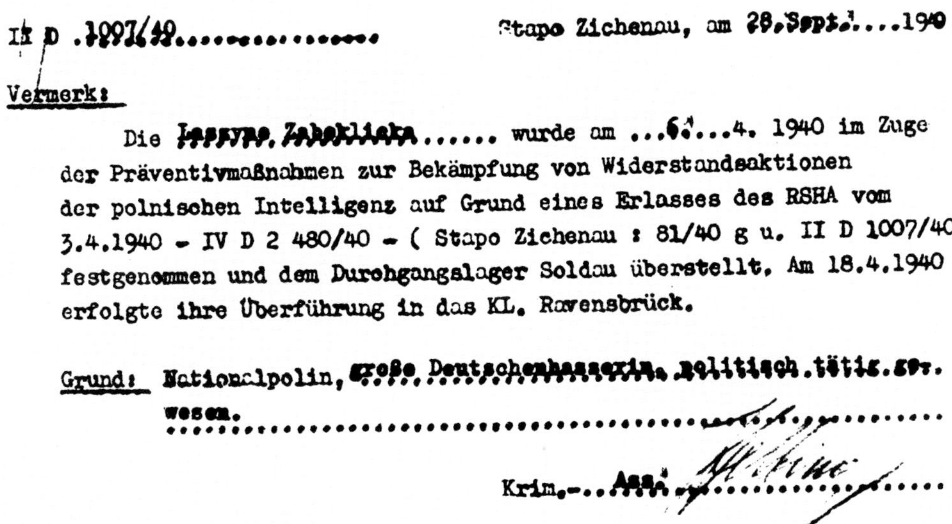

II D .1007/40.................. Stapo Zichenau, am 28.Sept....1940.

Vermerk:

Die Lessyna Zaboklicka...... wurde am ...6...4. 1940 im Zuge der Präventivmaßnahmen zur Bekämpfung von Widerstandsaktionen der polnischen Intelligenz auf Grund eines Erlasses des RSHA vom 3.4.1940 - IV D 2 480/40 - (Stapo Zichenau : 81/40 g u. II D 1007/40) festgenommen und dem Durchgangslager Soldau überstellt. Am 18.4.1940 erfolgte ihre Überführung in das KL. Ravensbrück.

Grund: Nationalpolin, große Deutschenhasserin, politisch tätig gewesen.

Krim.-..Ass...............

3.8 Vermerk der Gestapo Zichenau über die präventive Verhaftung und Einweisung einer Polin in das Konzentrationslager Ravensbrück, 28.9.1940.

3.9 Polen auf dem Weg zur Zwangsarbeit in Deutschland, Krakau, 1940.

3.10 Zwangsumsiedlung der jüdischen Bewohner von Lodz in das Ghetto, 1940.

3.11 Panzerkolonne der 44. sowjetischen Division, die von finnischen Truppen vernichtet wurde, Januar 1940.

Die Sowjetunion hatte 1939 von Finnland Gebietsabtretungen in Ostkarelien sowie Militärstützpunkte gefordert und am 30.11.1939 den militärischen Angriff begonnen, da Finnland die Forderungen zurückgewiesen hatte. Der Angriff brachte der sowjetischen Armee eine Reihe unerwarteter Niederlagen und hohe Verluste. Erst im Februar konnte sich die sowjetische Übermacht durchsetzen. Am 12.3.1940 wurden die sowjetischen Eroberungen in einem Friedensvertrag bestätigt.

3.12 Übergabe eines Militärstützpunktes in Estland von der estnischen an die sowjetische Armee, Oktober 1939.

Nachdem Ende September 1939 Litauen, Lettland und Estland Beistandsverträge von der Sowjetunion aufgezwungen worden waren, übernahm die Rote Armee Militärstützpunkte in allen drei Ländern.

4.1 Lagekarte „Barbarossa" der deutschen militärischen Führung über die Stärke und Dislozierung der deutschen und sowjetischen Truppen, 21.6.1941.

Die ersten Planungen für den Angriff auf die Sowjetunion begannen bereits Mitte 1940, am 18.12.1940 wurde von Hitler die Weisung für den „Plan Barbarossa", einen Überfall ohne Kriegserklärung, erteilt. In einem „Blitzkrieg" sollte spätestens nach vier Monaten das Kriegsziel erreicht sein: die Vernichtung des sowjetischen Staates und die Herrschaft über ein Gebiet, das durch eine Linie von Archangelsk bis nach Astrachan begrenzt wurde. Nur wenige Offiziere und Diplomaten kritisierten diese Pläne, die Mehrheit war von der Berechtigung des Krieges wie auch von seinem schnellen Erfolg überzeugt.

Die für den Angriff vorgesehenen Verbände waren mit 3,3 Millionen Soldaten etwa gleich stark wie beim Angriff auf Frankreich, allerdings waren sie moderner ausgerüstet. Dazu kamen noch 600 000 Soldaten der Verbündeten Rumänien und Finnland. Während beim Krieg gegen Frankreich jedoch die Regeln des Kriegsvölkerrechts auch von der deutschen Führung als bindend angesehen wurden, erhielt der Krieg gegen die Sowjetunion schon in der vorbereitenden Planung eine neue Dimension. Die Forderung Hitlers nach einem „Vernichtungskrieg" wurde auch in der Befehlsgebung realisiert: Dicht hinter der kämpfenden Truppe sollten Einsatzgruppen der SS im Zusammenhang mit der ideologischen Zielsetzung des Krieges „Sonderaufgaben" erledigen. Für die Wehrmacht bestand durch den Kriegsgerichtsbarkeitserlaß für Verbrechen gegen die Zivilbevölkerung nur dann Verfolgungszwang, wenn die Disziplin der Truppe gefährdet war. Sowjetische Politoffiziere sollten erschossen werden. Für eine vielfache Millionenzahl der Bevölkerung im besetzten Gebiet war der Hungertod vorgeplant.

Die sowjetische Führung hat, soweit heute bekannt ist, nicht an ein stabiles Bündnis geglaubt, aber ein deutsches Vorgehen erst später erwartet. Spätestens seit dem April 1941 wiesen die Informationen durch die sowjetischen Nachrichtendienste auf eindeutige deutsche Angriffsabsichten. Einerseits wurden in dieser Lage Pläne für einen Präventivangriff gegen den deutschen Aufmarsch von der militärischen Führung vorgelegt, andererseits war der Führung die eigene Unfähigkeit zu umfassenden Militäroperationen zu diesem Zeitpunkt deutlich. Von der obersten politischen Führung wurde keine eindeutige Weisung gegeben. Unentschiedenheit charakterisiert die sowjetische Haltung vor dem 22.6.1941.

4.2 Militärplanung der deutschen Wehrmachtsspitze, 1940.

Teilnehmer am Kartentisch (v.l.): der Chef des Oberkommandos der Wehrmacht Generalfeldmarschall Keitel, der Oberbefehlshaber des Heeres Generaloberst v. Brauchitsch, Hitler, der Chef des Generalstabs Generaloberst Halder.

4.3 Filmplakat „Über alles in der Welt", April 1941.

Das Leben war in Deutschland nach dem Sieg über Frankreich zwar immer noch durch den Kriegszustand geprägt, hatte aber gleichzeitig viele Züge eines Lebens in Frieden. Vorherrschend war ein Bewußtsein grenzenloser Macht in Europa.

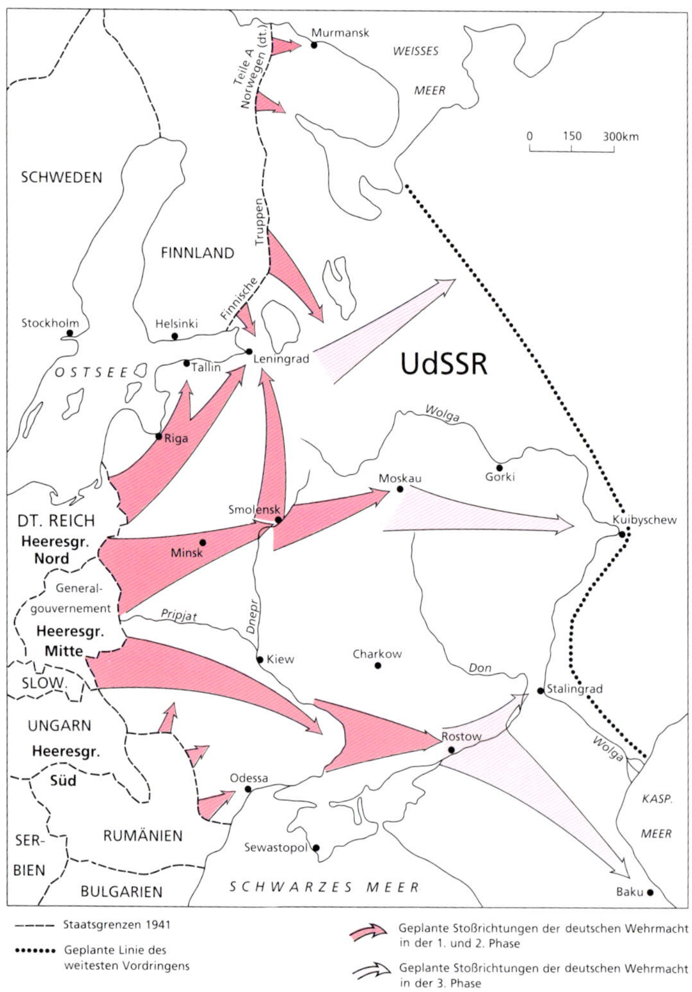

4.4 Karte Angriffsplanung der deutschen Wehrmacht gegen die SU, Juni 1941.

4.5 Besprechung des Reichsführers SS Himmler mit hohen SS-Führern, 1938.

V.l.: SS-Obergruppenführer Werner Lorenz (Hauptamt Volksdeutsche Mittelstelle), SS-Gruppenführer Reinhard Heydrich (Chef der Sicherheitspolizei und des SD), Reichsführer SS und Chef der Polizei Himmler, SS-Gruppenführer Karl Wolff (Persönlicher Stab – Reichsführer SS).

4.6 Reichsmarschall Göring im Gespräch mit dem Staatssekretär im Reichsernährungsministerium Herbert Backe, 1941/42.

Hermann Göring hatte neben anderen Ämtern (Chef der Luftwaffe, Beauftragter für den Vierjahresplan) in der Vorbereitung des Angriffs auf die Sowjetunion den Posten des Chefs des „Wirtschaftsführungsstabes Ost", der die wirtschaftliche Ausnutzung des eroberten Gebietes plante. Herbert Backe, der aus Rußland stammte, vertrat in diesem Stab das Reichsernährungsministerium.

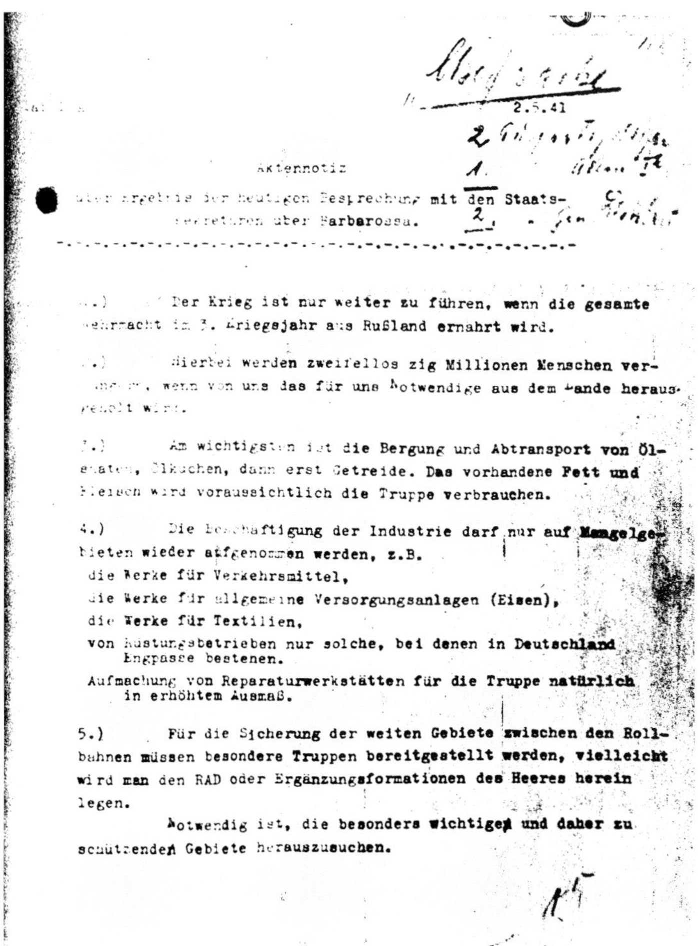

2.5.41

Aktennotiz

über Ergebnis der heutigen Besprechung mit den Staatssekretären über Barbarossa.

1.) Der Krieg ist nur weiter zu führen, wenn die gesamte Wehrmacht im 3. Kriegsjahr aus Rußland ernährt wird.

2.) Hierbei werden zweifellos zig Millionen Menschen verhungern, wenn von uns das für uns Notwendige aus dem Lande herausgeholt wird.

3.) Am wichtigsten ist die Bergung und Abtransport von Ölsaaten, Ölkuchen, dann erst Getreide. Das vorhandene Fett und Fleisch wird voraussichtlich die Truppe verbrauchen.

4.) Die Beschaftigung der Industrie darf nur auf Mangelgebieten wieder aufgenommen werden, z.B.
die Werke für Verkehrsmittel,
die Werke für allgemeine Versorgungsanlagen (Eisen),
die Werke für Textilien,
von Rüstungsbetrieben nur solche, bei denen in Deutschland Engpasse bestehen.
Aufmachung von Reparaturwerkstätten für die Truppe natürlich in erhöhtem Ausmaß.

5.) Für die Sicherung der weiten Gebiete zwischen den Rollbahnen müssen besondere Truppen bereitgestellt werden, vielleicht wird man den RAD oder Ergänzungsformationen des Heeres herein legen.

Notwendig ist, die besonders wichtigen und daher zu schützenden Gebiete herauszusuchen.

4.7 Aktennotiz über die Besprechung der Staatssekretäre über die wirtschaftliche Zielsetzung des Krieges gegen die Sowjetunion, 2.5.1941.

Die Teilnehmer der Besprechung sind nicht genau zu bestimmen. Mit Sicherheit waren anwesend: Reichsmarschall Göring (Leiter des Wirtschaftsführungsstabes Ost), General Thomas (Leiter des Wehrwirtschafts- und Rüstungsamtes der Wehrmacht), Generalleutnant Schubert (Leiter des Wirtschaftsstabes Ost), die Staatssekretäre Backe (Reichsernährungsministerium), v. Hanneken (Reichswirtschaftsministerium), Syrup (Reichsarbeitsministerium), Körner (Vierjahresplanbehörde), Alpers (Reichsforstamt).

4.8 Aufnahme des Unteroffiziers H. Hoffmann: Befehlsausgabe zum Überfall auf die Sowjetunion in einer Luftwaffenkompanie am 22.6.1941.

4.9 Reichspropagandaminister Goebbels verliest die Hitlersche Proklamation über den Angriff auf die Sowjetunion am Morgen des 22.6.1941.

Kennt ihr den Feind?

Soldaten! Ihr steht jetzt im Kampf gegen einen Feind, bei dem ihr die Handlungsweise anständiger Soldaten und ritterlicher Gegner nicht voraussetzen könnt. Die bolschewistische Rote Armee weiß, daß sie der sicheren Vernichtung durch die deutsche Wehrmacht entgegengeht und wird deshalb mit den hinterhältigsten und gemeinsten Mitteln kämpfen.

Hinterhältige Ueberfälle.

Mit nächtlichen Ueberfällen auf Posten, kleinere Abteilungen und rückwärtige Kolonnen sowie mit Kraftfahrzeugfallen muß gerechnet werden. Die Aufmerksamkeit im Wachdienst kann deshalb nicht groß genug sein. Wer sich ohne dienstlichen Auftrag von seiner Truppe entfernt, gerät in Gefahr. Haltet kameradschaftlich zusammen wie Pech und Schwefel! Es ist Ehrenpflicht für jeden deutschen Soldaten, daß er keinen Kameraden in die Hände des Feindes fallen läßt!

Sie stellen sich tot!

Ihr müßt damit rechnen, daß Tote und Verwundete, die ihr beim Vorgehen antrefft, sich lediglich tot stellen, um euch auf nahe Entfernung oder von hinten unter Feuer zu nehmen. Die Roten werden auf diese Weise häufig schwache Kräfte (Infanteriespitzen usw.) passieren lassen, um die nachfolgenden Hauptkräfte anzufallen. Seid also mißtrauisch, wenn ihr auf tote oder verwundete Feinde stoßt!

„Hände hoch" genügt nicht!

Ihr seid gewöhnt, daß Gegner, die mit erhobenen Händen auf euch zukommen, sich ergeben wollen. Bei den Bolschewisten kann auch dies häufig eine List sein, um in eurem Rücken erneut den Kampf aufzunehmen. Behandelt erst dann jemand als Gefangenen, wenn ihr sicher seid, daß er unbewaffnet ist. Laßt keine Gefangenen unbewacht

Achtung, Gas!

Wir müssen darauf gefaßt sein, daß die Bolschewisten, erstmalig in diesem Kriege, den Gaskampf in jeder Form anwenden. Achtet auf diese Gefahr, dann habt ihr nichts zu befürchten, denn unsere Gasschutzmittel schützen gegen jede Art von Kampfstoffen. Gasmaske, Gasplane und Entgiftungsmittel müssen stets bei der Hand und in Ordnung sein. Mit Kampfstoff verseuchte Straßen werden uns nicht aufhalten. — Ihr wißt, wie man Kampfstoffe erkennt und sie unschädlich macht.

Sie vergiften die Lebensmittel!

Eßt nichts von dem, was ihr vorfindet, trinkt nicht aus Brunnen, die nicht untersucht sind. Mit Gift muß überall gerechnet werden.

Seuchengefahr!

Land und Bevölkerung sind mit Typhus, Cholera und Pest verseucht, Krankheiten, die dank der sauberen Haltung des deutschen Volkes bei uns längst verschwunden sind. Ihr seid gegen Ansteckung geimpft und braucht sie nicht zu fürchten. Hütet euch trotzdem vor jeder engen Berührung mit der Bevölkerung und trinkt niemals unabgekochtes Wasser.

Fallschirmspringer in Zivil!

Fallschirmspringer in Zivil werden versuchen, in unserem Rücken zu kämpfen. Das sind keine Soldaten, sie müssen von uns als Freischärler erledigt werden.

Darum aufpassen! Seid hart und unerbittlich, wo ihr auf solche Kampfmittel trefft — gleichgültig ob es sich um Soldaten oder Zivilpersonen handelt. Solange ihr solches Verhalten beim Feind nicht bemerkt, benehmt euch nicht anders als bisher auch. Wie auch der Feind kämpft, eure sieggewohnten Waffen werden ihn vernichten.

4.10 Flugblatt des Oberkommandos der Wehrmacht „Kennt ihr den Feind?", Juni 1941.

Dieses wie auch ähnliche Flugblätter einzelner militärischer Befehlshaber gingen auf eine Weisung Hitlers zurück, in der einige Themen vorgegeben worden waren.

4.11 Stalin und Mitglieder des Politbüros auf dem Weg zur Parade auf dem Roten Platz, 1.5.1941.

V.l.n.r.: W. M. Molotow, J. W. Stalin, K. J. Woroschilow, G. M. Malenkow, L. P. Berija, A. S. Schtscherbakow.

4.12 Volkskommissar für Verteidigung Marschall Timoschenko bei einem Truppenmanöver, 1940.

Semjon K. Timoschenko (1895–1970), im Bürgerkrieg wesentlich am Aufbau der Roten Armee beteiligt, leitete die Militäroperationen 1939 gegen Polen und Finnland, vom 8.5.1940 bis 20.7.1941 Volkskommissar für Verteidigung, verschiedene Kommandos im Krieg 1941–1945.

4.13 Sowjetisches Schützenregiment in Paradeaufstellung, 1940.

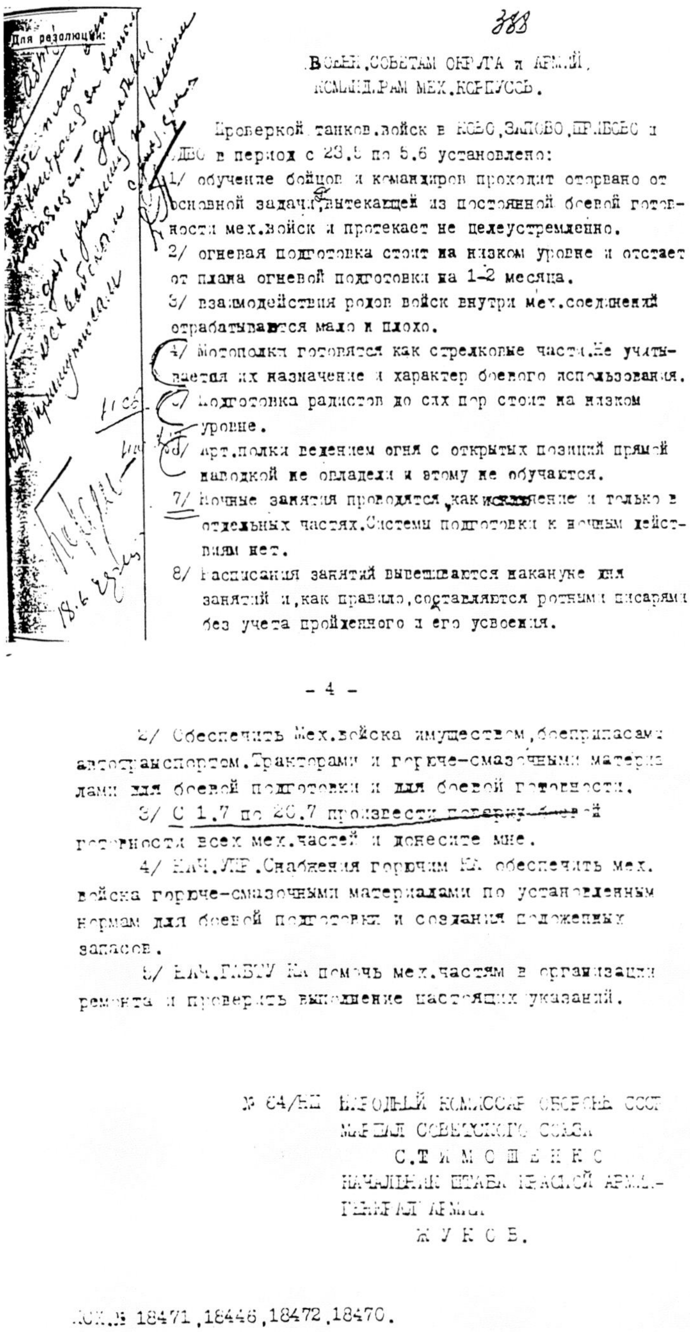

388

ВОЕН.СОВЕТАМ ОКРУГА и АРМИЙ,
КОМАНД.РАМ МЕХ.КОРПУСОВ.

Проверкой танков.войск в КОВО,ЗАПОВО,ПРИБОВО и ОДВО в период с 23.5 по 5.6 установлено:
1/ обучение бойцов и командиров проходит оторвано от основной задачи, вытекающей из постоянной боевой готовности мех.войск и протекает не целеустремленно.
2/ огневая подготовка стоит на низком уровне и отстает от плана огневой подготовки на 1–2 месяца.
3/ взаимодействия родов войск внутри мех.соединений отрабатывается мало и плохо.
4/ Мотополки готовятся как стрелковые части. Не учитывается их назначение и характер боевого использования.
5/ Подготовка радистов до сих пор стоит на низком уровне.
6/ арт.полки ведением огня с открытых позиций прямой наводкой не овладели и этому не обучаются.
7/ Ночные занятия проводятся, как исключение и только в отдельных частях. Системы подготовки к ночным действиям нет.
8/ Расписания занятий вывешиваются накануне дня занятий и, как правило, составляются ротными писарями без учета пройденного и его усвоения.

– 4 –

2/ Обеспечить Мех.войска имуществом, боеприпасами автотранспортом. Тракторами и горюче-смазочными материалами для боевой подготовки и для боевой готовности.
3/ С 1.7 по 20.7 произвести проверку боевой готовности всех мех.частей и донесите мне.
4/ НАЧ.УПР.Снабжения горючим КА обеспечить мех.войска горюче-смазочными материалами по установленным нормам для боевой подготовки и создания положенных запасов.
5/ НАЧ.ГАБТУ КА помочь мех.частям в организации ремонта и проверить выполнение настоящих указаний.

№ 64/НШ НАРОДНЫЙ КОМИССАР ОБОРОНЫ СССР
МАРШАЛ СОВЕТСКОГО СОЮЗА
С.Т И М О Ш Е Н К О
НАЧАЛЬНИК ШТАБА КРАСНОЙ АРМИИ-
ГЕНЕРАЛ АРМИИ
Ж У К О В.

ИСХ.№ 18471,18446,18472,18470.

4.14 Inspektionsbericht des sowjetischen Volkskommissars für Verteidigung Timoschenko und des Chefs des Generalstabs Shukow über den Zustand der gepanzerten und mechanisierten Verbände an der westlichen Grenze, 11.6.1941.

Übersetzung aus dem Russischen

C[hef] N[achrichten]
[...]

An die Militärräte der Militärbezirke, Armeen und Kommandeure der mechanisierten Korps
Bei der Inspektion der Panzertruppen im Militärsonderbezirk Kiew, Militärsonderbezirk Süd, des Baltischen Militärsonderbezirks und des Militärbezirks Odessa vom 23.5.–5.6. wurde festgestellt:

1. *Die Ausbildung der Kämpfer und Kommandeure wird losgelöst von den sich aus der ständigen Gefechtsbereitschaft ergebenden Hauptaufgaben durchgeführt und verläuft nicht zielstrebig.*
2. *Die Schießausbildung befindet sich auf einem niedrigen Niveau und bleibt um 1–2 Monate hinter dem Plan zurück.*
3. *Das Zusammenwirken der Waffengattungen innerhalb der mech. Verbände wird zu wenig und schlecht durchgeführt.*
4. *Motorisierte Regimenter werden wie Schützeneinheiten ausgebildet. Ihre Bestimmung und der Charakter ihres Gefechtseinsatzes werden nicht berücksichtigt.*
5. *Die Funkerausbildung befindet sich nach wie vor auf niedrigem Niveau.*
6. *Die Artillerieregimenter beherrschen die Feuerführung im direkten Richten in offener Stellung nicht und werden darin auch nicht ausgebildet.*
7. *Nachtübungen werden als Ausnahme und nur in einzelnen Einheiten durchgeführt. Ein Ausbildungssystem für Nachtgefechte fehlt.*
8. *Der Dienstplan wird am Tag vor der Ausbildung ausgehängt und wird in der Regel vom Kompanieschreiber ohne Berücksichtigung des Gelernten oder dessen Festigung erstellt.*

[...]

Ich befehle:
[...]

2. *die Ausrüstung der mech. Truppen mit Geräten, Munition, Transportmitteln, Traktoren, Treib- und Schmierstoffen für die Ausbildung und die Herstellung der Gefechtsbereitschaft abzusichern;*
3. *vom 1.7. bis 20.7. die Gefechtsbereitschaft aller mech. Truppen zu überprüfen und mir Bericht zu erstatten;*
4. *dem Chef Verwaltung für Treibstoffversorgung der RA, die Versorgung der mech. Truppen mit Treib- und Schmierstoffen nach den für die Gefechtsausbildung geltenden Normen und die Schaffung der vorgeschriebenen Reserven abzusichern;*
5. *dem Chef Hauptverwaltung Kfz-Wesen der RA, die mech. Truppen bei der Organisation der Reparatur der Waffen und Ausrüstungen zu unterstützen und die Erfüllung der vorliegenden Weisungen zu kontrollieren.*

Nr. 64/Stabschef VOLKSKOMMISAR FÜR VERTEIDIGUNG DER UDSSR
MARSCHALL DER SOWJETUNION
S. TIMOSCHENKO

STABSCHEF DER ROTEN ARMEE
ARMEEGENERAL
SHUKOW

Ausgangsnr. 18471, 18446, 18472, 18470

5.1 Gefallener sowjetischer Soldat, o. Datierung.

Den Schwerpunkt des Zweiten Weltkriegs bildete vom Juni 1941 bis zum Mai 1945 der Krieg zwischen Deutschland und der Sowjetunion. Hier wurde, selbst nach der Landung der Westalliierten in Frankreich, der weitaus größte Teil der Wehrmacht eingesetzt, auf der anderen Seite stellte die sowjetische Armee die größte Streitkraft der Alliierten. Auch die größten Verluste des Zweiten Weltkriegs, unter Soldaten wie unter Zivilisten, wurden durch den deutsch-sowjetischen Krieg gefordert.

Der Krieg wurde mehr als drei Jahre auf sowjetischem Territorium und weniger als ein halbes Jahr in Deutschland geführt. Auch hier gab es zwar Frontabschnitte, an denen wie im Ersten Weltkrieg für den Besitz weniger Quadratkilometer Zehntausende Soldaten beider Seiten geopfert wurden, aber das Charakteristische dieses Krieges waren Konzentrationen großer gepanzerter Verbände, weiträumige Operationen und Umfassungen des Gegners. Die Kesselschlachten bei Bialystok und Minsk, bei Smolensk und bei Kiew brachten der deutschen Seite die großen Erfolge der ersten Kriegsphase mit jeweils mehreren Hunderttausend Kriegsgefangenen. Die Vernichtung der 6. deutschen Armee im Kessel von Stalingrad setzte das eindeutige Zeichen für die Kriegswende und der große Durchbruch der Roten Armee in Weißrußland im Sommer 1944 vernichtete eine ganze Heeresgruppe von 300000 Mann.

Diese zentralen Operationen des Krieges mit ihren starken Konzentrationen von Soldaten und modernem Kriegsmaterial dürfen jedoch nicht verdecken, daß der Krieg überwiegend mit

5.2 Sowjetischer Stahlhelm, Typ 36, Fragment, 1936–1942.

Der Stahlhelm, der nach dem Krieg aus Stellungen bei Rshew ausgegraben wurde, ist in der sowjetischen Armee 1936 eingeführt und bis 1942 verwendet worden.

Massen von Infanteristen geführt wurde, die nach dem Ferntransport mit der Eisenbahn sich zu Fuß bewegten, sich zum beträchtlichen Teil aus dem Lande versorgten und von bespannten Einheiten unterstützt und versorgt wurden. In keinem anderen Krieg sind mehr Pferde eingesetzt worden. Große Entfernungen und extreme klimatische Bedingungen hatten auf die Kampfführung beider Seiten einen wesentlichen Einfluß.

Das deutsche Kriegsziel, die Sowjetunion in einem Blitzkrieg von maximal vier Monaten Dauer spätestens im Herbst 1941 besiegt zu haben, war mit der verlorenen Schlacht vor Moskau im November/Dezember 1941 verfehlt worden. Die Erfolge der zweiten deutschen Großoffensive im Sommer 1942 lösten auf sowjetischer Seite zwar eine extreme Krisenstimmung aus, diese Offensive setzte sich aber nur noch Teilziele (Ölfelder, Verkehrswege an der Wolga), die nicht das Kriegsende bedeutet hätten. In der Stalingrader Schlacht, der von beiden Seiten auch hohe symbolische Bedeutung zugemessen wurde, scheiterte der Vormarsch. Diese Niederlage machte aller Welt die Unmöglichkeit eines militärischen Sieges des Deutschen Reiches deutlich. In den folgenden zweieinhalb Kriegsjahren wurde auf deutscher Seite dennoch gekämpft, als ob bei ausreichender Anstrengung noch eine Kriegswende möglich sei. Die Fortsetzung des Krieges war ohne jede militärische Erfolgsaussicht. Die in weiten Bereichen praktizierte Rückzugsstrategie der „verbrannten Erde" charakterisiert insgesamt die letzte Kriegsphase: Wenn schon die eigene Niederlage nicht abzuwenden war, sollte auch auf der anderen Seite noch möglichst viel zerstört werden. Die großen deutschen Verluste wurden von der Führung als notwendiges Opfer angesehen.

Freitag, 27. Juni 1941
Nr. 148

Berliner illustrierte

2. Ausgabe

Nachtausgabe

10 Pf. auswärts 15 Pf.

Unsere Truppen im Osten an allen Fronten siegreich
Europa steht zum Kampf gegen den Bolschewismus auf

Bereits große Entscheidungen errungen

Massierung der Angriffstruppen beweist das bolschewistische Ziel

Kriegsmarine und Luftwaffe erfolgreich gegen England

Einzelheiten von den Zerstörungen

Riesige Brände in Haifa

England der Komplize des Todfeindes von Europa

Sechs Länder marschieren

Das Ziel: Eine europäische Schicksals- und Lebensgemeinschaft

Amtliche Erklärung

Ungarn im Kriegszustand mit der Sowjetunion

5 Tote unter den Zivilisten

Sowjet-Flieger überfielen ungarische Stadt Kaschau

5.3 „Berliner Illustrierte Nachtausgabe", Nr. 148 vom 27.6.1941.

5.4 Vitrine mit dem schweren sowjetischen Maschinengewehr „Maxim", dem sowjetischen Karabiner 91/30 und einem gerollten Militärmantel (oben) sowie zwei Bodenfunden (unten): einem sowjetischen Stahlhelm 26 sowie Mauerfragmenten aus der Grenzfestung Brest, die noch mehrere Wochen verteidigt wurde. Die Ziegelsteine weisen Schmelzspuren von Flammenwerfern auf.

Chronik des Krieges

1941

22. Juni
Beginn des deutschen Überfalls, Vormarsch von drei Heeresgruppen. Rumänien, Italien, die Slowakei, Finnland und Ungarn folgen dem Deutschen Reich in den Krieg.

29./30. Juni
Das ZK der KPdSU ruft den „Vaterländischen Krieg" als Abwehrkampf des ganzen Volkes aus, Bildung des Staatlichen Verteidigungskomitees.

Juli/August
Deutscher Vormarsch an allen Fronten, Vernichtung großer sowjetischer Verbände in Kesselschlachten (Bialystok und Minsk: 328 000 Gefangene; Smolensk: 310 000 Gefangene).

September
Leningrad von Landverbindungen abgeschnitten. Nach einer Kesselschlacht ostwärts von Kiew über 600 000 sowjetische Gefangene in deutscher Hand. Allgemeiner deutscher Vormarsch, mit starken Verlusten verbunden, wird durch anhaltenden sowjetischen Widerstand verlangsamt.

2. Oktober
Beginn des Angriffs auf Moskau, der die deutschen Spitzen Ende November bis ca. 30 km vor Moskau bringt.

5. Dezember
Beginn der sowjetischen Gegenoffensive mit frischen Kräften vor Moskau, deutscher Rückzug. Durch Eingreifen Hitlers im Januar 1942 Stabilisierung der Heeresgruppe Mitte in einer Verteidigungsstellung unter starken Verlusten. Auch im Süden sowjetische Erfolge.

11. Dezember
Deutschland erklärt den USA den Krieg.

1942

Januar – März 1942
Die breite Winteroffensive der sowjetischen Armee erzielt zwar unter hohen Verlusten Teilerfolge, erreicht jedoch nicht die gesteckten Ziele. Auch die Verluste der deutschen Armee an Menschen wie an Material sind so hoch, daß eine Fortsetzung der Offensive auf breiter Front zu dieser Zeit nicht möglich ist.

Mai
Scheitern einer sowjetischen Offensive bei Charkow, bei einem Gegenangriff geraten in einer Kesselschlacht 250 000 sowjetische Soldaten in Gefangenschaft.

Juni/Juli
Eroberung der Festung Sewastopol und damit der gesamten Krim. Beginn der deutschen Sommeroffensive mit dem Ziel, die Wolga zu erreichen und die kaukasischen Ölfelder zu erobern. Die sowjetische Seite steht angesichts neuer deutscher Siege vor einer schweren Krise.

August
Deutsche Truppen erreichen die Kaukasushöhen, können die sowjetischen Truppen jedoch nicht entscheidend schlagen.

September
Beginn der Kämpfe um Stalingrad, das im Oktober zu 90 Prozent erobert ist. Der sowjetische Brückenkopf am Westufer der Wolga unter General Tschuikow kann jedoch nicht vernichtet werden.

19. November
Beginn einer sowjetischen Großoffensive, die zur Einkesselung der 6. Armee und rumänischer Verbände in Stalingrad führt. Am 31.1.1943 kapitulieren die eingeschlossenen Truppen, 90 000 Überlebende (von 250 000 Mann) gehen in Gefangenschaft.

1943

5. Juli
Deutsche Großoffensive bei Kursk mit ca. 600 000 Mann und 2 700 Panzern. Die sowjetische Armee wehrt den Angriff ab und wirft die deutschen Truppen in einem Gegenstoß zurück. Die deutschen Truppen werden bis an den Dnjepr zurückgedrängt. Erfolgloser Versuch, mit einem Stellungssystem („Ostwall") den sowjetischen Vormarsch aufzuhalten.

6. November
Eroberung Kiews durch die sowjetische Armee.

1944

Januar
Die Heeresgruppe Nord wird hinter den Peipussee zurückgedrängt. Ende der Belagerung Leningrads.

März
Beginn der sowjetischen Frühjahrsoffensive. Die deutschen Truppen werden ganz aus der Ukraine vertrieben.
Die Krim wird erst im Mai unter großen Verlusten geräumt.

22. Juni
Beginn der sowjetischen Sommeroffensive im Mittelabschnitt. Sie führt zur Zerschlagung des gesamten deutschen Frontabschnitts, wobei 350 000 Mann fallen oder gefangen werden. In dieser und den folgenden Offensiven wird eine planvolle deutsche Verteidigung zunichte gemacht.

28. Juli
Sowjetische Truppen in Brest.

August
Beginn des Warschauer Aufstandes gegen die deutsche Besatzungsmacht. Er wird blutig niedergeschlagen.

25. August
Regierungswechsel in Rumänien, das Deutschland den Krieg erklärt.

19. September
Waffenstillstand Finnlands mit den Alliierten.

Oktober
Eroberung Belgrads durch sowjetische und jugoslawische Truppen.

1945
12. Januar
Beginn einer sowjetischen Großoffensive, die bis Anfang Februar von Warschau bis nach Schlesien und über die Oder führt. Große, kaum vorbereitete Fluchtbewegung der deutschen Zivilbevölkerung.

11. Februar
Eroberung von Budapest durch die sowjetische Armee.

13. April
Eroberung Wiens durch die sowjetische Armee.

16. April
Beginn des Angriffs von zwei sowjetischen Großverbänden („Fronten") unter Shukow und Konew zur Eroberung Berlins.

20. April
Beginn des Artilleriebeschusses auf Berlin, am 25. 4. wird Berlin eingeschlossen.

30. April
Selbstmord Hitlers im Bunker der Berliner Reichskanzlei.

2. Mai
Kapitulation des Berliner Stadtkommandanten, General Weidling.

8./9. Mai
Deutsche Kapitulation durch Generalfeldmarschall Keitel im sowjetischen Hauptquartier in Berlin-Karlshorst unterzeichnet (am 7.5. im amerikanischen Hauptquartier in Reims).

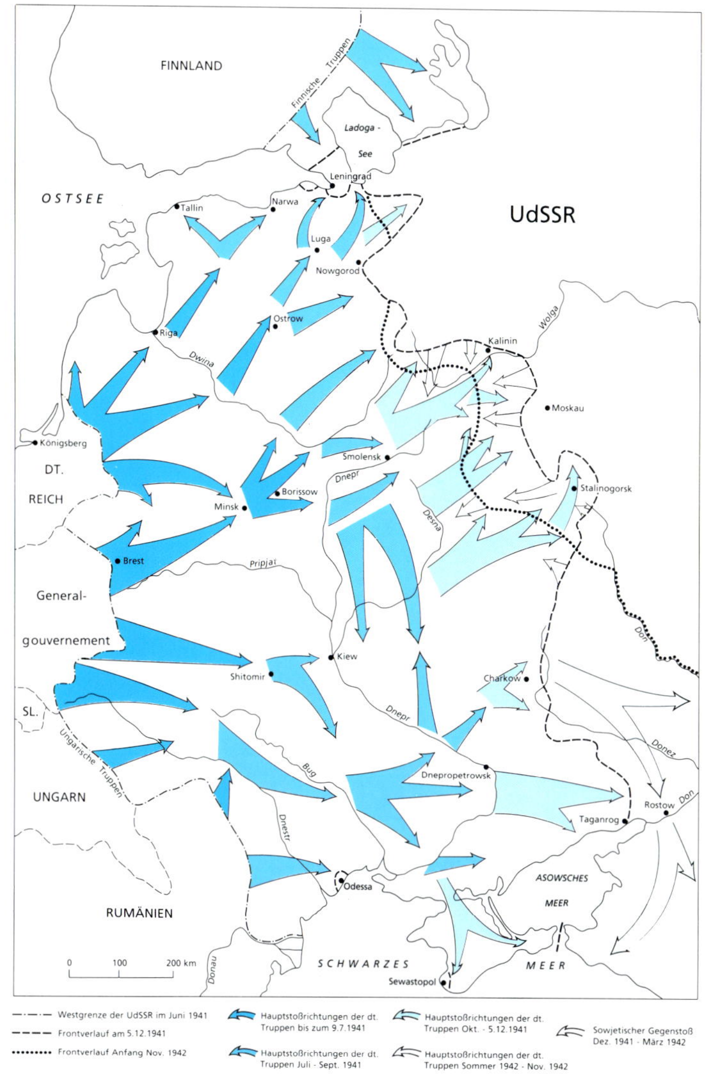

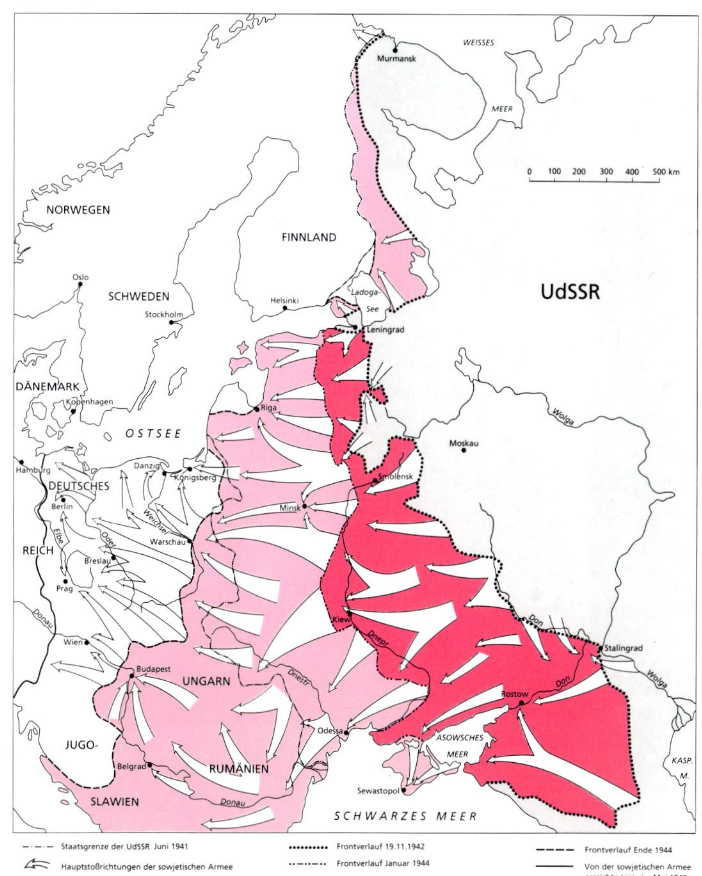

5.5 Karte Kriegsverlauf Juni 1941 bis November 1942.

5.6 Karte Kriegsverlauf 1943–1945.

Пролетарии всех стран, соединяйтесь!

Всесоюзная Коммунистическая Партия (больш.).

ПРАВДА

Орган Центрального Комитета и МК ВКП(б).

№ 182 (8590) | Четверг, 3 июля 1941 г. | ЦЕНА 15 КОП.

Все наши силы—на поддержку нашей героической Красной Армии, нашего славного Красного Флота!

Все силы народа—на разгром врага!

Вперед, за нашу победу!

Выступление по радио Председателя Государственного Комитета Обороны И. В. СТАЛИНА.

3 июля 1941 года.

Товарищи! Граждане! Братья и сестры! Бойцы нашей армии и флота!

К вам обращаюсь я, друзья мои!

5.7 „Prawda" mit dem Text der Rundfunkrede Stalins an die sowjetische Bevölkerung, 3.7.1941.

Mit dieser Rede trat Stalin nach dem Überfall am 22.6. zum ersten Mal an die Öffentlichkeit. Übereinstimmend wird in Erinnerungen von einer starken und ermutigenden Wirkung der Rede berichtet.

Genossen! Brüder!
Brüder und Schwestern!
Kämpfer unserer Armee und Flotte!

An Euch wende ich mich, meine Freunde!

Der von Hitlerdeutschland am 22. Juni wortbrüchig begonnene militärische Überfall auf unsere Heimat dauert an. Trotz des heldenhaften Widerstandes der Roten Armee und ungeachtet dessen, daß die besten Divisionen des Feindes und die besten Einheiten seiner Luftwaffe schon zerschmettert sind und auf den Schlachtfeldern ihr Grab gefunden haben, setzt der Feind, der neue Kräfte an die Front wirft, sein Vordringen weiter fort. (...)

Der Feind ist grausam und unerbittlich. Er setzt sich das Ziel, unseren Boden, der mit unserem Schweiß getränkt ist, zu okkupieren, unser Getreide, unser Erdöl, die Früchte unserer Arbeit an sich zu reißen. Er setzt sich das Ziel, die Macht der Gutsbesitzer wieder aufzurichten, den Zarismus wiederherzustellen, die nationale Kultur und die nationale Eigenstaatlichkeit der Russen, Ukrainer, Bjelorussen, Litauer, Letten, Esten, Usbeken, Tataren, Moldauer, Georgier, Armenier, Aserbaidshaner und der anderen freien Völker der Sowjetunion zu vernichten, sie zu germanisieren, sie zu Sklaven der deutschen Fürsten und Barone zu machen. Es geht also um Leben und Tod der Völker des Sowjetstaates, um Leben oder Tod der Völker der Sowjetunion; es geht darum, ob die Völker der Sowjetunion frei sein oder in Versklavung geraten sollen. Es ist notwendig, daß die Sowjetmenschen das verstehen und aufhören, sorglos zu sein, daß sie sich selbst mobilisieren und ihre ganze Arbeit auf den Krieg umstellen, daß sie auf eine neue Art arbeiten, die kein Erbarmen mit dem Feind kennt. Es ist ferner notwendig, daß in unseren Reihen kein Platz für Miesmacher und Feiglinge, für Panikmacher und Deserteure ist, daß die Menschen unseres Landes keine Furcht im Kampf kennen und opferwillig in unseren Vaterländischen Befreiungskrieg gegen die faschistischen Unterdrücker ziehen. (...)

Den Krieg gegen das faschistische Deutschland darf man nicht als gewöhnlichen Krieg betrachten. Er ist nicht nur ein Krieg zwischen zwei Armeen. Er ist zugleich der große Krieg des ganzen Sowjetvolkes gegen die faschistischen deutschen Truppen. Dieser vaterländische Volkskrieg gegen die faschistischen Unterdrücker hat nicht nur das Ziel, die über unser Land heraufgezogene Gefahr zu beseitigen, sondern auch allen Völkern Europas zu helfen, die unter dem Joch des deutschen Faschismus stöhnen. In diesem großen Krieg werden wir treue Verbündete in den Völkern Europas und Amerikas haben. (...)

5.8 Freiwilligenmeldung zur sowjetischen Armee in einer Fabrik, Leningrad, Ende Juni 1941.

5.9 Einwohner Moskaus bauen in Erwartung des deutschen Angriffs Barrikaden, November 1941.

5.10 Stoffstück mit aufgestickten Sternen als Kennzeichen von Politoffizieren (Politruk-„Kommissar"), 1941/42.

5.11 Foto einer Propagandakompanie (PK-Foto) mit der Unterschrift: „Aus dem Raum Poltschep. Kommissar mit zwei Gehilfinnen!" 1941.

Weibliche Angehörige der sowjetischen Armee, Politoffiziere („Kommissare") sowie Juden waren bevorzugte Themen deutscher Propagandabilder, aber auch auf den privaten Aufnahmen von Soldaten.

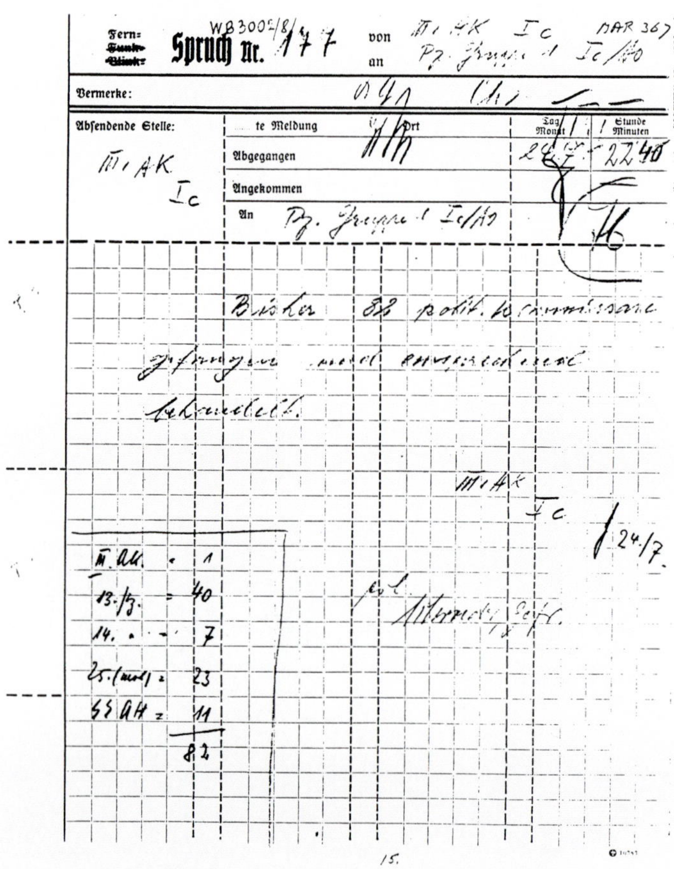

Fern- ~~Funk-~~ ~~Blink-~~ Spruch Nr. 177 WB 3002/8/

von III. AK Ic MAR 367

an Pz. Gruppe 1 Ic/AO

Vermerke:

Absendende Stelle: III. AK Ic

te Meldung | Ort | Tag Monat | Stunde Minuten

Abgegangen | | 24.7. | 22.40

Angekommen

An Pz. Gruppe 1 Ic/AO

Bisher 82 polit. Kommissare gefangen und entsprechend behandelt.

III. AK Ic 24/7.

III. AK. =	1
13. Pz. =	40
14. " =	7
25. (mot.) =	23
SS AH =	11
	82

15.

5.12 Funkmeldung des III. Armeekorps an die Panzergruppe 1 über die „Behandlung" der bisher gefangenen politischen Kommissare, 24.7.1941.

Der Ic-Offizier war im Stab für die Feindlage zuständig. „Entsprechend behandelt" verweist auf den Kommissarbefehl, der den Mord an allen gefangenen Kommissaren anordnete. Die Abkürzungen und Ziffern links unten zeigen die Tätigkeit der unterstellten Verbände: 13. und 14. Panzerdivision, 25. (mot.) Infanteriedivision und ein Verband der Waffen-SS.

5.13 Meldung des Oberbefehlshabers der 6. Armee, Generaloberst Paulus, über die Lage nach der Einkesselung vom 23.11.1942.

„Führerbefehl" vom 24.11.1942.

23 245

Funkspruch geh.Kdos. Chefsache.

An O.K.H. , nachrichtlich Heeresgr. B.

Mein Führer !

Seit Eingang Ihres Funkspruchs vom 22.11. abends hat sich die Entwicklung der Lage überstürzt.

Die Schliessung des Kessels ist im Südwesten und Westen nicht geglückt. Bevorstehende Feinddurchbrüche zeichnen sich hier ab./ Munition und Betriebsstoff gehen zu Ende. Zahlreiche Batterien und Panzerabwehrwaffen haben sich verschossen. Eine rechtzeitige, ausreichende Versorgung ist ausgeschlossen.

Die Armee geht in kürzester XXXX Frist der Vernichtung entgegen, wenn nicht unter Zusammenfassen aller Kräfte der von Süden und Westen angreifende Feind vernichtend XX geschlagen wird./ Hierzu ist sofortige Herausnahme aller Divisionen aus Stalingrad und starker Kräfte aus der Nordfront erforderlich. Unabwendbare Folge muss dann Durchbruch nach Südwesten sein, da Ost-und Nordfront bei derartiger Schwächung nicht mehr zu halten.

Es geht dann zwar zahlreiches Material verloren, es wird aber die Mehrzahl wertvoller Kämpfer und wenigstens ein Teil des Materials erhalten./

Die Verantwortlichkeit für diese schwerwiegende Meldung behalte ich in vollem Umfange, wenn ich melde, dass die Kommandierenden Generale Heitz, v.Seydlitz, Strecker, Hube und XX Jaennecke die gleiche Beurteilung der Lage haben.

Bitte aufgrund der Lage nochmals um Handlungsfreiheit.

Heil mein Führer !

Paulus.

An OKH abg.
An H. Gr. B. abg.

P. 23/11. 21.30

Fern- Funk- Blink- Spruch Nr. 419 (24 233

Vermerke: geh. Kdosache, Chefsache, nur durch Offiz.

Absendende Stelle: OKH

Abgegangen 24.11. 2030

An AOK 6

Geheime Kommandosache, Chefsache, nur durch Offizier.
An 6. Armee, Heeresgr. B, Heeresgr. Don (über Heeresgr. B)
1.) Umgehende Meldung ist vorzulegen, warum Front nördlich Stalingrad zurückgenommen und in welchem Zustand sich neugebildete Front-linie befindet.
2.) Der Führer verbietet jede über den Befehl OKH Oberkdo Heer 420960 hinausgehende Zurücknahme von Frontabschnitten.

OKH GenStdH Op. Abt. (I S/B) Nr. 420964 vom 24.11.42, 1835 Uhr

f.d.R.
Gerlach

5.14 Deutsche Infanterie vor Moskau, Dezember 1941.

5.15 Deutsche Gebirgsjäger im Kaukasus, Sommer 1942.

5.16 Sowjetische Soldaten in Stalingrad, Januar 1943.

5.17 Vormarsch einer Artilleriekolonne der sowjetischen Armee, Ukraine, Herbst 1943.

Abbildungen Seite 96/97

5.18 Plakat „Mutter Heimat ruft!", 1941.

Das Plakat (Autor: Irakli Toidse), das bald nach Kriegsbeginn veröffentlicht wurde, ist das populärste der gesamten Kriegszeit. In der Hand hält die „Mutter Heimat" den Text des Fahneneides.

5.19 Plakat „Soldat der Roten Armee, rette uns!" 1942.

Autor des weit verbreiteten Plakates war Viktor Korezki.

РОДИНА-МАТЬ ЗОВЕТ!
ВОЕННАЯ ПРИСЯГА
Я, гражданин Союза Советских Социалистических Республик, вступая в ряды Рабоче-Крестьянской Красной Армии, принимаю присягу и торжественно клянусь быть честным, храбрым, дисциплинированным, бдительным бойцом, строго хранить военную и государственную тайну, беспрекословно выполнять все воинские уставы и приказы командиров и начальников.
Я клянусь добросовестно изучать военное дело, всемерно беречь военное и народное имущество и до последнего дыхания быть преданным своему Народу, своей Советской Родине и Рабоче-Крестьянскому Правительству.
Я всегда готов по приказу Рабоче-Крестьянского Правительства выступить на защиту моей Родины — Союза Советских Социалистических Республик и, как воин Рабоче-Крестьянской Красной Армии, я клянусь защищать ее мужественно, умело, с достоинством и честью, не щадя своей крови и самой жизни для достижения полной победы над врагами.
Если же по злому умыслу я нарушу эту мою торжественную присягу, то пусть меня постигнет суровая кара советского закона, всеобщая ненависть и презрение трудящихся.

ВОИН КРАСНОЙ АРМИИ,
СПАСИ!

5.20 Plakat „Europa verteidigt seine 3000-jährige Kultur gegen den Bolschewismus", 1943.

Die Darstellung des Krieges als Verteidigung des abendländischen Europas gegen asiatische Barbaren wurde erst nach der Niederlage von Stalingrad in der deutschen Propaganda verbreitet.

5.21 Ein „Schienenwolf" der Wehrmacht zerstört Eisenbahngleise, Ukraine 1944.

Für die vollständige Zerstörung von Gleisanlagen bei Rückzügen hatte die Wehrmacht eine von einer Lokomotive gezogene Anlage mit einem starken Dorn entwickelt.

5.22 Sowjetischer Panzerangriff bei Odessa, April 1944.

Die Krim und die Küste des Schwarzen Meeres wurden erst 1944 von der sowjetischen Armee zurückerobert.

5.23 Deutsche Soldaten bringen einen Verwundeten zurück, bei Dnepropetrowsk, 1944.

5.24 Deutsche Feldstellung in Polen, Ende 1944.

5.25 Sammelplatz für tote deutsche Soldaten, Stalingrad, Februar 1943.

Die Gestorbenen sind teilweise entkleidet, da die Überlebenden die Kleidung gegen die Kälte benötigten.

6.1 Raumfoto mit Lesetisch, Hörstation, Fotowand und Monitor.

Fast zehn Millionen Deutsche und Österreicher waren kürzer oder länger als Soldaten der Wehrmacht an der Ostfront, auf sowjetischer Seite waren es mehr als 25 Millionen Männer und über eine Million Frauen. Die meisten von ihnen sind, ohne gefragt zu werden, aus dem zivilen Leben in ein durch massiven Zwang und Todesgefahr bestimmtes Leben als Soldat geschickt worden. Sie sind durch diesen Krieg geprägt und auch bei körperlicher Unversehrtheit verletzt worden.

Kampfhandlungen machten nur einen sehr kleinen Teil des Soldatenlebens aus. Lange Märsche und körperliche Strapazen, Wachdienst und als sinnlos empfundenes Warten, Leben in einer zerstörten Umgebung mit provisorischen Unterkünften und Schlafgelegenheiten, oft unter extremen klimatischen Bedingungen, unregelmäßige, häufig unzureichende Mahlzeiten, Schmutz und Ungeziefer, dazu die permanente Angst vor Verwundung, Verstümmelung oder Tod – all das kennzeichnete den Alltag der Soldaten auf beiden Seiten. Für die sowjetischen Soldaten war das Leben in der Regel mit noch größeren Härten verbunden (so war die Verpflegung um vieles knapper, Urlaub war für Soldaten in keinem Fall vorgesehen), grundsätzlich aber haben die Soldaten beider Seiten dieselben Erfahrungen gemacht.

Ablenkung boten in der knappen Freizeit vor allem Alkohol sowie Kartenspiel und Lektüre. Die Postverbindung mit der Heimat hielt noch Bindungen an ein anderes Leben aufrecht. Beziehungen zu Frauen waren für die zumeist jungen Männer die seltene Ausnahme.

6.2 Deutscher Soldat bringt warme Verpflegung in die Stellung, 1944.

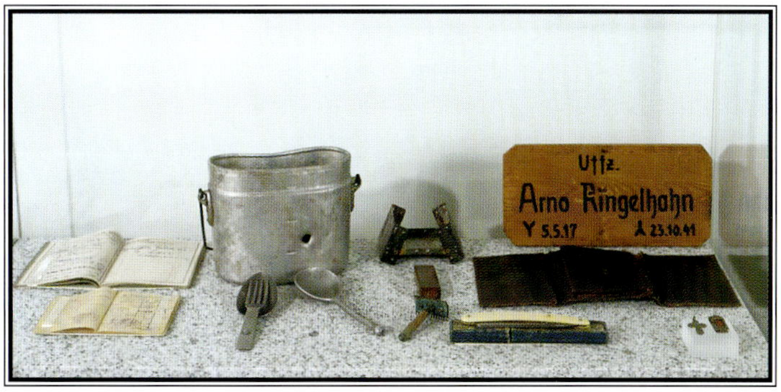

6.4 Ausweispapiere und Gegenstände des täglichen Bedarfs deutscher und sowjetischer Soldaten.
Grabtafel eines deutschen Soldaten.

6.5 Sowjetische und deutsche Orden und Auszeichnungen.

6.6 Deutscher Soldat auf Wachdienst in einer Feldstellung, o. Datierung.

6.7 Sowjetisches Geschütz wird in die Feuerstellung gebracht, Ukraine, 1944.

6.8 Sowjetische Infanterie auf dem Marsch, Nordfront, 1944.

6.9 Deutsche Soldaten bei der Wegebefestigung, Nordabschnitt, 1942.

6.10 Sowjetische Soldaten in einer Mörserstellung, o. Datierung.

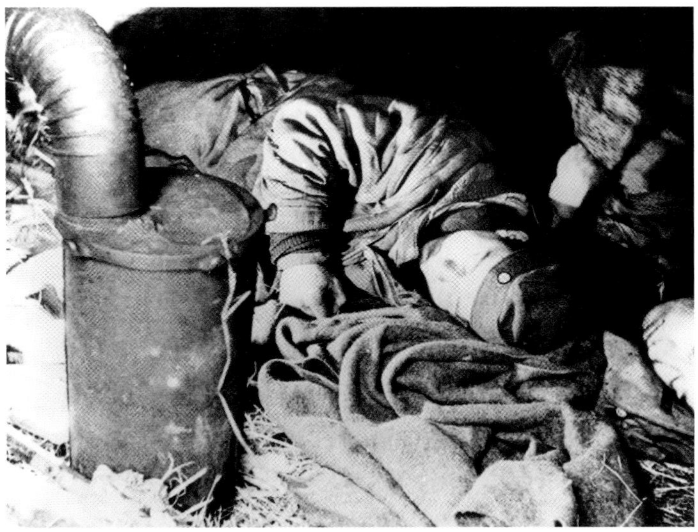

6.11 Deutsche Soldaten in einer Behelfsunterkunft, 1944.

6.12 Deutscher Soldat sucht Kleidung nach Ungeziefer ab, o. Datierung.

6.13 Verwundeter sowjetischer Soldat, 1943.

6.14 Gefallenensammelstelle der Wehrmacht: Identifizierung von toten Soldaten, Juli 1941.

6.15 Kolchose nach der Befreiung, 1943.

6.16 Ordensverleihung an Offiziere und Soldaten der sowjetischen 399. Schützendivision durch den Divisionskommandeur, 1944.

6.17 Verleihung des Ordens Eisernes Kreuz 2. Klasse an deutsche Soldaten durch den Kompaniechef, 1944.

6.18 Witebsk, 1944.

6.19 Postverteilung für deutsche Soldaten, 1944.

6.20 Postverteilung für sowjetische Soldaten, Ostpreußen, 1945.

6.21 Weihnachtsfeier deutscher Soldaten an der Ostfront, 1943.

6.22 Ferntrauung eines deutschen Soldaten hinter der Front, 1943.

6.23 Kurze Begegnung bei Stalingrad, September 1942.

7.1 Lager im besetzten Gebiet.

Die nationalsozialistische Vernichtungspolitik in den besetzten Gebieten der UdSSR basierte auf politisch-ideologischen, ökonomischen und rassistischen Motiven. Ziel war die Beseitigung des kommunistischen Systems und seiner Funktionsträger sowie die Dezimierung der einheimischen Zivilbevölkerung, verbunden mit der Auslöschung großer Siedlungszentren. Im Mittelpunkt stand die Vernichtung der jüdischen Bevölkerung.

Träger der Mordaktionen waren Einheiten der Sicherheitspolizei und des SD. Aber auch Militär- und Zivilverwaltung sowie Teile der kämpfenden Truppe waren beteiligt: durch Duldung, Unterstützung wie auch durch aktive Mitwirkung.

Politoffiziere der sowjetischen Armee, als Vertreter des „jüdisch-bolschewistischen" Systems gebrandmarkt, waren eine erste Zielgruppe ideologischer Vernichtungspolitik.

Zahlreiche Opfer unter der sowjetischen Zivilbevölkerung forderte die rücksichtslose Gewaltpolitik gegenüber tatsächlichem oder vermeintlichem Widerstand („Bandenbekämpfung"). Zehntausende Zivilisten wurden als Partisanenverdächtige oder -helfer getötet.

Darüber hinaus zielten die wirtschaftlichen Ausbeutungspläne der deutschen Führung auf eine radikale Eliminierung der sowjetischen Zivilbevölkerung. Wenn auch mit dem Scheitern des „Blitzkrieges" die Politik des Hungertodes korrigiert wurde, starben im ersten Kriegsjahr Millionen von Menschen an Hunger.

Als „überflüssige Esser" wie auch als mögliche politische Gegner fielen der deutschen Politik im ersten Halbjahr des

Krieges ca. zwei Millionen sowjetische Kriegsgefangene zum Opfer. Eine Behandlung als Kriegsgefangene nach dem Kriegsvölkerrecht wurde ausdrücklich abgelehnt. Bis 1945 starben ca. drei Millionen der 5,7 Millionen sowjetischen Soldaten in deutscher Gefangenschaft.

Im Zentrum der nationalsozialistischen Vernichtungspolitik aber stand der Mord an der jüdischen Bevölkerung. Die Liquidierungsaktionen begannen sofort nach dem Überfall auf die Sowjetunion und wurden in wenigen Wochen auf die gesamte jüdische Bevölkerung ausgedehnt. Insgesamt wurden im Laufe des Krieges über zwei Millionen Juden auf dem Gebiet der besetzten UdSSR ermordet. Sie starben durch Massenerschießungen wie in Babi Yar bei Kiew, durch Vergasung oder aufgrund der unmenschlichen Lebensbedingungen in den Ghettos und Lagern. Die größten Vernichtungslager waren Trostenez in Weißrußland und Jumpravmuiza in Lettland.

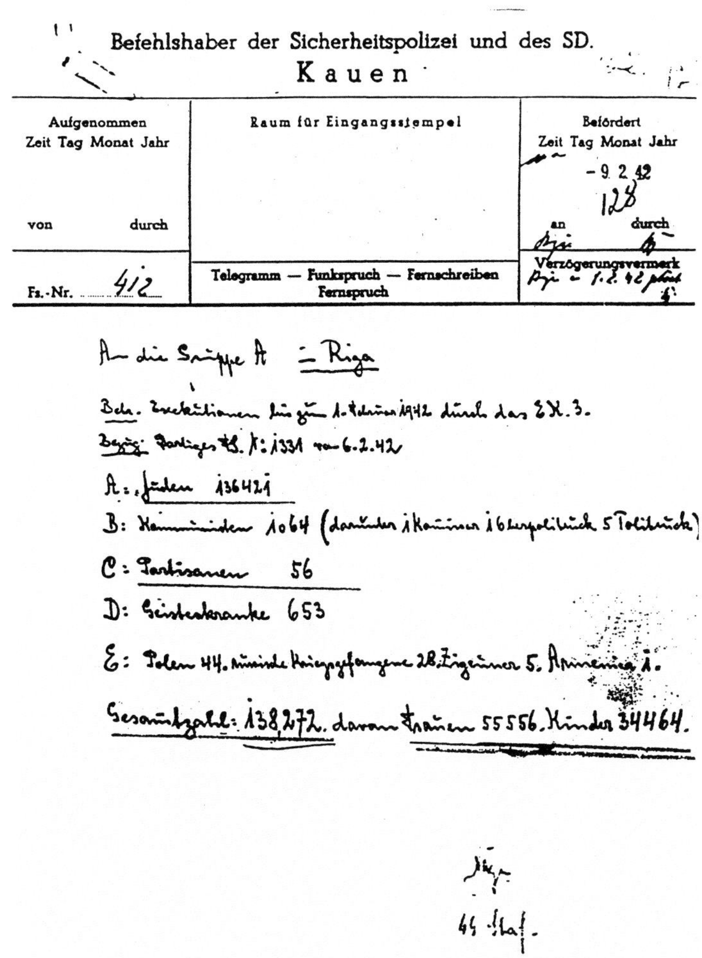

Befehlshaber der Sicherheitspolizei und des SD.
Kauen

Aufgenommen Zeit Tag Monat Jahr	Raum für Eingangsstempel	Befördert Zeit Tag Monat Jahr
von durch		-9.2.42 128 an durch
Fs.-Nr. 412	Telegramm — Funkspruch — Fernschreiben Fernspruch	Verzögerungsvermerk

An die Gruppe A = Riga

Betr.: Exekutionen bis zum 1. Februar 1942 durch das EK. 3.
Bezug: Dortiges FS. Nr.: 1331 vom 6.2.42

A: Juden 136421
B: Kommunisten 1064 (darunter 1 Kommissar 1 Unterpolitruk 5 Politruck)
C: Partisanen 56
D: Geisteskranke 653
E: Polen 44. russische Kriegsgefangene 28. Zigeuner 5. Armenier 1.
Gesamtzahl: 138272. davon Frauen 55556. Kinder 34464.

Jäger
SS-Staf.

7.2 Funkspruch des Befehlshabers der Sicherheitspolizei und des SD in Kowno, Jäger, vom 9. Februar 1942 über die Anzahl von „Exekutionen" durch das Einsatzkommando 3.

7.3 Himmler besichtigt ein Kriegsgefangenenlager in Minsk, August 1941.

7.4 Sammellager für sowjetische Zivilisten bei Baranowitschi, 1941.

7.5, 7.6 Jüdische Bewohner auf dem Weg in das Ghetto von Minsk, Sommer 1941.

7.7 Massenexekution an 2 800 lettischen Juden am Skede-Strand bei Liepaja, 15. bis 17.12.1941.

Zwischen dem 15. und 17.12.1941 wurden 2 800 Juden aus Liepaja am Skede-Strand von deutschen SS-Angehörigen und litauischen Hilfspolizisten erschossen.

7.8 Auszug aus dem Einsatzbefehl Nr. 8 des Chefs der Sicherheitspolizei und des SD vom 17.7.1941 über die sicherheitspolizeilichen Maßnahmen in den Kriegsgefangenenlagern.

141

Der Chef der Sicherheitspolizei
und des SD

21 B/41 g Rs. IV A 1 c

Berlin, den 17. Juli 1941

Geheime Reichssache!

250 Ausfertigungen
161 Ausfertigung

Geheime Staatspolizei
Staatspolizeistelle Aachen
6. Sep. 1941

Einsatzbefehl Nr. 8

13/41 g. Rs.

Betr.: Richtlinien für die in die Stalags und Dulags abzustellenden Kommandos des Chefs der Sicherheitspolizei und des SD.

Anlg.: 2 geheftete Anlagen 1 und 2,
1 lose Anlage.

In der Anlage übersende ich Richtlinien über die Säuberung der Gefangenenlager, in denen Sowjetrussen untergebracht sind. Diese Richtlinien sind im Einvernehmen mit dem OKW - Abteilung Kriegsgefangene - (s.Anl. 1) ausgearbeitet worden. Die Kommandeure der Kriegsgefangenen- und Durchgangslager (Stalags und Dulags) sind seitens des OKW. verständigt worden.

Anlage 2.

Berlin, den 17. Juli 1941

Richtlinien

für die in die Stalags abzustellenden Kommandos des Chefs der Sicherheitspolizei und des SD.

- - -

Die Abstellung der Kommandos erfolgt nach der Vereinbarung zwischen dem Chef der Sicherheitspolizei und des SD. und dem OKW. vom 16.7.41 (siehe Anlage 1).

Die Kommandos arbeiten aufgrund besonderer Ermächtigung und gemäß der ihnen erteilten allgemeinen Richtlinien im Rahmen der Lagerordnung selbständig. Es ist selbstverständlich, daß die Kommandos mit dem Lagerkommandanten und dem ihm zugeteilten Abwehroffizier engste Fühlung halten.

Aufgabe der Kommandos ist die politische Überprüfung aller Lagerinsassen und die Aussonderung und weitere Behandlung

a) der in politischer, krimineller oder in sonstiger Hinsicht untragbaren Elemente unter diesen,

b) jener Personen, die für den Wiederaufbau der besetzten Gebiete verwendet werden können.

Vor allem gilt es ausfindig zu machen:
alle bedeutenden Funktionäre des Staates und der Partei, insbesondere

Berufsrevolutionäre,

die Funktionäre der Komintern,

alle maßgebenden Parteifunktionäre der KPdSU. und ihrer Nebenorganisationen in den Zentralkomitees, den Gau- und Gebietskomitees,

alle Volkskommissare und ihre Stellvertreter,

alle ehemaligen Polit-Kommissare in der Roten Armee,

die leitenden Persönlichkeiten der Zentral- und Mittelinstanzen bei den staatlichen Behörden,

die führenden Persönlichkeiten des Wirtschaftslebens,

die sowjetrussischen Intelligenzler,

alle Juden,

alle Personen, die als Aufwiegler oder fanatische Kommunisten festgestellt werden.

Nicht minder wichtig sind, wie bereits erwähnt, die Feststellungen jener Personen, die für den Neuaufbau, die Verwaltung und Bewirtschaftung der eroberten russischen Gebiete Verwendung finden können.

7.9 Grabungsfunde auf dem Gelände des ehemaligen Todeslagers Maly Trostenez.

Es handelt sich um persönliche Alltags- und Erinnerungsstücke von Menschen, die in das Vernichtungslager Trostenez deportiert worden waren. Die Gegenstände waren von der Lagerverwaltung weggeworfen worden, da sie nicht zur weiteren Verwendung verwertet wurden. 1991 sind sie bei Ausgrabungsarbeiten gefunden worden.

7.10 Warteschlangen bei der Essensausgabe im Kriegsgefangenenlager von Uman, 14.8.1941.

7.11 Gefangene sowjetische Soldatin, 1941–1943.

Sowjetische Soldatinnen wurden in der deutschen Propaganda als „Flintenweiber" bezeichnet und als besonders gefährlich und heimtückisch dargestellt.

7.14 Strafmaßnahmen im Kriegsgefangenenlager Stalag 312 bei Chelm, Spätsommer oder Herbst 1941.

7.12 Gefangene werden gezwungen, vor ihrer Exekution durch Angehörige der Einsatzgruppen ihre eigenen Gräber auszuheben, 1941.

7.13 Exekution von Gefangenen, o. Datierung.

8.1 Sowjetische Flüchtlinge, Sommer 1941.

Etwa zehn Millionen Menschen wurden 1941 aus den westlichen Gebieten evakuiert oder zogen selbständig nach Osten.

Zu den wesentlichen Merkmalen des Krieges gegen die Sowjetunion zählte von Anfang an die Aufhebung der traditionellen Schutzbestimmungen für Zivilisten. Der Kampf wurde nicht allein ohne Rücksicht auf die Zivilbevölkerung geführt, teilweise war sie auch Objekt der militärischen Aktion. Nach der Besetzung des Landes wurde sie zum Opfer einer politischen Hungerstrategie. Durch den sowjetischen Aufruf zum Partisanenkampf ist die Ausweitung der Kriegshandlungen auf Zivilisten noch gefördert worden.

Auch außerhalb des Front- und Besatzungsgebietes forderte der Krieg unter den Zivilisten zahlreiche Opfer. 13 Millionen Menschen flüchteten aus den besetzten Gebieten in das sowjetische Hinterland. Das Ziel, im Hinterland eine moderne Rüstungsindustrie in Gang zu halten, konnte angesichts der schwierigen Versorgungslage nur unter enormen Opfern der Zivilbevölkerung erreicht werden. Während sich die Rüstungsproduktion zwischen 1940 und 1944 fast verdreifachte, sank die Landwirtschaftsproduktion aufgrund der Gebietsverluste zwischen 1940 und 1942 auf 40 Prozent.

Eine genaue Zahl der im Krieg umgekommenen Zivilisten ist nicht zu ermitteln, sie ist aber auf mehr als 15 Millionen Tote zu schätzen. Viele starben durch direkte Kriegseinwirkung, sehr viel mehr noch durch Hunger und Erschöpfung.

8.2 Opfer werden nach einem Artillerieangriff abtransportiert, Leningrad 1941

Leningrad war vom September 1941 bis zum Januar 1944 von deutschen und finnischen Truppen eingeschlossen. Die Versorgung der Bevölkerung war bis zum Januar 1943 nur über den Ladogasee möglich, dann wurde eine schmale Landverbindung freigekämpft.

Während der Belagerung starben trotz Evakuierung eines Teils der Einwohner 18 000 Menschen durch Bomben- und Artillerieangriffe, mehr als 800 000 Menschen verhungerten. Die deutsche Planung des Jahres 1941 sah für Leningrad nach der erwarteten Kapitulation die vollständige Vernichtung der Stadt vor. Das schloß auch die zwei bis drei Millionen Einwohner ein, die den Winter über in der Stadt ohne Versorgung bleiben sollten. Die wenigen Überlebenden sollten im Frühjahr 1942 abziehen, danach wäre die Stadt von der Landkarte verschwunden. Derartige Vernichtungspläne, die ähnlich auch für Moskau vorgesehen waren, richteten sich zum einen gegen Orte, die als Zentren des „Bolschewismus" und des „Moskowitertums" (Hitler) galten. Daneben sollten auch andere Siedlungszentren verschwinden, die mit Lebensmitteln aus der Ukraine versorgt wurden. Die Lebensmittel, die man durch die Vernichtung oder Vertreibung der russischen Bevölkerung gewonnen hätte, waren für das Deutsche Reich vorgesehen. Insbesondere im ersten Kriegswinter ist in den besetzten Gebieten eine nie genau registrierte, aber Millionen zählende Anzahl von Menschen verhungert.

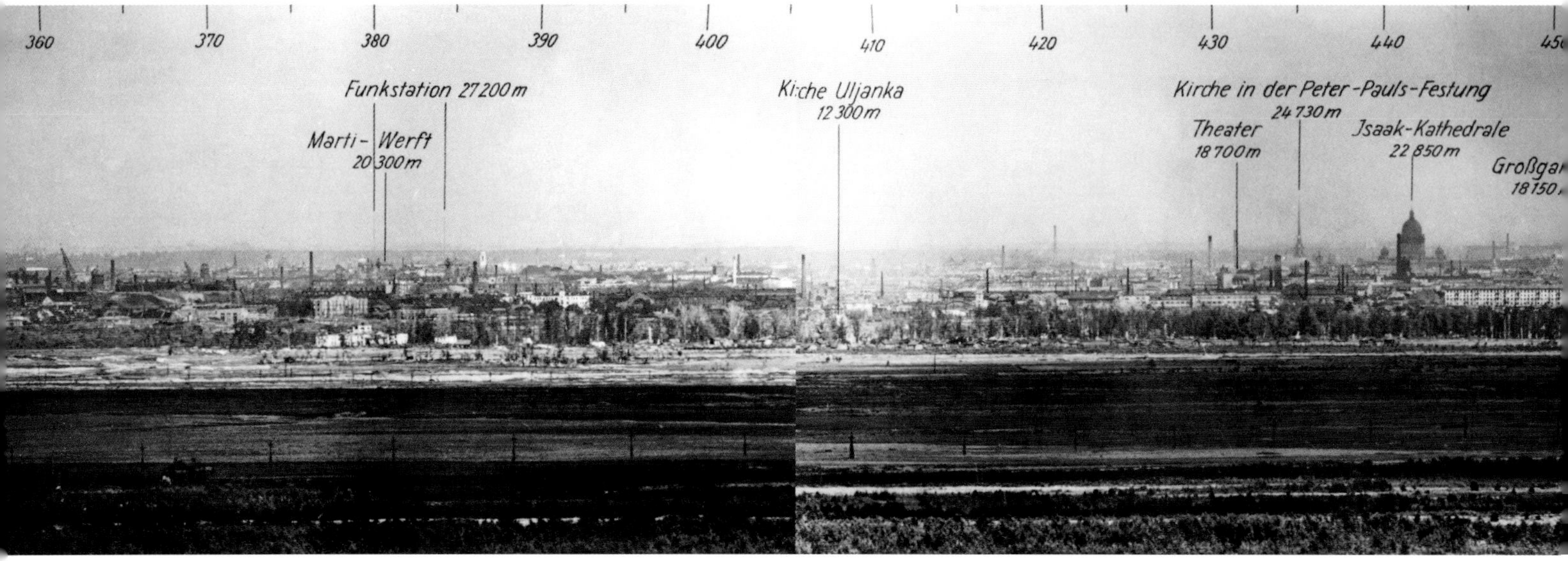

8.3 Aufnahmen Leningrads durch ein Scherenfernrohr der Artillerie mit Zielpunktmarkierungen, 1941/42.

8.4 Luftaufnahme Leningrads durch deutsche Luftaufklärung, 1939/40.

Zur Kriegsvorbereitung waren schon frühzeitig durch hochfliegende Aufklärungsflugzeuge wichtige militärische Ziele aufgenommen worden.

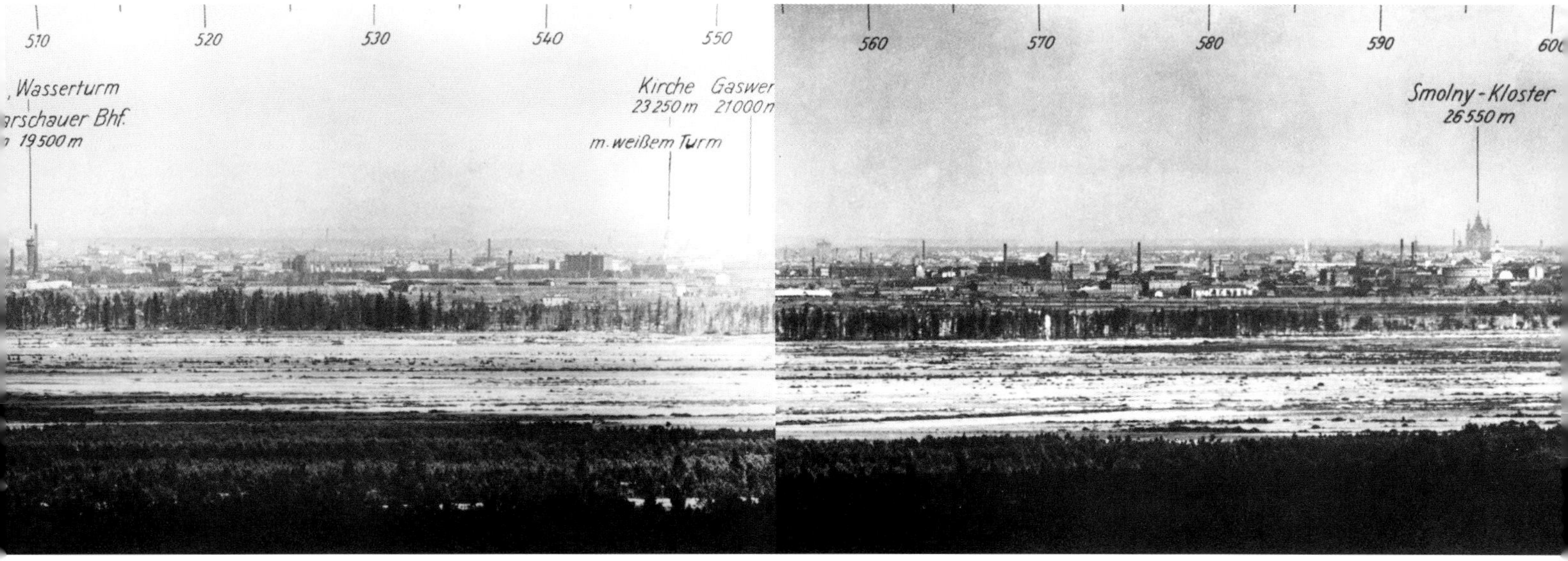

8.5 Schwere deutsche Artillerie vor Leningrad, 1941.

8.6 Auszüge aus dem Kriegstagebuch des Oberquartiermeisters der 18. Armee, Oktober/November 1941.

2

Kriegstagebuch Nr. 8(II)

A.O.K. 18 Oberquartiermeister-Abteilung
(Kommandobehörde, Truppenteil)

Begonnen: 20. Juni 1941 Abgeschlossen: 31. Dezember 1941

Die 18. Armee unterstand*)

von 20.6.1941 bis 31.12.1941 dem Heeresgruppe Nord

von bis dem

von bis dem

(Name und Dienstgrad)

Das Kriegstagebuch wurde geführt von 20.6.41 bis 31.12.41 durch Hptm. v. Cleve

von bis durch

von bis durch

*) Diese Eintragungen müssen die jeweiligen Unterstellungsverhältnisse klar erkennen lassen. Besonders wichtig für Artillerie, Panzerverbände, Pionierformationen usw.

O16. Hugo Bönicke, Berlin W 62.

Tag Uhrzeit Ort und Art der Unterkunft	Darstellung der Ereignisse (Dabei wichtig: Beurteilung der Lage (Feind- und eigene), Eingangs- u. Abgangs-Zeiten von Meldungen und Befehlen)
3 noch 3.10.	
19.30 Uhr	Anruf Chef XXXVIII.A.K.. Was ist für die Versorgung der Zivilbevölkerung, die zu hungern anfängt, getan? Anwort: Gen.Qu. hat für Petersburg alle vorbereitenden Maßnahmen zur Versorgung der Zivilbevölkerung abgelehnt. Jeder Verpfl.-Zug aus der Heimat verknappt dort die Lebensmittel. Besser ist unsere Angehörigen haben etwas und die Russen hungern. Auch Zuführung von Lebensmitteln z.B. aus der Ukraine ist gesperrt.
23.30 Uhr	Beurteilung der Versorgungslage siehe Tagesmeldung. Bes. Anordn. Nr. 103 wurden herausgegeben.

Tag Uhrzeit Ort und Art der Unterkunft	Darstellung der Ereignisse (Dabei wichtig: Beurteilung der Lage (Feind- und eigene), Eingangs- u. Abgangs-Zeiten von Meldungen und Befehlen)
14.11.1941	
10.30 Uhr	Abfahrt O.Qu. zu Ib 212.Div.
	Auf den Straßen nur ganz vereinzelte Flüchtlinge, selten mit bespannten Schlitten, meist mit Säcken auf dem Rücken und Handschlitten.
12.45 Uhr	Eintreffen O.Qu. bei Ib 212.Div.
	a) Rauhfutterschwierigkeiten z.Zt. behoben, trotzdem haben Pferde sehr gelitten. Da Div. keine Bestände, bevorzugte Belieferung durch A.O.K.
	b) Erwünscht ist für 212.Div. Ausladebahnhof Strelna. Einsatz von Schienenschlepper zwischen Krasnoje Selo und Strelna wird geprüft, voraussichtlich aber nicht verfügbar.
	c) Kartoffeln bis jetzt gut angekommen, da gut verpackt.
	d) Kfz.-Lage gut, Reifen 60%.
	e) Truppe muß stets einsatzbereit bleiben, nicht ganze Formationen, wie beantragt zur General-Überholung, nur Einzelfahrzeuge.
	f) Ersatzteilbeschaffung für ausl.Kfz. durch Abstellung eines Verb.Offz. in's Zel. Warschau geregelt.
	g) Beleuchtung knapp.
	h) Stacheldraht dringend notwendig, da Finnen-Busen zugefroren und hier eine Front entsteht, über die vor allen Zivilisten herüber kommen.
	i) Abwehr der Flüchtlinge aus Oranienbaum und Pe-

Tag Uhrzeit Ort und Art der Unterkunft	Darstellung der Ereignisse (Dabei wichtig: Beurteilung der Lage (Feind- und eigene), Eingangs- u. Abgangs-Zeiten von Meldungen und Befehlen)
noch 14.11.	tersburg durch Feuer notwendig (auf weite Entfernung), da Ernährung nicht in Frage kommt. Im Frage steht nur wo, nicht ob, Zivilisten verhungern.
	k) Amerika propagandistisch für Ernährung Petersburger Bevölkerung im Falle Kapitulation einschalten?
14.00 Uhr	O.Qu. bei Kdr. 212.Div.
	Es wurden z. Teil dieselben Fragen wie mit Ib besprochen.
18.00 Uhr	Rückkehr O.Qu. nach Siwerskaja.
23.00 Uhr	Beurteilung der Versorgungslage wie Tagesmeldung.
	Bes. Anordn. Nr. 144 wurden herausgegeben.

8.7 Brotwaage aus Leningrad, 1941–1944.

Im November und Dezember 1941 waren für die Teile der Bevölkerung, die ohne Zuschläge auskommen mußten, pro Tag 125 g Brot vorgesehen, für Arbeiter das Doppelte. Andere Lebensmittel wurden nur in kleinster Menge zugeteilt.
Ab Januar 1942 wurden 200 g Brot (für Arbeiter 350 g) zugeteilt.

8.8 Transport eines Toten zum Friedhof, Leningrad, März/April 1942.

Im Winter wurde die Bestattung der großen Zahl von Toten in der gefrorenen Erde weitgehend eingestellt.
Die Verhungerten wurden auf den Friedhöfen, in Krankenhäusern oder in ungeheizten Wohnungen gelagert.
Mit Beginn des Tauwetters mußten die Toten zur Beerdigung gebracht werden.

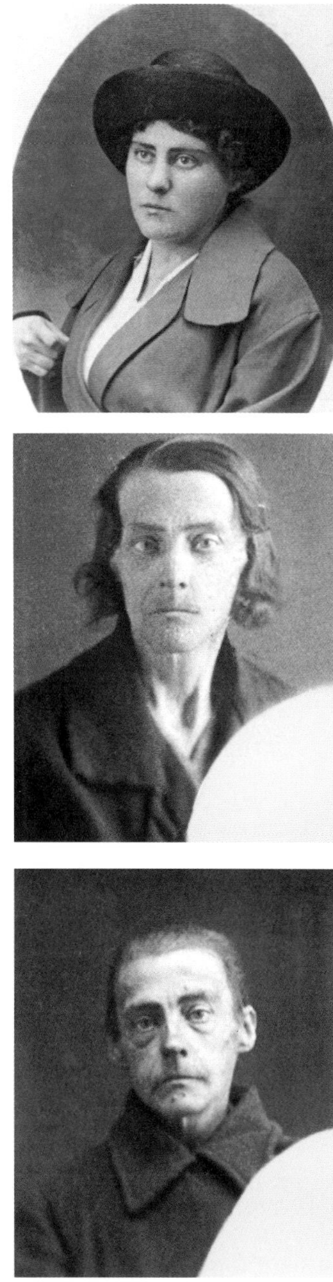

8.10 Drei Paßfotos von Nina Petrowa aus Leningrad: Mai 1941, Mai 1942, Oktober 1942.

8.9 Massengrab auf einem Leningrader Friedhof, April/Mai 1942.

8.11 „Hitler Befreier" Propagandaplakat der deutschen Besatzungsverwaltung in russischer Sprache.

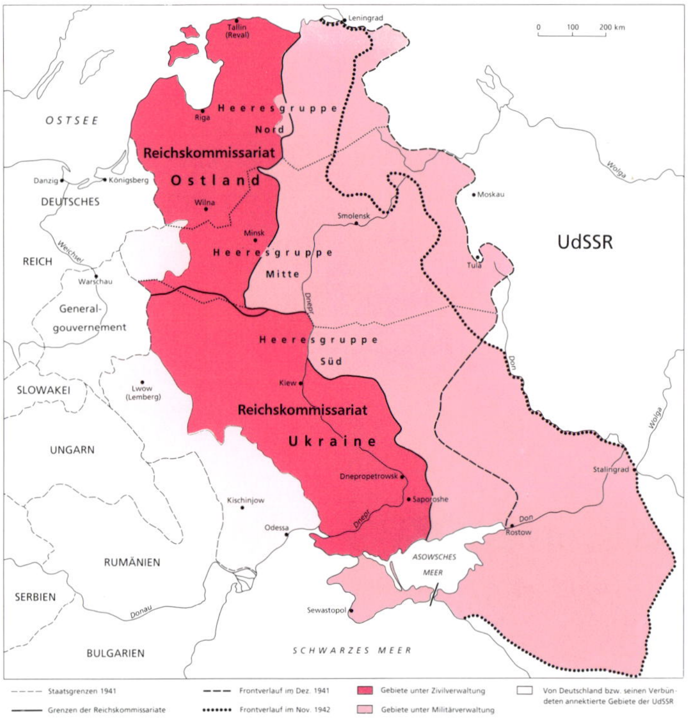

8.12 Militär- und Zivilverwaltungsgebiete in der besetzten Sowjetunion, 1941/42.

Das deutsche Besatzungsregime in der UdSSR war in verschiedene Verwaltungseinheiten unterteilt. Die Operationsgebiete des Heeres unterstanden der Militärverwaltung, die „gesicherten" Gebiete wurden der Zivilverwaltung übergeben. Sonderregelungen existierten für den Wirtschaftsbereich unter Leitung des Beauftragten für den Vierjahresplan, Hermann Göring, sowie für die „polizeiliche Sicherung", die dem Reichsführer SS und Chef der Deutschen Polizei, Heinrich Himmler, unterstand.

Die fehlende Kompetenzabgrenzung und die zahlreichen Sonderbefugnisse führten zu ständigen Konflikten zwischen den beteiligten Dienststellen. Das Reichsministerium für die besetzten Ostgebiete unter Leitung von Alfred Rosenberg war nominell die Zentralbehörde der Zivilverwaltung. Das Ministerium konnte sich aber nicht einmal gegenüber seinen Statthaltern vor Ort, den sog. Reichskommissaren Ostland bzw. Ukraine, durchsetzen. In den Machtkämpfen gelang es insbesondere Heinrich Himmler, seinen Herrschaftsbereich immer stärker auszubauen.

Über die Form deutscher Herrschaftspraxis und die politische Zukunft der besetzten Gebiete bestanden auf deutscher Seite unterschiedliche Vorstellungen. Das Spektrum der Entwürfe reichte von einer ‚moderaten' Kolonialpolitik bis hin zu rücksichtsloser Ausbeutungs- und Vernichtungsstrategie. Gemeinsam jedoch war allen Fraktionen die Überzeugung von der Rechtmäßigkeit und Dauerhaftigkeit der deutschen Besatzungsherrschaft in der UdSSR.

8.13 Tuchfabrik im besetzten Gebiet als „Treuhandbetrieb" der Monopolgesellschaft „Ostland-Faser GmbH", o. Datierung.

8.14 Ein deutscher Landwirtschaftsführer erteilt der Dorfbevölkerung Anweisungen zum Arbeitsdienst, Smolensk, Juli 1942.

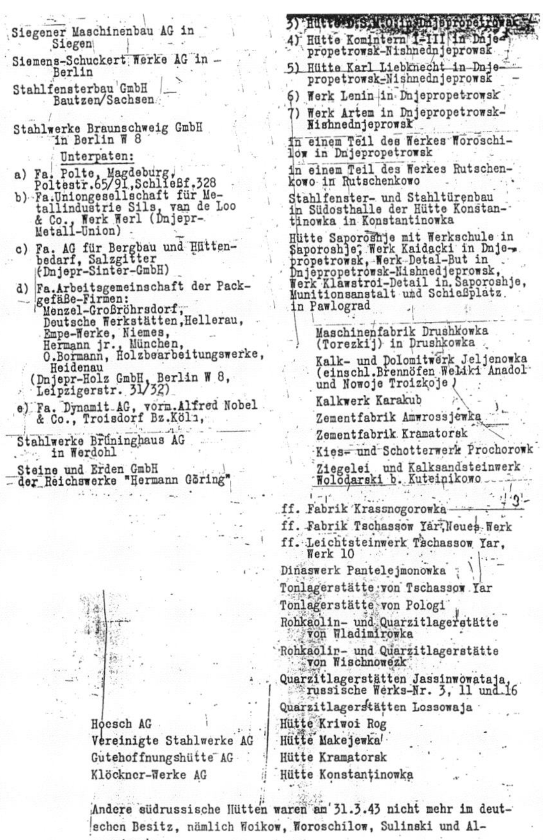

Siegener Maschinenbau AG in Siegen

Siemens-Schuckert Werke AG in Berlin

Stahlfensterbau GmbH Bautzen/Sachsen

Stahlwerke Braunschweig GmbH in Berlin W 8

Unterpaten:

a) Fa. Polte, Magdeburg, Poltestr.65/91, Schließf.328
b) Fa. Uniongesellschaft für Metallindustrie Sils, van de Loo & Co., Werk Werl (Dnjepr-Metall-Union)
c) Fa. AG für Bergbau und Hüttenbedarf, Salzgitter (Dnjepr-Sinter-GmbH)
d) Fa. Arbeitsgemeinschaft der Packgefäße-Firmen: Menzel-Großröhrsdorf, Deutsche Werkstätten, Hellerau, Empe-Werke, Niemes, Hermann jr., München, O. Bormann, Holzbearbeitungswerke, Heidenau (Dnjepr-Holz GmbH, Berlin W 8, Leipzigerstr. 31/32)
e) Fa. Dynamit AG, vorm. Alfred Nobel & Co., Troisdorf Bz. Köln,

Stahlwerke Brüninghaus AG in Werdohl

Steine und Erden GmbH der Reichswerke "Hermann Göring"

Hoesch AG
Vereinigte Stahlwerke AG
Gutehoffnungshütte AG
Klöckner-Werke AG

3) Hütte D.S.M.O. in Dnjepropetrowsk
4) Hütte Komintern I-III in Dnjepropetrowsk-Nishnednjeprowsk
5) Hütte Karl Liebknecht in Dnjepropetrowsk-Nishnednjeprowsk
6) Werk Lenin in Dnjepropetrowsk
7) Werk Artem in Dnjepropetrowsk-Nishnednjeprowsk

in einem Teil des Werkes Woroschilow in Dnjepropetrowsk

in einem Teil des Werkes Rutschenkowo in Rutschenkowo

Stahlfenster- und Stahltürenbau in Südosthalle der Hütte Konstantinowka in Konstantinowka

Hütte Saporoshje mit Werkschule in Saporoshje, Werk Kaidacki in Dnjepropetrowsk, Werk Detal-But in Dnjepropetrowsk-Nishnedjeprowsk, Werk Klawstroi-Detail in Saporoshje, Munitionsanstalt und Schießplatz in Pawlograd

Maschinenfabrik Drushkowka (Torezkij) in Drushkowka

Kalk- und Dolomitwerk Jeljenowka (einschl. Brennöfen Weliki Anadol und Nowoje Troizkoje)

Kalkwerk Karakub

Zementfabrik Amwrossjewka

Zementfabrik Kramatorsk

Kies- und Schotterwerk Prochorowk

Ziegelei und Kalksandsteinwerk Wolodarski b. Kuteinikowo

3

ff. Fabrik Krassnogorowka
ff. Fabrik Tschassow Yar, Neues Werk
ff. Leichtsteinwerk Tschassow Yar, Werk 10
Dinaswerk Pantelejmonowka
Tonlagerstätte von Tschassow Yar
Tonlagerstätte von Pologi
Rohkaolin- und Quarzitlagerstätte von Wladimirowka
Rohkaolin- und Quarzitlagerstätte von Wischnowezk
Quarzitlagerstätten Jassinwowataja, russische Werks-Nr. 3, 11 und 16
Quarzitlagerstätten Lossowaja

Hütte Kriwoi Rog
Hütte Makejewka
Hütte Kramatorsk
Hütte Konstantinowka

Andere südrussische Hütten waren am 31.3.43 nicht mehr im deutschen Besitz, nämlich Woikow, Woroschilow, Sulinski und Almasnjansky.

8.15 Auszug aus einem Verzeichnis deutscher Firmen, die Betriebe der sowjetischen Hüttenindustrie als „Patenbetriebe" übernommen hatten (Stand: März 1943).

8.16 Sowjetische Dorfbewohner nach ihrer Registrierung durch eine deutsche Dienststelle, bei Wjasma, März 1943.

Sowjetische Zivilisten hatten nach ihrer Registrierung Täfelchen mit Registriernummern zu tragen (sog. „birki").

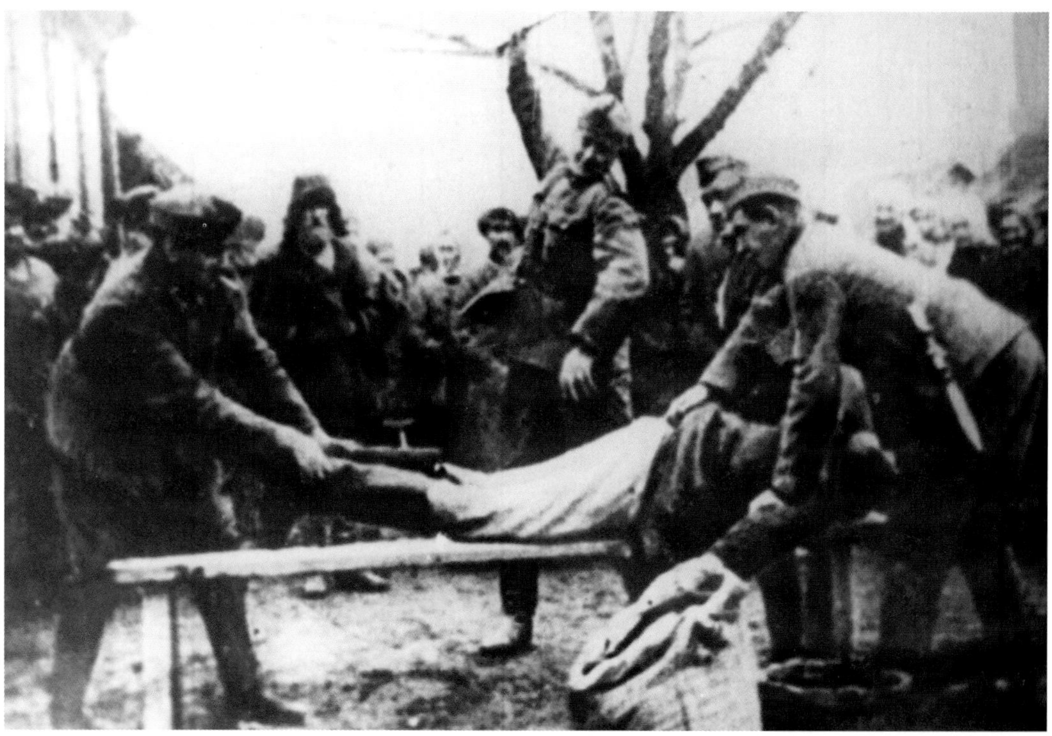

8.17 Prügelstrafe für einen sowjetischen Zivilisten durch deutsche Soldaten, o. Datierung.

Es handelt sich um ein Foto, das bei einem deutschen Soldaten gefunden wurde.

8.18 Amtsblatt des Generalkommissars in Weißruthenien vom 4.9.1943.

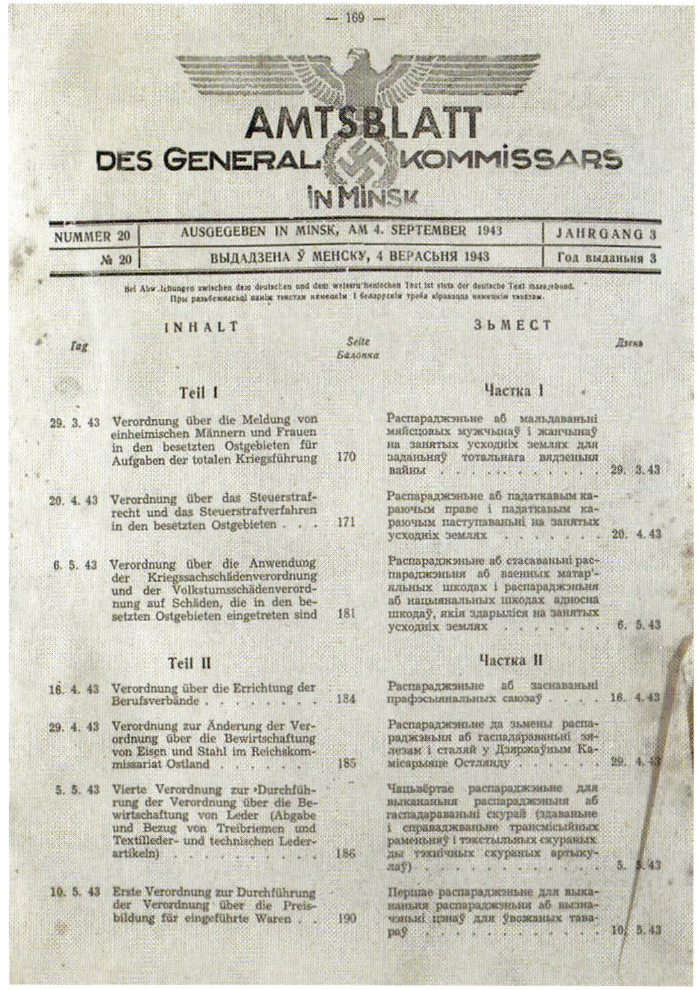

— 169 —

AMTSBLATT DES GENERALKOMMISSARS IN MINSK

NUMMER 20	AUSGEGEBEN IN MINSK, AM 4. SEPTEMBER 1943	JAHRGANG 3
№ 20	ВЫДАДЗЕНА Ў МЕНСКУ, 4 ВЕРАСЬНЯ 1943	Год выданьня 3

Bei Abweichungen zwischen dem deutschen und dem weißruthenischen Text ist stets der deutsche Text maßgebend.
Пры разьбежнасьці паміж тэкстам нямецкім і беларускім трэба кіравацца нямецкім тэкстам.

Tag	INHALT	Seite / Балонка	ЗЬМЕСТ	Дзень
	Teil I		**Частка I**	
29. 3. 43	Verordnung über die Meldung von einheimischen Männern und Frauen in den besetzten Ostgebieten für Aufgaben der totalen Kriegsführung	170	Распараджэньне аб мальдаваньні мяйсцовых мужчынаў і жанчынаў на занятых усходніх землях для заданьняў тотальнага вядзеньня вайны	29. 3. 43
20. 4. 43	Verordnung über das Steuerstrafrecht und das Steuerstrafverfahren in den besetzten Ostgebieten . . .	171	Распараджэньне аб падаткавым караючым праве і падаткавым караючым паступаваньні на занятых усходніх землях	20. 4. 43
6. 5. 43	Verordnung über die Anwendung der Kriegssachschädenverordnung und der Volkstumsschädenverordnung auf Schäden, die in den besetzten Ostgebieten eingetreten sind	181	Распараджэньне аб стасаваньні распараджэньня аб ваенных матар'яльных шкодах і распараджэньня аб нацыянальных шкодах адносна шкодаў, якія здарыліся на занятых усходніх землях	6. 5. 43
	Teil II		**Частка II**	
16. 4. 43	Verordnung über die Errichtung der Berufsverbände	184	Распараджэньне аб заснаваньні прафэсыянальных саюзаў	16. 4. 43
29. 4. 43	Verordnung zur Änderung der Verordnung über die Bewirtschaftung von Eisen und Stahl im Reichskommissariat Ostland	185	Распараджэньне да зьмены распараджэньня аб гаспадараваньні зялезам і сталяй у Дзяржаўным Камісарыяце Остлянду	29. 4. 43
5. 5. 43	Vierte Verordnung zur »Durchführung der Verordnung über die Bewirtschaftung von Leder (Abgabe und Bezug von Treibriemen und Textilleder- und technischen Lederartikeln)	186	Чацьвёртае распараджэньне для выкананьня распараджэньня аб гаспадараваньні скурай (здаваньне і справаджваньне трансмісыйных раменьняў і тэкстыльных скураных ды тэхнічных скураных артыкулаў)	5. 5. 43
10. 5. 43	Erste Verordnung zur Durchführung der Verordnung über die Preisbildung für eingeführte Waren . .	190	Першае распараджэньне для выкананьня распараджэньня аб вызначэньні цэнаў для ўвожаных тавараў	10. 5. 43

8.19 Sowjetische Frauen verladen Steine für den Straßenbau, Ukraine, Juli 1943.

8.20 Planungsskizze für die Innenausstattung eines Speisewagens der Breitspurbahn, 1943.

Für eine Breitspurbahn, deren erster Abschnitt in dem von der nationalsozialistischen Führung geplanten osteuropäischen Kolonialreich von München bis an das Schwarze Meer führen sollte, waren 1942 und 1943 umfassende Pläne ausgearbeitet worden, die selbst schon innenarchitektonische Entwürfe enthielten.

Reichssicherheitshauptamt
Nachrichten-Uebermittlung

Geh. / 227

Aufgenommen: Zeit Tag Monat Jahr — 1138 25. 2. 43
von SFHS durch Her

N.-Ü. Nr. 17

Telegramm — Funkspruch — Fernschreiben
Fernspruch

— KR -- SFHS NR.0579 25.2.43 1138 --

PERSOENLICH - SOFORT --- GEHEIM -

+ RKU ROWNO NR. 2252 25.2.43 --

- AN REICHSFUEHRER- SS --

HEINRICH HIMMLER . -

---- LIEBER HEINRICH . -

-- GRUPPENFUEHRER THOMAS FRAGT MICH IN DEINEM AUFTRAG, WARUM ICH BEIM OSTMINISTER BEDENKEN GEGEN DAS ABBRENNEN VON DOERFERN IM ZUGE DER BANDENBEKAEMPFUNG VORGETRAGEN HAETTE. ICH BIN UEBER DIESE FRAGE ERSTAUNT, WEIL ICH DER POLIZEI NIEMALS DEN VORWURF GEMACHT HABE

6.St. Nr. 120

Reichssicherheitshauptamt
Nachrichten-Uebermittlung

Telegramm — Funkspruch — Fernschreiben
Fernspruch

N.-Ü. Nr.

, DASS SIE IN DEN BANDENVERSEUCHTEN GEBIETEN ZU VIEL DOERFER EVAKUIERT HAT, SONDERN EHER, DASS SIE ZU WENIG GETAN HABEN. ICH BIN FUER EINE VOLLEVAKUIERUNG EINES 50 BIS 100 K M BREITEN STREIFENS BEIDERSEIT DER BAHN BREST- LITOWSK- GOMEL, WEIL DIESE GEBIET AUSSER FORSTWIRTSCHAFTLICHEN INTERESSEN FUER MICH KEINERLEI BEDEUTUNG HAT.

BESTEN GRUSS UND HEIL HITLER

DEIN ERICH KOCH . --

8.21 Auszug aus einem Telegramm des Reichskommissars für die Ukraine, Erich Koch, an Reichsführer SS Himmler vom 25.2.1943 über das „Abbrennen von Dörfern im Zuge der Bandenbekämpfung".

8.22/8.23 Erhängte Partisanen, 1941 bis 1944.

Zur Abschreckung wurden Partisanen wie auch Unterstützer von Partisanen öffentlich aufgehängt und mit einem Schild um den Hals „Wir haben auf Deutsche geschossen", „Ich habe Partisanen unterstützt" hängengelassen.

8.24 Gefangennahme sowjetischer Partisanenverdächtiger, o. Datierung.

8.25 Sprengung eines Dorfes in partisanenverdächtigem Gebiet, Weißrußland, 1944.

Hunderttausende sowjetische Bürger standen im Dienst der deutschen Besatzungsmacht. Sie verrichteten Tätigkeiten für deutsche Verwaltungsstellen, für Wirtschaftsbetriebe oder die Reichsbahn. Man versuchte, sich mit dem Besatzungsregime zu arrangieren und das eigene Überleben unter den Zwängen des Kriegs- und Besatzungsalltags zu sichern.

Eine besondere Stellung nahm der Dienst in den bewaffneten Verbänden der Wehrmacht sowie der SS und der Polizei ein. 800 000 bis eine Million Bewohner der Sowjetunion dienten in Einheiten der Wehrmacht, ca. 200 000 waren im Polizeidienst tätig.

Für die sowjetischen Kriegsgefangenen war der Dienst als „Hilfswilliger" („Hiwi") in der Wehrmacht weniger ein politisches Bekenntnis als vielmehr eine Möglichkeit, den katastrophalen Bedingungen in den Gefangenenlagern zu entkommen.

In aktive Kooperation eingebunden waren die sog. Osttruppen. Sie waren nach Nationalitäten gegliedert und wurden insbesondere bei der Partisanenbekämpfung eingesetzt. Politisches Einverständnis und bewußte Kollaboration mit der NS-Führung bedeutete die Mitarbeit bei SS und Polizei. An den Massenmorden der Einsatzgruppen waren in hohem Maße einheimische „Schutzverbände" beteiligt.

8.26 Lettisches SS-Bataillon im Einsatz beim Kampf gegen Partisanen, Mai 1944.

Vor allem in den westlichen, erst 1939/40 annektierten Gebieten der UdSSR fand die deutsche Besatzung zunächst Zustimmung und Unterstützung. Eine wesentliche Rolle spielten dabei antisemitische und antikommunistische Traditionen. Die deutsche Führung lehnte jedoch eine engere Zusammenarbeit mit einheimischen Kräften ab. Erst angesichts der sich abzeichnenden Niederlage versuchte man, verstärkt auf kollaborationsbereite Kräfte zurückzugreifen. Die Ende 1944 unter dem ehemaligen sowjetischen General Wlassow aufgestellte „Russische Befreiungsarmee" war ein Ausdruck dieses halbherzigen Kurswechsels.

8.27 Vereidigung von 25 Hilfswilligen bei einer Luftwaffenkompanie, Utorgosch, 26.9.1943.

Ein Teil der „Freiwilligen" ist, laut Tagebuchaufzeichnungen des Fotografen, in der folgenden Nacht zu den Partisanen geflohen.

8.28 Einheimischer Ordnungsdienst auf dem Weg zum Ernteschutz, o. O., August 1942.

Haus
1

8.29 Flugblatt der „Russischen Befreiungsarmee" (ROA), Mai 1943.

За Россию, против Сталина и против большевизма!

РУССКИЕ ЛЮДИ, БРАТЬЯ и СЕСТРЫ!

Защищая Сталина и его клику, Вы никогда не добьетесь освобождения Родины от колхозов и рабского труда. Вы никогда не добьетесь свободы слова, печати, свободы собраний, совести, религии, а вместе с этим не получите спокойной жизни и уверенности в завтрашнем дне.

Вожди большевизма заставили нас четверть века работать в поте лица на вооружение и подготовку войны за мировую революцыю. Нам без конца говорили, что стоит лишь нам перейти границы СССР, как трудящиеся всего мира восстанут против своих правительств и присоединятся к большевикам.

Теперь же вы видите, что все народы Европы идут войной против большевизма.

Почему же получилось не так, как говорили большевики?

8.30 Ärmelabzeichen der „Russischen Befreiungsarmee" (ROA) sowie georgischer und aserbaidschanischer Freiwilligenverbände, 1943/44.

8.31 General Wlassow nimmt den Vorbeimarsch russischer Freiwilliger ab, Ende 1944.

General Wlassow war im Juli 1942 in deutsche Kriegsgefangenschaft geraten. Er zeigte sich zur Zusammenarbeit mit deutschen Dienststellen bereit, gelangte aber über eine propagandistische Funktion nicht hinaus. Im Mai 1945 geriet er zunächst in amerikanische Gefangenschaft, wurde dann an die Sowjetunion ausgeliefert und am 1.8.1946 in Moskau hingerichtet.

8.32 Fahnenabordnung einer Tscherkessen-Schwadron, 29.12.1942.

Wenige Tage nach dem deutschen Überfall rief Stalin die sowjetische Bevölkerung zum Partisanenkrieg auf. Sein Appell fand zunächst eher geringe Resonanz, doch durch die Erfahrung der deutschen Besatzungspolitik wuchs der Widerstand an. Selbst in den baltischen und westukrainischen Gebieten, in denen der Einmarsch der deutschen Truppen anfangs auf ein positives Echo getroffen war, wuchs die Partisanenbewegung an. Die Schätzungen für das gesamte besetzte Territorium belaufen sich auf ca. 280 000 aktive Partisanen sowie 700 000 bis 1,3 Mio. Partisanenhelfer.

Die Aktionen der Partisanen waren vor allem gegen die deutschen Versorgungseinrichtungen und Transportwege gerichtet. Zur Koordinierung der Widerstandsaktionen wurde im Mai 1942 der „Zentrale Stab der Partisanenbewegung" geschaffen, dessen Leitung der Vorsitzende der KP Weißrußlands, Ponomarenko, übernahm.

Der aktive Partisanenkampf war für die Integration der sowjetischen Gesellschaft im Krieg von großer Bedeutung. Mit seiner Hilfe sollte das Bewußtsein des einheitlichen Volkskampfes unter Führung der Partei gestützt werden. Neben der zentral organisierten Widerstandsbewegung existierten aber auch zahlreiche selbständige Partisanengruppen, die zum Teil an zwei Fronten kämpften: gegen die deutsche und gegen die sowjetische Seite.

8.33 Mitglieder des Stabes des Sumyer Partisanenverbandes (Kowpak, Rudnew, Korotschenko, Korenew u.a.), o. Datierung.

Der Kommandeur einer ukrainischen Partisanenbrigade Kowpak gehörte zu den bekanntesten Partisanenführern in der UdSSR.

8.34 Mitglieder der Partisanenbrigade „Shelesnjak" erbeuten ein Feindfahrzeug, Weißrußland, 1942–1944.

8.35 Partisanen durchqueren einen Fluß, Weißrußland, 1941–44.

8.36 Partisaninnen bei der Essenszubereitung, 1943.

8.37 Fahne der Partisananbrigade „Burjevestnik" (Sturmvogel), 1944.

Die Brigade war im Dezember 1943 durch den Zusammenschluß von vier Abteilungen geschaffen worden und umfaßte ca. 330 Mitglieder. Sie kämpfte im Raum Minsk.

8.38 Werkzeug und Waffenteil einer weißrussischen Partisanen-werkstatt – Flugblatt der Partisanen für die Bevölkerung.

8.39 Erschießung eines Kollaborateurs durch Partisanen, o. Datierung.

8.40 Feldbestellung, Frühling 1942.

Durch die Einziehung der wehrfähigen Männer, die staatliche Requirierung von Zugvieh und Motorfahrzeugen wurde die Landwirtschaft teilweise auf primitivste Formen zurückgeworfen. Im Vergleich zu 1940 war die landwirtschaftliche Produktion 1942, auch aufgrund der großen Landverluste, auf weniger als 40 Prozent zurückgegangen.

8.41 In der Schuhwerkstatt des Industriekombinates von Rissew, 25.1.1945.

Die Mehrheit der industriellen Arbeitskräfte wurde von Frauen gestellt.

Die sowjetische Bevölkerung ist auch in den Gebieten, die nicht unter Kriegshandlungen und Besatzungsherrschaft zu leiden hatten, von den Härten dieses Krieges getroffen worden. Mehr als zwölf Millionen Flüchtlinge und Evakuierte mußten irgendeine Unterkunft finden, die Versorgung mußte mit einer zeitweise halbierten Landwirtschaftsproduktion geleistet werden, die Arbeitsplätze der Männer mußten von Frauen und Halbwüchsigen ausgefüllt werden, bei gleichzeitig steigenden Forderungen an die Kriegsproduktion. Die Versorgungslage der Zivilbevölkerung im Hinterland wies große Unterschiede auf, da die Zuteilung von Lebensmitteln abhängig war von Arbeitsplatz und Normerfüllung. Auch im sowjetischen Hinterland, insbesondere unter den Evakuierten, gab es zahlreiche Fälle von Tod durch Hunger und Entkräftung.

Die Bevölkerung hat all diese Lasten auf sich genommen und ist den Forderungen ihrer Führung gefolgt. Zudem verhinderte das stalinistische System jeden Ansatz von Ungehorsam und setzte sich mit Terror gegen echte und vermeintliche Feinde durch. Gleichzeitig wurden vom Staat Konzessionen an Bauern und die orthodoxe Kirche gemacht, die das System ein wenig öffneten. Der Krieg wurde als Sache aller Bürger angesehen. Die Gesellschaft, die in den „Säuberungen" der dreißiger Jahre durch einen ständigen Bürgerkrieg von oben gespalten wurde, erlebte jetzt die Einheit gegen den äußeren Feind.

8.42 Werkhalle in einer Panzerfabrik, 1943.

Die Rüstungsproduktion wurde bis 1944 auf das Dreifache der Produktion von 1940 gesteigert.

8.43 Übergabe eines Zuges als Geschenk Moskauer Arbeiter an die Frontsoldaten, 1942.

Die Losung auf dem Transparent lautet: „Unter dem Banner von Lenin-Stalin vorwärts zum Sieg!". Schenkungen dieser Art wurden der Armee von Fabriken, Kolchosen, Theatern und Kirchengemeinden überreicht. Sie spielten auch eine wichtige Rolle für die Stärkung des Zusammengehörigkeitsgefühls in der sowjetischen Gesellschaft.

9.1.1 Eisenbahntransport mit sowjetischen Kriegsgefangenen nach Deutschland, Ende August 1941.

Zu Anfang des Krieges zeigte sich die nationalsozialistische Führung aus ideologischen und wirtschaftlichen Gründen an einem Überleben der sowjetischen Kriegsgefangenen nicht interessiert. Als der „Blitzkrieg" jedoch scheiterte und die deutsche Wirtschaft sich auf eine längere Kriegführung umstellen mußte, erhielten die sowjetischen Gefangenen als Arbeitskräfte einen Wert.

Im Spätherbst 1941 wurde der Einsatz sowjetischer Kriegsgefangener wie auch Zivilarbeiter in der deutschen Industrie und Landwirtschaft genehmigt. Im Zuge des sog. „Russeneinsatzes" wurden von Ende 1941 bis zum Spätsommer 1944 630 000 sowjetische Kriegsgefangene und 2,8 Millionen zivile Arbeitskräfte nach Deutschland gebracht.

Die deutsche Wirtschaftspolitik suchte mit dem Einsatz sowjetischer Arbeitskräfte ein Maximum an Arbeitsleistung bei minimalem Kostenaufwand zu erreichen. Die sowjetischen Kriegsgefangenen und Zwangsarbeiter wurden zu ersetzbarem Menschenmaterial reduziert. Rassen- und sicherheitspolitische Vorbehalte bestimmten die Politik gegenüber den sowjetischen Zwangsarbeitern in hohem Maße und behinderten selbst geringfügige Verbesserungen in der Versorgung.

Dieser Politik fielen insbesondere die sowjetischen Kriegsgefangenen im Deutschen Reich zum Opfer. Zehntausende von ihnen starben an Hunger, Entkräftung oder Fleckfieber. Die sowjetischen Zivilarbeiter – über 50 Prozent waren junge Frauen im Alter von 17 bis 22 Jahren – kamen zumeist infolge rücksichtsloser Zwangsrekrutierungen ins Reichsgebiet. Ihre Lebensbedingungen hingen weitgehend von Arbeitsort und

Arbeitgeber ab. Die Zwangsarbeiter aus der Sowjetunion waren durch besondere Abzeichen („OST") gekennzeichnet und in ihrer Lebensführung restriktiven Vorschriften unterworfen.

Sowjetische Kriegsgefangene und Zwangsarbeiter hatten auch nach Kriegsende noch unter ihrem Schicksal zu leiden. Ehemalige Kriegsgefangene sahen sich dem pauschalen Vorwurf der Kollaboration ausgesetzt und mußten häufig längere Zeit Strafdienst in Arbeitsbataillonen der Armee leisten. Auch die Zwangsarbeiter wurden bei ihrer Rückkehr in die Sowjetunion mit Mißtrauen konfrontiert und erhielten keinerlei Entschädigung oder Pension. Erst in der zweiten Hälfte der achtziger Jahre setzte in der Sowjetunion allmählich eine offenere Diskussion dieser Frage ein.

9.1.2 – 9.1.4 Sowjetische Kriegsgefangene im Stalag XD/310 Wietzendorf, 1941/42.

Die Kriegsgefangenenlager in der Lüneburger Heide (Wietzendorf, Bergen-Belsen und Oerbke) waren auf ehemaligen Truppenübungsplätzen untergebracht.
Die Lebensbedingungen waren katastrophal. Bis zum Februar 1942 starben 90 Prozent der Gefangenen.

9.1.5 Kriegsgefangenenlager Oerbke, Niedersachsen.

Der eingezäunte Platz im Vordergrund war zur Sammlung von Kriegsgefangenen vorgesehen, die in ein Konzentrationslager überwiesen wurden.

Kiew-Hbf

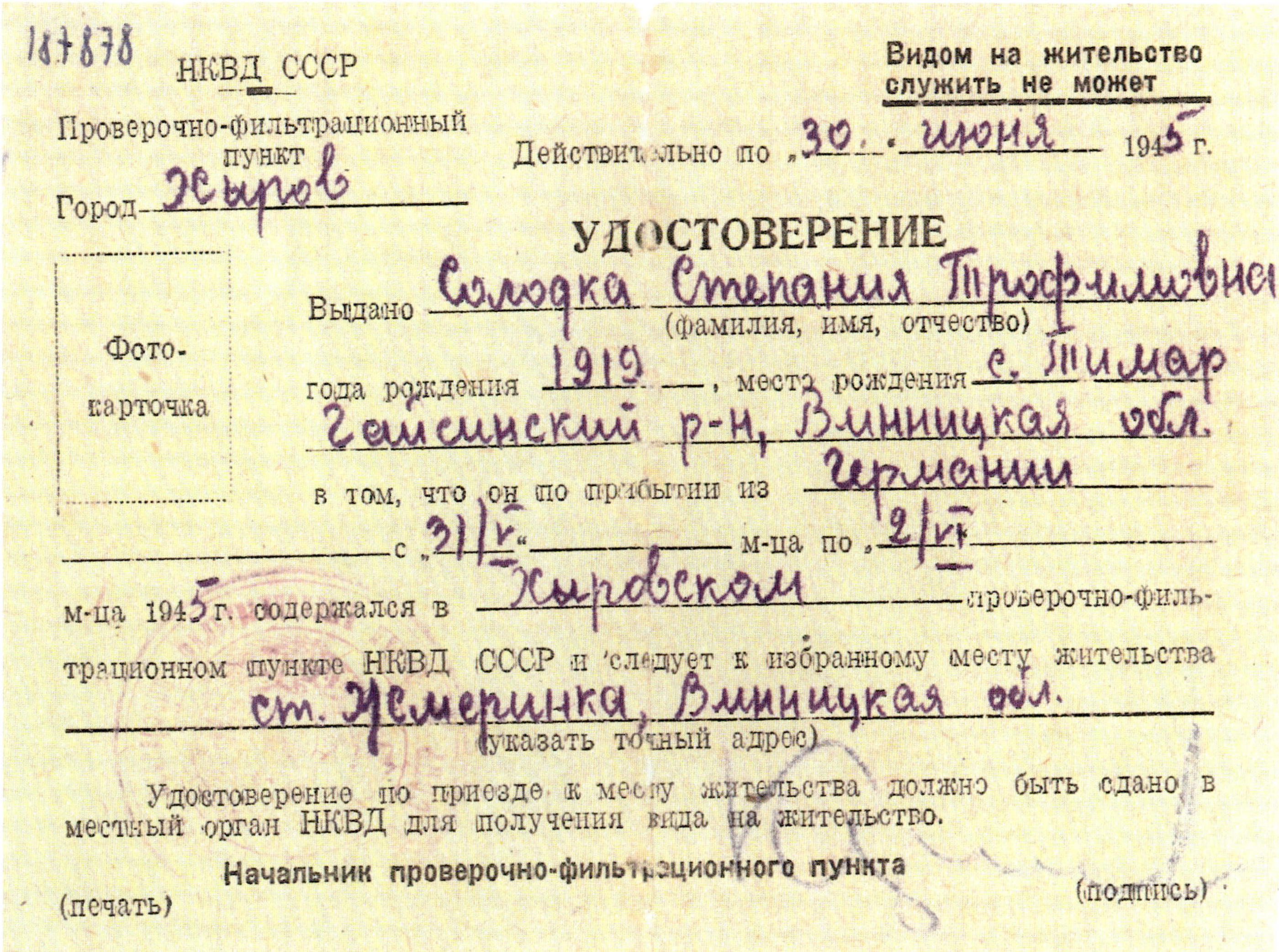

187878

НКВД СССР

Видом на жительство служить не может

Проверочно-фильтрационный пункт в

Действительно по „30. июня 1945 г.

Город Жыров

УДОСТОВЕРЕНИЕ

Фото-карточка

Выдано Солодка Степания Трофимовна
(фамилия, имя, отчество)

года рождения 1919, место рождения с. Пимар Гайсинский р-н, Винницкая обл.

в том, что он по прибытии из Германии

с „3/V" м-ца по „2/VI" м-ца 1945 г. содержался в Жыровском проверочно-фильтрационном пункте НКВД СССР и следует к избранному месту жительства ст. Жмеринка, Винницкая обл.
(указать точный адрес)

Удостоверение по приезде к месту жительства должно быть сдано в местный орган НКВД для получения вида на жительство.

Начальник проверочно-фильтрационного пункта

(печать) (подпись)

9.1.8 Entlassungsbescheinigung für Stepanija Solodka aus dem Überprüfungs- und Filtrierungslager Shirow des NKWD, ausgestellt am 30.6.1945.

Frau Solodka aus Pimar/Gebiet Winniza wurde bescheinigt, daß sie in der Zeit vom 3.5. bis 2.6.1945 wegen ihres „Aufenthaltes" in Deutschland das Überprüfungs- und Filtrierungslager Shirow durchlaufen habe und anschließend zur Ansiedlung nach Shmerinka/Gebiet Winniza entlassen wurde.

Ungefähr 6,5 Prozent der überprüften Repatriierten wurden zu Lagerhaft verurteilt. Angehörige volksdeutscher, krimtatarischer oder kaukasischer Bevölkerungsgruppen allerdings wurden in sog. Spezialsiedlungen überführt, sowjetische Soldaten, die in deutsche Gefangenschaft geraten waren, wurden vielfach in sog. Arbeitsbataillone verschickt. Doch auch die entlassenen Repatriierten hatten in der Folgezeit unter dem Makel vermeintlicher Kollaboration zu leiden.

9.1.6 Ukrainische Zwangsarbeiterinnen beim Abtransport vom Hauptbahnhof in Kiew nach Deutschland, um 1942.

9.1.7 Sowjetische Zwangsarbeiterinnen in einem Kfz-Instandsetzungswerk der Wehrmacht in Berlin, 19.1.1945.

9.1.9 Brustaufnäher für „Ostarbeiter".

Zwangsarbeiterinnen aus der Sowjetunion mußten in der Öffentlichkeit diesen Aufnäher tragen. Polnische Zwangsarbeiter hatten einen Aufnäher mit „P" zu tragen. Zwangsarbeiter aus anderen Ländern mußten keine Markierung tragen.

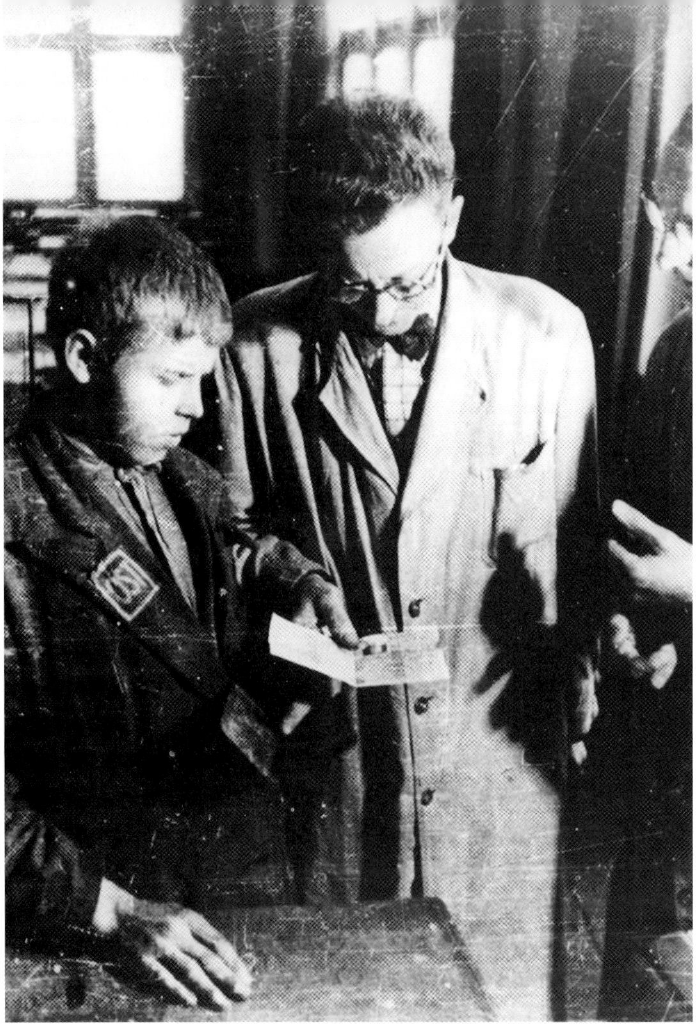

9.1.10 Sowjetischer Jugendlicher als „Ostarbeiter" in einem deutschen Betrieb, o. Datierung.

9.1.11 Schreiben des SS-Scharführers und Vorarbeiters bei der Krupp Kraftwagenfabrik (Krawa) Grollius an den Werksmeister vom 17.1.1942 über die mangelhafte Verpflegung der sowjetischen Kriegsgefangenen.

[redacted] 310

Anlage z. Schreiben Krawa v. 20.3.42.

I - 310

Krawa-Betrieb, den 18. März 1942.

Abschrift.

Meister Kölsch

Auf Anruf von Herrn Balz habe ich heute abend Essen bekommen, aber ich habe mich derart mit den verantwortlichen Leuten im Lager rumfechten müssen, um überhaupt etwas zu bekommen. Mir wurde immer gesagt, dass die Leute ihre Tagrationen schon bekommen hätten, mehr gäbe es nicht. Was die Herren sich aber unter Tagration vorstellen ist mir ein Rätsel. Das ganze Essen war aber auch danach, denn von der dünnen Suppe haben sie mir noch das dünnste abgescheppt. Es war buchstäblich nur Wasser mit einer Hand voll Steckrüben, genau so, als wenn es Spülwasser gewesen wäre.

Sage bitte Herrn Balz noch einmal Bescheid, damit die Sache endgültig geregelt wird, denn es geht nicht an, dass die Leute uns hier bei der Arbeit verrecken. Die Leute sollen hier für uns arbeiten, gut, aber dann muss auch dafür gesorgt werden, dass die wenigstens das allernötigste bekommen. Ich habe verschiedene Gestalten im Lager gesehen, da ist mir tatsächlich ein kalter Schauer über den Buckel gelaufen. Ich traf auch dort einen, der sah aus als wenn er die Bartflechte hätte. Es ist ja auch kein Wunder, wenn sie keine Seife bekommen und von Wasser allein geht der Dreck nicht ab. Wenn das so weiter geht, dann werden wir alle noch verseucht. Schade jetzt, wo es immer wieder heisst Leistungssteigerung, muss etwas gemacht werden, um die Leute auch leistungsfähig zu erhalten, sonst erleben wir in dieser Beziehung eine ganz grosse Pleite, nicht allein leistungsmässig, sondern auch gesundheitlich und was das bedeutet, gerade heute, ist uns allen klar.

Ich bin auf jeden Fall der Überzeugung, dass, wenn die Leute einigermassen satt werden, auch Leistungen vollbracht werden, die ja gerade jetzt immer wieder verlangt werden, denn es ist doch nur für uns und unser aller geliebtes Deutschland.

Heil Hitler!

gez. August Grollius, 17.1.42

Anbei
Sag doch bitte Karl Schäfer Bescheid, dass er mir abends den Schepplöffel herauslegt, damit ich den Leuten das Essen besser einteilen kann.

9.1.12 Grabungsfunde vom Gelände des ehemaligen Lagers für sowjetische Kriegsgefangene Stalag 326 bei Stukenbrock: Emaillebecher, Trinkschale, Stück eines Stacheldrahtzauns, Rest eines Kochgeschirrs, Kennmarke eines Kriegsgefangenen.

9.1.13 Ausschnitt aus der Personenkartei „Ausländische Arbeiter", 1940–1945.

Die in der Kartei aufgeführten Zwangsarbeiter, die in ihrer überwiegenden Mehrheit aus den besetzten sowjetischen Gebieten stammten, waren beim Reichsbahnausbesserungswerk München-Freimann eingesetzt.

9.2.1 Karte mit den Standorten der Hauptlager für deutsche Kriegsgefangene in der UdSSR.

Im Laufe des Krieges gegen die Sowjetunion gerieten 3,15 Millionen deutsche Soldaten in sowjetische Gefangenschaft. Nahezu jeder Dritte überlebte die Gefangenschaft nicht.

Die Zahl der Todesopfer, die besonders in den ersten Kriegsjahren sehr hoch lag, war nicht das Ergebnis einer gezielten sowjetischen Vernichtungsstrategie. Die schlechten Lebensbedingungen der Kriegsgefangenen waren auf organisatorische Mängel, Korruption und Willkür zurückzuführen. Zu einem wesentlichen Teil resultierte die mangelhafte Versorgung aus den verheerenden Schäden, die der Krieg in der Sowjetunion verursacht hatte und unter denen auch die sowjetische Bevölkerung zu leiden hatte.

Die Kriegsgefangenschaft in der Sowjetunion bedeutete für die meisten deutschen Soldaten einen ständigen Überlebenskampf gegen Hunger, Kälte, Krankheit. Die Ungewißheit über die Dauer der Gefangenschaft und die als willkürlich erfahrene sowjetische Rechtsprechung verschärften das Gefühl von Unsicherheit und Orientierungslosigkeit noch einmal tiefgreifend. Schließlich wurde ein kleiner Teil der deutschen Kriegsgefangenen als Faustpfand in den politischen Auseinandersetzungen zwischen der Sowjetunion und dem Westen eingesetzt. Einige konnten erst zehn Jahre nach Kriegsende zurückkehren.

Ein kleiner Kreis deutscher Soldaten und Offiziere versuchte während des Krieges aus der Gefangenschaft heraus, politisch-propagandistisch gegen das NS-Regime und seinen Krieg zu wirken. Die im Sommer 1943 gegründeten Organisationen „Nationalkomitee Freies Deutschland" und „Bund Deutscher

Offiziere" arbeiteten in Abhängigkeit von den sowjetischen Stellen. Die Tätigkeit seiner Mitglieder, zu denen Walther v. Seydlitz, Heinrich v. Einsiedel und Bernt von Kügelgen zählten, ist bis heute umstritten. Die Kritik reicht von einer positiven Bewertung des konsequenten Engagements für eine Beendigung des Krieges bis zu dem Vorwurf, sie hätten aus Opportunismus mit Kommunisten zusammengearbeitet.

9.2.3 Persönliche Gegenstände (Taschenspiegel, selbstgefertigtes Messer u.a.) und Rote-Kreuz-Postkarte.

Die Postkarten des Internationalen Roten Kreuzes, die nur formalisierte Nachrichten auf wenigen Zeilen erlaubten, waren für lange Zeit die einzige Verbindungsmöglichkeit der Kriegsgefangenen in die Heimat.

9.2.2 Marsch deutscher Kriegsgefangener durch Moskau, 1943.

9.2.4 Deutsche Kriegsgefangene in Ostpreußen, 1945.

9.2.5 Deutsche Kriegsgefangene
in Berlin, Mai 1945.

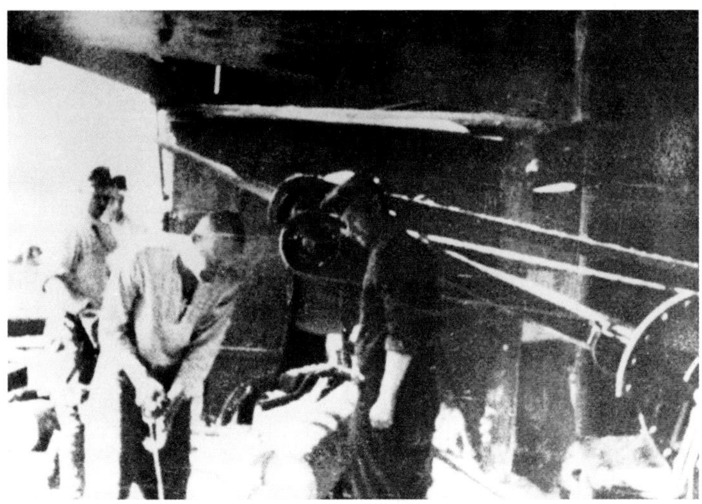

9.2.6/9.2.7 Deutsche Kriegsgefangene
bei Arbeitseinsätzen, o. Datierung.

Diese Fotos wurden heimlich von
einem deutschen Kriegsgefangenen
aufgenommen und von einem
Heimkehrer herausgeschmuggelt.

9.2.8 Deutsche Kriegsgefangene werden durch das KZ Majdanek geführt, 1944.

9.2.9 Vertreter des „Nationalkomitee Freies Deutschland„ und des „Bund deutscher Offiziere” im Gespräch.

Vorne Mitte: Wilhelm Pieck, Erich Weinert und General Walther v. Seydlitz.

10.1 Sowjetisches Schild an der Grenze nach Deutschland: „Da ist es, das verfluchte Deutschland!", 1945.

Zu Beginn des Jahres 1945 hatte das Deutsche Reich keinerlei Möglichkeit mehr, die Niederlage abzuwenden. Trotzdem wurde, teils mit der Angst vor der Rache der Sieger, teils mit dem Versprechen von Wunderwaffen, teils mit drakonischen Strafen ein letzter Widerstand mobilisiert. Durch den Einsatz von Jugendlichen und alten Männern im „Volkssturm" sollte dieser Widerstand entscheidend verstärkt werden.

Vorbereitungen zur Flucht der Zivilbevölkerung vor den Kampfhandlungen waren von der deutschen Führung nicht getroffen worden. Als mit dem schnellen Vorrücken sowjetischer Verbände in Ostdeutschland große Teile der Bevölkerung die Flucht ergriffen, starben Hunderttausende in dem scharfen Winter durch Kälte und Hunger, oder sie wurden Opfer von Kampfhandlungen und Racheexzessen.

Die zwei Offensiven der sowjetischen Armee – im Januar/Februar bis über die Oder und im April bis zur Eroberung Berlins und an die Elbe – forderten angesichts des starken deutschen Widerstandes auch auf sowjetischer Seite noch eine große Zahl von Toten. Weitaus höher waren die Verluste unter den unerfahrenen Soldaten und Volkssturmmännern auf deutscher Seite. Für die sowjetische Armee war die Eroberung Berlins, des Zentrums faschistischer Herrschaft, der Höhepunkt ihres Sieges nach einem Krieg, der mehr als drei Jahre im eigenen Land geführt worden war.

Rachegefühle waren angesichts der Erfahrungen mit den deutschen Angreifern im eigenen Lande in der sowjetischen Armee weit verbreitet. Durch die staatliche Propaganda wurden sie drastisch verstärkt. Zudem trafen die Soldaten nach Überschreiten der Grenzen auf ein Land, das in ihren Augen ungeheuer reich war. So wurde die deutsche Zivilbevölkerung Opfer zahlreicher Exzesse. Plünderungen, wahllose Zerstörungen und Brandschatzung waren an der Tagesordnung, sehr viele Frauen wurden Opfer von Vergewaltigungen, zahlreiche Opfer willkürlichen Totschlags waren zu beklagen. Diese Exzesse waren in der sowjetischen Führung zwar unerwünscht, aber sie reagierte erst spät und uneinheitlich. So blieben etliche Befehle zur Einhaltung der Disziplin wirkungslos, wenn die einzelnen Truppenkommandeure sie nicht vor Ort durchsetzten.

Als Maßnahme des stalinistischen Systems wurde in den eroberten Gebieten durch den NKWD eine große Zahl von

Zivilisten als wirkliche oder vermeintliche Nationalsozialisten verhaftet und in die Sowjetunion deportiert. Unter den mehreren hunderttausend Deportierten sind viele auch nur als Arbeitskraft verschickt worden. Diese Praxis wurde ab April weitgehend eingestellt, dafür wurden bald Internierungslager in Deutschland eingerichtet.

Angesichts dieser brutalen Praxis wurde nur noch selten wahrgenommen, daß sich die sowjetische Besatzungsmacht gleichzeitig um die Sicherung der knappen Versorgung, die Beseitigung der schlimmsten Kriegsschäden, den Aufbau einer deutschen Verwaltung und um die Förderung eines neuen Kulturlebens bemühte.

10.2 Zeugnisse der letzten Monate des Krieges: „Ringkragen" der Feldgendarmerie (Militärpolizei), Feldmütze der Wehrmacht, Armbinde des Volkssturms und Panzerfaust.

Im Volkssturm wurden seit dem Oktober 1944 männliche Zivilisten, die zu alt, zu jung oder zu gebrechlich für den Militärdienst waren, zum Kriegsdienst gezwungen. Die Panzerfaust war eine neu entwickelte Infanteriewaffe zur Bekämpfung feindlicher Panzer, die zum Kriegsende in großer Zahl zum Einsatz kam.

10.3 Deutscher Schützengraben westlich der Oder nach dem sowjetischen Angriff, April 1945.

10.4 Abschiedsbrief eines zum Tode verurteilten Deserteurs an seine Freundin, 10.2.1945.

Unmittelbar vor seiner Hinrichtung schrieb der Soldat Rudi Ende: „Ich weiß nicht ob dich dieser Brief noch erreicht. Als ich hörte der Iwan steht 30 km vor Berlin wollte ich zu euch um bei euch zu sein. Man hat mich dabei gefaßt und ich werde jetzt erschossen. Sei mir nicht böse Liebling, ich tat dieses nur für euch. Du tust mir so leid, daß du mich gerade kennen lernen mußtest. (Lebe) wohl dein dich liebe(nder Rudi)".

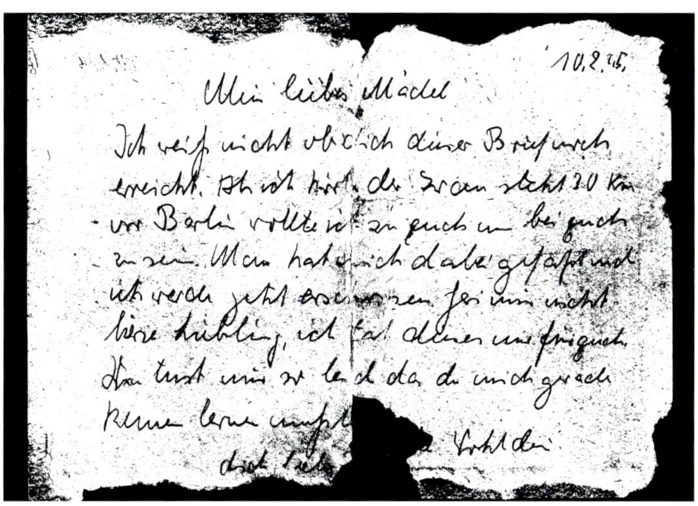

10.2.45

Mein liebes Mädel

Ich weiß nicht ob dich dieser Brief noch erreicht. Als ich hörte der Iwan steht 30 Km vor Berlin wollte ich zu euch um bei euch zu sein. Man hat mich dabei gefaßt und ich werde jetzt erschossen. Sei mir nicht böse Liebling, ich tat dieses nur für euch. Du tust mir so leid daß du mich gerade kennen lernen mußt[illegible] [illegible] wohl dein dich lieb[illegible]

10.5 Flakhelfer des Reichsarbeitsdienstes im Fronteinsatz an der Oder, 13.2.1945.

Seit 1943 waren Sechzehn- und Siebzehnjährige in großer Zahl zur Bedienung von Flakgeschützen im Hinterland eingesetzt worden, um Erwachsene für den Fronteinsatz verwenden zu können. Bei Kriegsende wurden diese Jugendlichen auch an vorderster Front eingesetzt.

10.6 Ostpreußische Flüchtlinge, April 1945.

Die Bevölkerung Ostpreußens hatte besonders schwer zu leiden, da zuerst in Ostpreußen eine zur Rache bereite Armee auf deutsches Territorium vordrang, keine Evakuierung vorbereitet worden war und aufgrund von Durchhaltebefehlen noch lange in der abgeschnittenen Provinz gekämpft wurde.

10.7 Zerstörte Fahrzeuge eines Flüchtlingstrecks, Brandenburg, April 1945.

10.8 Flüchtlinge auf der Landstraße, Ostdeutschland, März/April 1945.

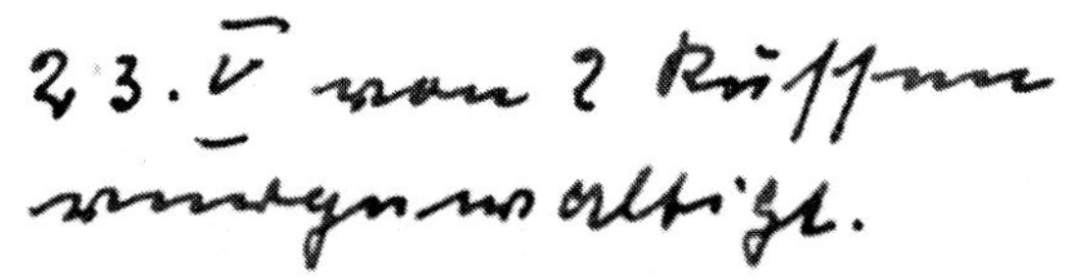
23. V von 2 Russen vergewaltigt.

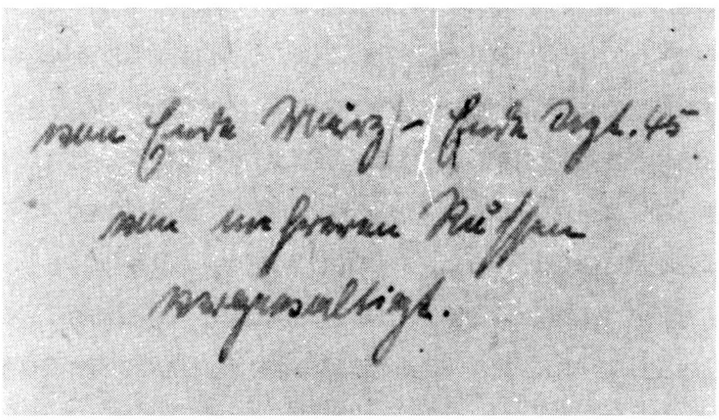
von Ende März – Ende Aug. 45 von [illegible] Russen vergewaltigt.

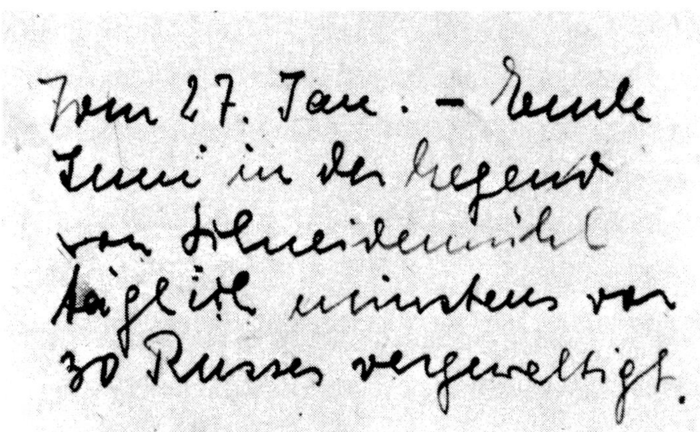
Vom 27. Jan. – Ende Juni in der Gegend von Schneidemühl täglich mindestens von 30 Russen vergewaltigt.

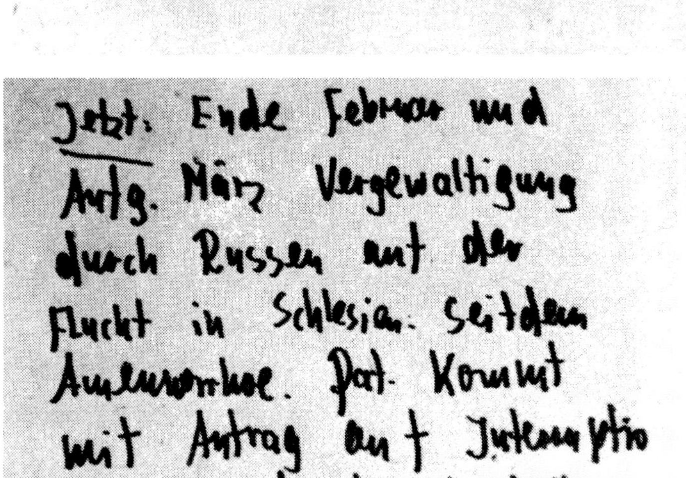
Jetzt: Ende Februar und Anfg. März Vergewaltigung durch Russen auf der Flucht in Schlesien. Seitdem Amenorrhoe. Pat. kommt mit Antrag auf Interruptio vom Gesundheitsamt Mitte

10.10 Sowjetischer Soldat entwendet einer deutschen Frau ein Fahrrad, Berlin, Mai 1945.

10.9 Auszüge aus Krankenblättern der Charité Berlin über Vergewaltigungsfolgen, 1945.

Während in der Frauenklinik der Charité vom Januar bis zum März 1945 19 Frauen aufgrund von Vergewaltigungsfolgen behandelt wurden, waren es im April 116 und im Mai 131 Frauen.

BERLINER MORGENPOST

Wöchentlich 50 Pf. Einzeln 10 Pf.

Sonntag, 22. April 1945 — Vereinigt während des Krieges mit Berliner Lokal-Anzeiger — 47. Jahrgang · Nr.

Reichsminister Dr. Goebbels an die Berliner Bevölkerung

Berlin ist zum Entscheidungskampf angetreten
Die Reichshauptstadt unter dem Gesetz der Front

Der neue Mongolensturm muß sich an unseren Mauern brechen
Der Kampf geht für Freiheit und Zukunft, für unsere Frauen und Kinder

Einführung des Alarmsignals „Feindalarm“

Berliner Notprogramm in Kraft gesetzt

Die Stunde der Bewährung ist da

Ab sofort können folgende Lebensmittel bezogen werden

Fleischdauerwaren, Reis, Gemüsekonserven, Zucker, Bohnenkaffee

Lebensmittelgeschäfte am heutigen Sonntag geöffnet

Forderungen an die Berliner

Zynisches Eingeständnis

Disziplin, Selbstvertrauen, Unterordnung

10.11 Aufruf des Gauleiters von Berlin, Goebbels, zum Entscheidungskampf, „Berliner Morgenpost“, 22.4.1945.

10.12 Sowjetisches Geschütz im Straßenkampf, Berlin, April 1945.

10.13 Schlachtfeld Berlin: Aufnahmen des sowjetischen Fotokorrespondenten Timofej Melnik, April/Mai 1945.

10.14/10.15 Schlachtfeld Berlin: Aufnahmen des sowjetischen Fotokorrespondenten Timofej Melnik, April/Mai 1945.

Zur Dokumentierung wie zur Propaganda des letzten Kampfes um das Zentrum des Dritten Reiches hatte die sowjetische Führung zahlreiche Journalisten, Kameraleute und Fotoreporter nach Berlin geschickt. Für die zeitgenössische Publizierung wurde nur eine kleine Auswahl der Fotos verwendet, in denen die triumphalen Seiten des Krieges gezeigt wurden. Erst Jahre später wurden weitere Fotos veröffentlicht, manche sind bisher nicht veröffentlicht worden.

10.16 „Erstürmung des Reichstags", 1967. Das Diorama wurde von dem sowjetischen Maler Ananjew vom Moskauer Grekow-Studio entworfen.

10.17 Sowjetische Kriegsberichterstatter auf den Stufen des Reichstages, Mai 1945.

10.18 Befehl des Oberkommandierenden der Berliner Garnison, General Weidling, zur Kapitulation, 2.5.1945.

Berlin, 2. 5. 45.

B e f e h l.

Am 30. 4. 45. hat sich der Führer selbst entleibt und damit uns, die wir ihm die **Treue** geschworen hatten, im Stich gelassen.
Auf Befehl des Führers glaubt Ihr noch immer um **Berlin** kämpfen zu müssen, obwohl der Mangel an **schweren Waffen,** an Munition und die Gesamtlage den Kampf als **sinnlos** erscheinen lassen.

Jede Stunde, die Ihr weiterkämpft, verlängert die entsetzlichen Leiden der Zivilbevölkerung Berlins und unserer Verwundeten. Jeder, der jetzt noch im Kampf um Berlin fällt, bringt seine Opfer umsonst.
Im Einvernehmen mit dem ~~Oberkommando der sowjetischen~~ Truppen fordere ich Euch daher auf, sofort den Kampf einzustellen.

(Weidling)

General der Artillerie
und
Befehlshaber Verteidigungsbereich Berlin

10.20 Am Rande der Siegesparade in Moskau, 24.6.1945.

10.19 Zusammentreffen sowjetischer und amerikanischer Soldaten an der Elbe bei Torgau, 27.4.1945.

10.21 Siegesparade der sowjetischen Armee auf dem Roten Platz in Moskau, 24.6.1945.

Die an den Mauern des Kreml hingeworfenen Fahnen sind Beutefahnen der Wehrmacht und der SS.

11.1 "Vereint sind wir stark, vereint werden wir siegen." Plakat der US-Streitkräfte, 1944.

11.2 US-Plakat „Diesmal bis nach Berlin" (franz.), Sommer 1944.

Die Beziehungen zwischen der Sowjetunion und den westlichen Kriegsgegnern Hitlers waren zwischen 1939 und 1941 voller Spannungen, da das Dritte Reich durch den Hitler-Stalin-Pakt eine bedeutende Rückendeckung erhielt. Trotzdem bot der britische Premierminister Churchill bereits einen Tag nach Beginn des deutschen Überfalls auf die Sowjetunion in einer Rundfunkrede Unterstützung im Kampf gegen Hitler an. Trotz aller grundsätzlichen Vorbehalte gegen die Stalinsche Herrschaft war während des Krieges für die Westmächte das oberste Ziel die Vernichtung der nationalsozialistischen Herrschaft in Europa. Die britisch-sowjetischen Bündnis- und Hilfsvereinbarungen wurden mit dem Eintritt der USA in den Krieg im Dezember 1941 erweitert.

Bis zum Juni 1944 trug die Sowjetunion die größte Last im Krieg. Die Westalliierten Großbritannien und USA kämpften zwar in aller Welt, insbesondere gegen Japan, hatten aber eine geringere Anzahl feindlicher Kräfte zum Gegner. Für die Sowjetunion war in dieser Situation die materielle Hilfe der USA von großer Bedeutung. Waffen spielten dabei eine kleinere Rolle, wichtiger für die Kriegführung der Sowjetunion in den Jahren 1942 bis 1945 waren Versorgungsgüter wie Lastkraftwagen, Lokomotiven, Medikamente u.ä.

Kriegsziel der Alliierten war die Kapitulation des Deutschen Reiches. Auch wenn spätestens seit 1944 über die Nachkriegsordnung, insbesondere in Osteuropa, Konflikte auftraten, blieb die Zerschlagung des Nationalsozialismus das vorrangige Ziel aller Verbündeten. Das galt für die Westalliierten auch im April 1945, als ihnen von deutscher Seite mehrfach eine Teilkapitulation nur gegenüber dem Westen angeboten wurde. Zwar wurde die militärische Kapitulation einzelner Großverbände angenommen, als aber die deutsche Delegation im westlichen Hauptquartier in Reims am 6. Mai eine Teilkapitulation anbot, wurde das Angebot zurückgewiesen. So wurde am 7. Mai in Reims ein erster Akt der Gesamtkapitulation unterzeichnet. Gleichzeitig wurde für den 8. Mai ein zweiter Kapitulationsakt mit höherrangigen Vertretern aller Seiten festgesetzt.

Karikaturen des britischen Zeichners David Low zur aktuellen Politik, 1938–1945.

David Low (1891–1963) war seit den dreißiger Jahren ein populärer Karikaturist in Großbritannien. Er arbeitete für den "Evening Star" und den "Manchester Guardian".

11.3 „Russischer Verrat", Juli 1941.

(Die Vergnügungstour nach Moskau wird durch die Russen verhindert, die wieder einmal die Deutschen getäuscht haben.)

11.4 „In Zukunft wird die Armee von meiner Intuition geführt", Dezember 1941.

(Die deutsche Niederlage vor Moskau)

11.5 „Glückwünsche von einem, der etwas davon versteht", Juni 1944.

(Nach der Landung der Westalliierten in Frankreich)

11.6 Sowjetisches Plakat „So wird es mit der faschistischen Bestie werden", 1945, Autor: A. Kokorekin.

11.7 „Die Spur der Bestie", Januar 1945.

(Die Entdeckung der Konzentrationslager nach der Befreiung Polens)

11.8 „Ein gutes Team, aber könnten wir es nicht mit einer Prise Einheitlichkeit machen.", Juni 1945.

(Gründung des „Club der Vereinten Nationen")

11.9 Konferenz in Casablanca, 14.–25.1.1943.

Auf dieser Konferenz der USA und Großbritanniens wurden die Schwerpunkte der Kriegführung beider Länder, insbesondere für die Landung in Sizilien und in Westeuropa, festgelegt. Auf der abschließenden Pressekonferenz verkündete Präsident Roosevelt erstmals die Forderung nach bedingungsloser Kapitulation der Achsenmächte.

11.10 Churchill, Roosevelt und Stalin auf der Konferenz von Jalta, 4.–11.2.1945.

11.11 Verladung von Lokomotiven aus den USA für die UdSSR, 1942/1943.

Am 11.3.1941 beschloß der Kongreß der USA ein „Leih- und Pachtgesetz", das der Regierung ermöglichte, Waffen, militärisches Gerät und andere strategisch wichtige Erzeugnisse an kriegführende Staaten zu liefern. Der größte Teil dieser Lieferungen im Wert von über 30 Milliarden Dollar ging an Großbritannien und die Commonwealth-Staaten. Später wurde auch die UdSSR in dieses Gesetz einbezogen und erhielt Lieferungen im Wert von elf Milliarden Dollar.

11.12 Fleischkonservenbüchse aus amerikanischen Lieferungen an die UdSSR.

11.13 Landung alliierter Truppen in Nordafrika, 1943.

11.14 Befreiung Roms durch amerikanische Truppen, 4.6.1944.

11.15 Landung alliierter Truppen in der Normandie, 6.6.1944.

11.16 Übergang amerikanischer Truppen über den Rhein bei Worms, März 1945.

11.17 Treffen amerikanischer und sowjetischer Truppen an der Elbe bei Torgau, 25.4.1945.

11.18 Japanischer Luftangriff auf den US-Marinestützpunkt Pearl Harbor, 7.12.1941.

Mit diesem Angriff wurde der Krieg, der bisher auf Europa beschränkt war, zum Weltkrieg.

11.19 Hiroshima, vier Wochen nach dem amerikanischen Atombombenabwurf, 6.8.1945.

11.20 Unterzeichnung der japanischen Kapitulation, 2.9.1945.

Der Vertreter der japanischen Armee General Yoshijiro Umezo unterzeichnete an Bord des amerikanischen Schlachtschiffes „Missouri" in der Bucht von Tokio die Kapitulationsurkunde. Links der Oberkommandierende der US-Streitkräfte im Pazifik, General McArthur.

12.1 Kapitulationssal in Berlin-Karlshorst.

In der Nacht vom 8. auf den 9.5.1945 unterzeichneten in Berlin-Karlshorst die Vertreter der drei Teilstreitkräfte der deutschen Wehrmacht die bedingungslose Kapitulation. Die Kapitulationsurkunde wurde von den Vertretern der vier Alliierten entgegengenommen.

Die Unterzeichnung, die in dem ehemaligen Offizierskasino der Pionierschule in Berlin-Karlshorst stattfand, bildete zugleich Bestätigung und Abschluß der Kapitulation von Reims am 7.5.1945. Der Akt der Kapitulation wurde kurz und nüchtern, ohne Pathos durchgeführt.

Mit diesem historischen Schritt war der Zweite Weltkrieg in Europa beendet: Die nationalsozialistische Herrschaft in Deutschland und Europa war endgültig beseitigt.

12.2 Die erste Unterzeichnung der deutschen Kapitulation, Reims, 7.5.1945.

In den frühen Morgenstunden des 7. Mai unterzeichnete der Generalstabschef der Wehrmacht, Generaloberst Jodl (vorn links) die Urkunde über die bedingungslose Kapitulation im Hauptquartier der Alliierten Expeditionsstreitkräfte. Die Unterschrift wurde vom Stabschef des westlichen Hauptquartiers, Generalleutnant Smith, sowie vom sowjetischen Verbindungsoffizier, Generalmajor Susloparow (am Tisch 3. u. 5. v. l.) entgegengenommen.

12.3 Unterzeichnung der Kapitulationsurkunde durch den sowjetischen Generalmajor Susloparow, Reims, 7.5.1945.

Generalmajor Susloparow war Vertreter des sowjetischen Oberkommandos beim Oberkommando der Alliierten Expeditionsstreitkräfte in Europa. Die Vollmacht zur Unterzeichnung wurde ihm vom sowjetischen Oberkommando erst nachträglich erteilt.

12.4 Pressekonferenz des Oberkommandierenden der alliierten Streitkräfte, General Eisenhower (USA), und seines Stellvertreters, Luftmarschall Tedder (Großbritannien), zur Unterzeichnung der Kapitulation, Reims, 7.5.1945.

12.5 Mitteilung des Oberkommandos der Alliierten Expeditionsstreitkräfte in Europa an die deutschen Vertreter über eine zweite Unterzeichnung der Kapitulation, Reims, 7.5.1945.

Bei der Unterzeichnung der Kapitulation durch relativ niedrig gestellte Vertreter der Wehrmacht stand ein zweiter Kapitulationsakt – als „Ratifizierung" des ersten bezeichnet – bereits fest. An ihm sollten die Befehlshaber der drei Wehrmachts-Teilstreitkräfte wie auch höher gestellte Vertreter der Alliierten teilnehmen. Die „Ratifizierung" der Kapitulation fand am 8./9.5.1945 in Berlin-Karlshorst statt.

UNDERTAKING

GIVEN BY CERTAIN GERMAN EMISSARIES

TO THE ALLIED HIGH COMMANDS

It is agreed by the German emissaries undersigned that the following German officers will arrive at a place and time designated by the Supreme Commander, Allied Expeditionary Force, and the Soviet High Command prepared, with plenary powers, to execute a formal ratification on behalf of the German High Command of this act of Unconditional Surrender of the German armed forces.

Chief of the High Command
Commander-in-Chief of the Army
Commander-in-Chief of the Navy
Commander-in-Chief of the Air Forces.

SIGNED

Jodl

Representing the German High Command.

DATED 0241 7th May 1945
Rheims, France

12.6 Am Vormittag des 8. Mai 1945 treffen die Vertreter der Westmächte auf dem Flughafen Berlin-Tempelhof ein. Der britische Air Marshal Tedder, der als Stellvertreter Eisenhowers zur Entgegennahme der Kapitulation nach Berlin gekommen war, schreitet die Front eines sowjetischen Ehrenbataillons ab.

12.7 Flughafen Berlin-Tempelhof, 8. Mai 1945: Die Abordnung des Oberkommandos der Wehrmacht geht zu den Fahrzeugen, die sie nach Karlshorst bringen.

12.8 8. Mai 1945: Sowjetischer Triumphbogen in Lichtenberg auf dem Weg nach Karlshorst.

12.9 Sowjetischer Ehrenposten vor dem Gebäude, in dem die Kapitulation unterzeichnet werden soll.

12.10 Blick in den Kapitulationssaal.

12.11 Der deutsche Generalfeldmarschall Keitel unterzeichnet als Oberkommandierender der gesamten Wehrmacht und als Oberkommandierender des Heeres die Kapitulationsurkunde.

12.13 Der sowjetische Marschall Shukow nimmt mit seiner Unterschrift für das sowjetische Oberkommando die Kapitulation entgegen.
Links Luftmarschall Tedder für das westliche Oberkommando.

12.14 Die Generale Spaatz und de Lattre de Tassigny, die als Repräsentanten der USA und Frankreichs an der Unterzeichnung teilnehmen, unterschreiben als Zeugen die Kapitulationsurkunde.

12.15 Deutschsprachiges Exemplar der Kapitulationsurkunde.

Die Urkunde wurde in drei Exemplaren in englischer und in je einem in russischer und deutscher Sprache unterzeichnet.

KAPITULATIONSERKLAERUNG.

1. Wir, die hier Unterzeichneten, handelnd in Vollmacht fuer und im Namen des Oberkommandos der Deutschen Wehrmacht, erklaeren hiermit die bedingungslose Kapitulation aller am gegenwaertigen Zeitpunkt unter deutschem Befehl stehenden oder von Deutschland beherrschten Streitkraefte auf dem Lande, auf der See und in der Luft gleichzeitig gegenueber dem Obersten Befehlshaber der Alliierten Expeditions Streitkraefte und dem Oberkommando der Roten Armee.

2. Das Oberkommando der Deutschen Wehrmacht wird unverzueglich allen Behoerden der deutschen Land-,See- und Luftstreitkraefte und allen von Deutschland beherrschten Streitkraeften den Befehl geben, die Kampfhandlungen um 23ol Uhr Mitteleuropaeischer Zeit am 8 Mai einzustellen und in den Stellungen zu verbleiben, die sie an diesem Zeitpunkt innehaben und sich vollstaendig zu entwaffnen, indem sie Waffen und Geraete an die oertlichen Alliierten Befehlshaber beziehungsweise an die von den Alliierten Vertretern zu bestimmenden Offiziere abliefern. Kein Schiff, Boot oder Flugzeug irgendeiner Art darf versenkt werden, noch duerfen Schiffsruempfe, maschinelle Einrichtungen, Ausruestungsgegenstaende, Maschinen irgendwelcher Art, Waffen, Apparaturen, technische Gegenstaende, die Kriegszwecken im Allgemeinen dienlich sein koennen, beschaedigt werden.

3. Das Oberkommando der Deutschen Wehrmacht wird unverzueglich den zustaendigen Befehlshabern alle von dem Obersten Befehlshaber der Alliierten Expeditions Streitkraefte und dem Oberkommando der Roten Armee erlassenen zusaetzlichen Befehle weitergeben und deren Durchfuehrung sicherstellen.

4. Diese Kapitulationserklaerung ist ohne Praejudiz fuer irgendwelche an ihre Stelle tretenden allgemeinen Kapitulationsbestimmungen, die durch die Vereinten Nationen und in deren Namen Deutschland und der Deutschen Wehrmacht auferlegt werden moegen.

5. Falls das Oberkommando der Deutschen Wehrmacht oder irgendwelche ihm unterstehende oder von ihm beherrschte Streitkraefte es versaeumen sollten, sich gemaess den Bestimmungen dieser Kapitulations-Erklaerung zu verhalten,

-2-

werden das Oberkommando der Roten Armee und der Oberste Befehlshaber der Alliierten Expeditions Streitkraefte alle diejenigen Straf- und anderen Massnahmen ergreifen, die sie als zweckmaessig erachten.

6. Diese Erklaerung ist in englischer,russischer und deutscher Sprache abgefasst. Allein massgebend sind die englische und die russische Fassung.

Unterzeichnet zu Berlin am 8. 5. Mai 1945.

Fuer das Oberkommando der Deutschen Wehrmacht.

In Gegenwart von:

Fuer das Oberkommando der Roten Armee

Fuer den Obersten Befehlshaber der Alliierten Expeditions Streitkraefte

Bei der Unterzeichnung waren als Zeugen auch zugegen:

General, Oberstkommandierender der Ersten Franzoesischen Armee

Kommandierender General der Strategischen Luftstreitkraefte der Vereinigten Staaten

13.1 Plakat des Amtes für Information der DDR, 1951, Autor: E. Wernitz.

Die Übertragung stalinistischer Herrschaftsmethoden auf die eigene Besatzungszone war unmittelbar nach dem Kriegsende für die UdSSR eine Selbstverständlichkeit. Ebenso schuf sie sich von Anfang an eine Machtbasis in der neuen Verwaltung, indem der KPD – ab 1946 der SED – Schlüsselpositionen verschafft wurden.

Solange die UdSSR nach 1945 von Deutschland als Einheit ausging, schienen verschiedene Entwicklungen möglich: Die Umformung zu einem sozialistischen Gesamtdeutschland war ein Maximalziel, aber machtpolitisch angesichts der anderen Siegermächte unrealistisch. Auf der anderen Seite war als mögliches Minimalziel ein langfristig entmilitarisiertes und neutralisiertes Deutschland denkbar, das durch umfassende Reparationen und Wirtschaftsbindungen die Entwicklung der UdSSR stützen konnte. Mit der Frontstellung des Kalten Krieges waren beide Zielsetzungen ohne Chance auf Verwirklichung, so wurden die Weichen darauf gestellt, den eigenen Herrschaftsbereich zu festigen und nach sowjetischem Vorbild umzuformen.

Der 1949 neu gegründete Staat DDR entwickelte sich in den folgenden vierzig Jahren in enger Abhängigkeit von der Sowjetunion. Eine Grundlage seiner Existenz war die Präsenz großer sowjetischer Truppenverbände. Deren Bedeutung wurde schon frühzeitig anläßlich des Aufstandes vom 17.6. 1953 demonstriert. Auch wenn bis zu 400 000 sowjetische Soldaten auf dem kleinen Gebiet der DDR stationiert waren, blieben diese von der deutschen Bevölkerung völlig getrennt.

Eine herausragende Bedeutung in den Beziehungen

zwischen der Sowjetunion und der DDR besaßen die wirtschaftlichen Verbindungen. Im Zusammenhang einer internationalen Aufgabenverteilung durch die UdSSR baute die DDR stark spezialisierte Industriezweige auf, gleichzeitig erhielt sie Energie und Rohstoffe vorrangig aus der Sowjetunion geliefert.

Die Kulturbeziehungen waren zu einem beträchtlichen Teil durch die Obrigkeit verordnet, ohne von der Bevölkerung angenommen zu werden. Die Gesellschaft für Deutsch-Sowjetische Freundschaft war eine der größten Massenorganisationen, ohne daß damit wirklich breites Interesse geweckt worden wäre. Gleichzeitig wurden allerdings auf zahlreichen Gebieten von Wissenschaft und Kultur sehr intensive Beziehungen aufgebaut, die auch nach dem Ende der DDR eine große Bedeutung behalten.

Die starke Abhängigkeit der DDR von der Sowjetunion kam in einem untertänigen Verehrungskult zum Ausdruck, der der Freundschaft zur Sowjetunion schließlich sogar Verfassungsrang gab. Als die DDR-Führung nach 1985 versuchte, gegen die reformbereite UdSSR einen dogmatischen Kurs fortzusetzen, verlor sie nicht nur die Unterstützung der sowjetischen Militärmacht, sondern auch gegenüber der eigenen Bevölkerung ihre Autorität, die sich immer auf den großen Bruder Sowjetunion gestützt hatte.

13.2 Hinweisschild zur Kommandantur der sowjetischen Garnison in Frankfurt/Oder, vor 1990.

13.3 Modell: Sowjetische Diesellokomotive der Baureihe V200 (120), 1970.

Diese Diesellokomotive wurde ab 1966 von der Lokomotivfabrik Woroschilowgrad (Lugansk) in größerer Stückzahl als Güterzuglok an die Deutsche Reichsbahn geliefert.

13.4 Tischzier, 1979.

Geschenk der Gruppe der sowjetischen Streitkräfte in Deutschland (GSSD) an den Staatsrat und den Ministerrat der DDR zum 30. Jahrestag der DDR am 7.10.1979.

DHM

13.5 Eröffnung der konstituierenden Sitzung des Berliner Magistrats, 19.5.1945.

V.l.n.r.: Generaloberst Bersarin (Stadtkommandant), Dr. Arthur Werner (Oberbürgermeister), Karl Maron (Stellvertreter des Oberbürgermeisters). Der von den sowjetischen Behörden ernannte Berliner Magistrat setzte sich mehrheitlich aus Mitgliedern der KPD und parteilosen Verwaltungsfachleuten zusammen.

13.6 Stalin, Truman und Churchill beim Verlassen des Konferenzgebäudes, Potsdam, Juli 1945.

Die Konferenz der Kriegsalliierten über die gemeinsame Verwaltung Deutschlands sollte ursprünglich in der Hauptstadt Berlin stattfinden, wurde jedoch aus technischen und Sicherheitsgründen nach Potsdam einberufen.

13.8 Von Berlinern selbstgefertigte Staatsfahnen der Sowjetunion und der USA, 5.6.1945.

Auf Befehl des sowjetischen Stadtkommandanten fertigte die Berliner Bevölkerung anläßlich des Besuches der alliierten Oberkommandierenden Fahnen, die am 5. Juni ausgehängt werden mußten. Auf der abgebildeten US-Fahne dienten Plätzchenformen für die Sterne.

13.7 Prozeß gegen die Hauptkriegsverbrecher in Nürnberg. Blick in den Verhandlungssaal, 1946.

13.9 Befehl Nr. 2 des obersten Chefs der sowjetischen Militäradministration in Deutschland (SMAD) Marschall G. K. Shukow, 10.6.1945.

Die in diesem Befehl verkündete Zulassung von Parteien und Massenorganisationen kam zu diesem Zeitpunkt für die Westmächte wie auch für die deutsche Bevölkerung überraschend.

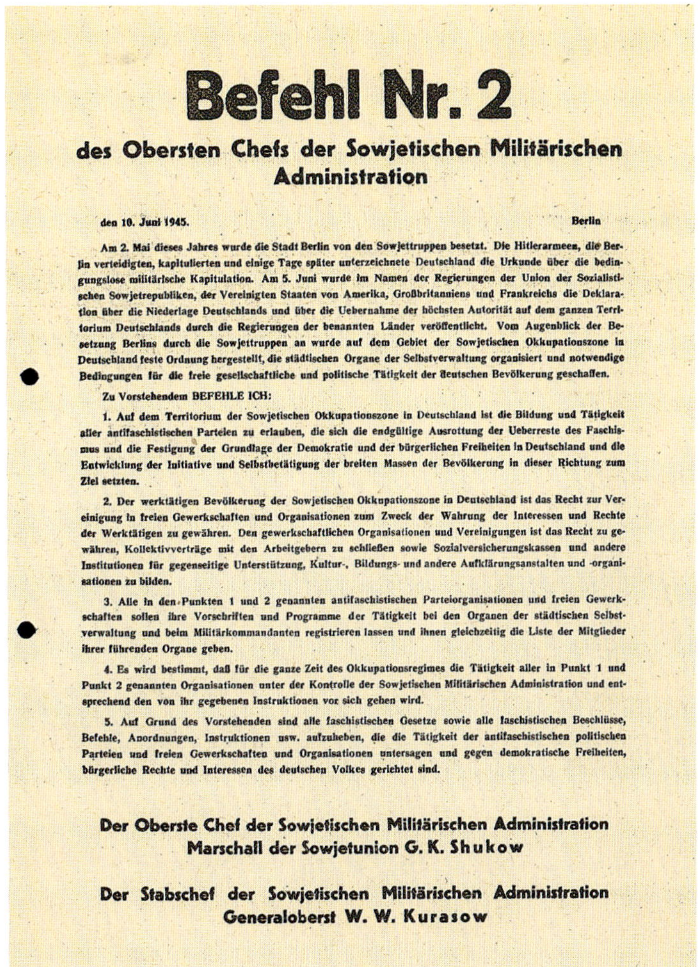

Befehl Nr. 2

des Obersten Chefs der Sowjetischen Militärischen Administration

den 10. Juni 1945. Berlin

Am 2. Mai dieses Jahres wurde die Stadt Berlin von den Sowjettruppen besetzt. Die Hitlerarmeen, die Berlin verteidigten, kapitulierten und einige Tage später unterzeichnete Deutschland die Urkunde über die bedingungslose militärische Kapitulation. Am 5. Juni wurde im Namen der Regierungen der Union der Sozialistischen Sowjetrepubliken, der Vereinigten Staaten von Amerika, Großbritanniens und Frankreichs die Deklaration über die Niederlage Deutschlands und über die Uebernahme der höchsten Autorität auf dem ganzen Territorium Deutschlands durch die Regierungen der benannten Länder veröffentlicht. Vom Augenblick der Besetzung Berlins durch die Sowjettruppen an wurde auf dem Gebiet der Sowjetischen Okkupationszone in Deutschland feste Ordnung hergestellt, die städtischen Organe der Selbstverwaltung organisiert und notwendige Bedingungen für die freie gesellschaftliche und politische Tätigkeit der deutschen Bevölkerung geschaffen.

Zu Vorstehendem BEFEHLE ICH:

1. Auf dem Territorium der Sowjetischen Okkupationszone in Deutschland ist die Bildung und Tätigkeit aller antifaschistischen Parteien zu erlauben, die sich die endgültige Ausrottung der Ueberreste des Faschismus und die Festigung der Grundlage der Demokratie und der bürgerlichen Freiheiten in Deutschland und die Entwicklung der Initiative und Selbstbetätigung der breiten Massen der Bevölkerung in dieser Richtung zum Ziel setzten.

2. Der werktätigen Bevölkerung der Sowjetischen Okkupationszone in Deutschland ist das Recht zur Vereinigung in freien Gewerkschaften und Organisationen zum Zweck der Wahrung der Interessen und Rechte der Werktätigen zu gewähren. Den gewerkschaftlichen Organisationen und Vereinigungen ist das Recht zu gewähren, Kollektivverträge mit den Arbeitgebern zu schließen sowie Sozialversicherungskassen und andere Institutionen für gegenseitige Unterstützung, Kultur-, Bildungs- und andere Aufklärungsanstalten und -organisationen zu bilden.

3. Alle in den Punkten 1 und 2 genannten antifaschistischen Parteiorganisationen und freien Gewerkschaften sollen ihre Vorschriften und Programme der Tätigkeit bei den Organen der städtischen Selbstverwaltung und beim Militärkommandanten registrieren lassen und ihnen gleichzeitig die Liste der Mitglieder ihrer führenden Organe geben.

4. Es wird bestimmt, daß für die ganze Zeit des Okkupationsregimes die Tätigkeit aller in Punkt 1 und Punkt 2 genannten Organisationen unter der Kontrolle der Sowjetischen Militärischen Administration und entsprechend den von ihr gegebenen Instruktionen vor sich gehen wird.

5. Auf Grund des Vorstehenden sind alle faschistischen Gesetze sowie alle faschistischen Beschlüsse, Befehle, Anordnungen, Instruktionen usw. aufzuheben, die die Tätigkeit der antifaschistischen politischen Parteien und freien Gewerkschaften und Organisationen untersagen und gegen demokratische Freiheiten, bürgerliche Rechte und Interessen des deutschen Volkes gerichtet sind.

Der Oberste Chef der Sowjetischen Militärischen Administration
Marschall der Sowjetunion G. K. Shukow

Der Stabschef der Sowjetischen Militärischen Administration
Generaloberst W. W. Kurasow

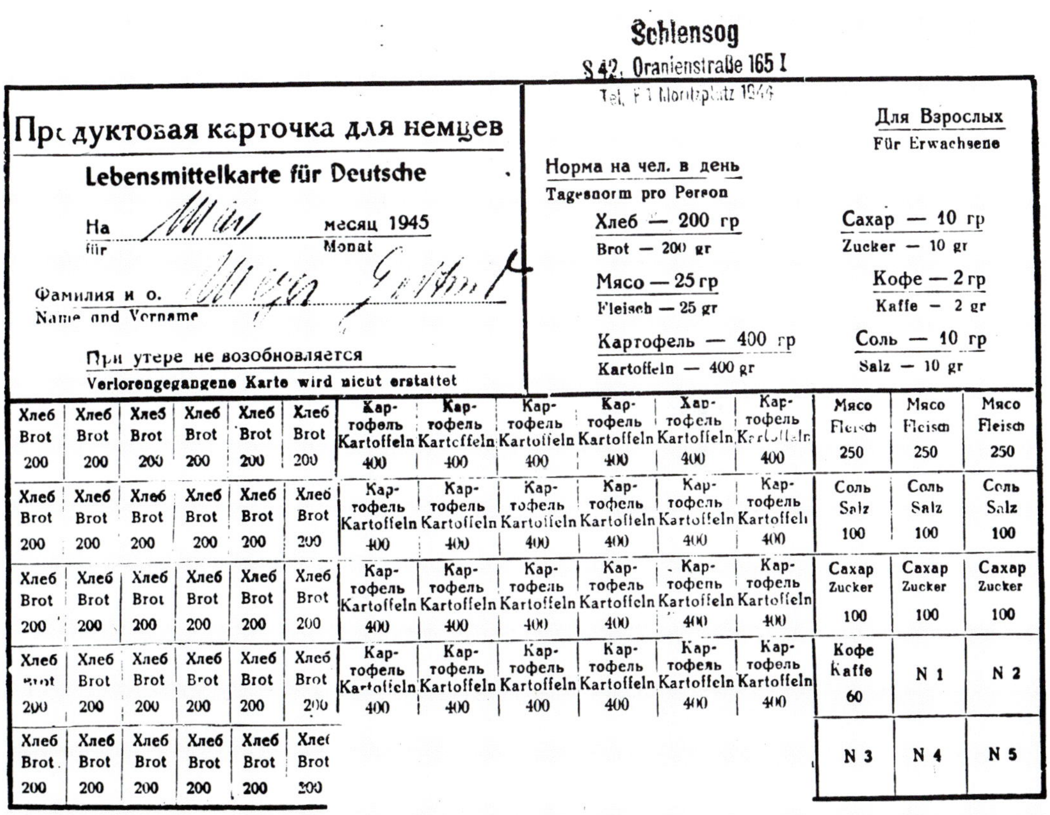

Schlensog
S 42, Oranienstraße 165 I
Tel. F 1 Moritzplatz 1949

Продуктовая карточка для немцев
Lebensmittelkarte für Deutsche

На / für Mai месяц / Monat 1945

Фамилия и о. / Name and Vorname [illegible]

При утере не возобновляется
Verlorengegangene Karte wird nicht erstattet

Для Взрослых
Für Erwachsene

Норма на чел. в день
Tagesnorm pro Person

Хлеб — 200 гр / Brot — 200 gr
Сахар — 10 гр / Zucker — 10 gr
Мясо — 25 гр / Fleisch — 25 gr
Кофе — 2 гр / Kaffe — 2 gr
Картофель — 400 гр / Kartoffeln — 400 gr
Соль — 10 гр / Salz — 10 gr

Хлеб Brot 200	Хлеб Brot 200	Хлеб Brot 200	Хлеб Brot 200	Хлеб Brot 200	Хлеб Brot 200	Кар-тофель Kartoffeln 400	Кар-тофель Kartoffeln 400	Кар-тофель Kartoffeln 400	Кар-тофель Kartoffeln 400	Кар-тофель Kartoffeln 400	Кар-тофель Kartoffeln 400	Мясо Fleisch 250	Мясо Fleisch 250	Мясо Fleisch 250
Хлеб Brot 200	Хлеб Brot 200	Хлеб Brot 200	Хлеб Brot 200	Хлеб Brot 200	Хлеб Brot 200	Кар-тофель Kartoffeln 400	Кар-тофель Kartoffeln 400	Кар-тофель Kartoffeln 400	Кар-тофель Kartoffeln 400	Кар-тофель Kartoffeln 400	Кар-тофель Kartoffeln 400	Соль Salz 100	Соль Salz 100	Соль Salz 100
Хлеб Brot 200	Хлеб Brot 200	Хлеб Brot 200	Хлеб Brot 200	Хлеб Brot 200	Хлеб Brot 200	Кар-тофель Kartoffeln 400	Кар-тофель Kartoffeln 400	Кар-тофель Kartoffeln 400	Кар-тофель Kartoffeln 400	Кар-тофель Kartoffeln 400	Кар-тофель Kartoffeln 400	Сахар Zucker 100	Сахар Zucker 100	Сахар Zucker 100
Хлеб Brot 200	Хлеб Brot 200	Хлеб Brot 200	Хлеб Brot 200	Хлеб Brot 200	Хлеб Brot 200	Кар-тофель Kartoffeln 400	Кар-тофель Kartoffeln 400	Кар-тофель Kartoffeln 400	Кар-тофель Kartoffeln 400	Кар-тофель Kartoffeln 400	Кар-тофель Kartoffeln 400	Кофе Kaffe 60	N 1	N 2
Хлеб Brot 200	Хлеб Brot 200	Хлеб Brot 200	Хлеб Brot 200	Хлеб Brot 200	Хлеб Brot 200							N 3	N 4	N 5

13.10 Lebensmittelkarte, Berlin, Mai 1945.

13.11 Neujahrsempfang des Präsidenten der DDR Wilhelm Pieck im Schloß Berlin-Niederschönhausen, Januar 1950.

V.l.n.r.: Armeegeneral Tschuikow (Vorsitzender der neugebildeten Sowjetischen Kontrollkommission), Botschafter Semjonow (politischer Berater der Sowjetischen Kontrollkommission), Präsident Pieck.

13.12 Einsatz sowjetischer Panzer gegen Demonstranten am Potsdamer Platz, Berlin, 17.6.1953.

13.13 Urteil des sowjetischen Militärtribunals für den Schweriner Schüler H.-J. Klein, 1950.

Mit der Zuspitzung des Kalten Krieges verschärfte sich auch die stalinistische Repression gegen jede mögliche Opposition in der DDR.

BStU 000008

5

Auszug aus der Urteilsverkündigung

des Militärtribunals der Sowjetarmee

in der Strafsache Nr.______ gegen:

1. Familien-, Vor-und-Vatersname Klein Hans-Jürgen

KOPIE BStU

2. Geburtsjahr und-ort 1930, in Schwerin

3. Wohnort in Schwerin, Landreiter-Straße-N 36.

4. Nationalität deutsch 5. Staatsangehörigkeit DDR

6. Schulbildung Mittelschule 7. Parteizugehörigkeit LDP

8. Beruf ohne Beruf 9. Familienstand ledig

10. Beschäftigung vor der Haft in Schwerin – „Göteschule" – als Schüler.

wird verurteilt:

Familien-, Vor-und Vatersname Klein Hans-Jürgen

gemäss Artikel 58-10, Teil 2. Strafgesetzbuch RSFSR

wegen antisowjetpropaganda

Strafhöhe Fünfundzwanzig Jahre Erziehungsarbeitslager

Mit oder ohne Beschlagnahme mit Beschlagnahme.

Strafantritt vom 5 Juli 1950.

Das Original ist mit den Unterschriften der Mitglieder des Tribunals versehen

Für die Richtigkeit des Auszuges

(Feldpoststempel) (Unterschrift)

„23" Oktober 1950

109

Befehl!

des Militärkommandanten des Bezirks Leipzig

1. Ab 17. Juni 1953 ist in der Stadt und Bezirk Leipzig der Ausnahmezustand zu verhängen.

2. Ich verbiete ab sofort sämtliche Demonstrationen und Zusammenkünfte mit mehr als drei Personen in der Stadt. Sämtlicher Verkehr nach 21 Uhr bis 5 Uhr früh ist verboten.

3. Im Nichtbefolgungsfalle werden militärische Maßnahmen ergriffen.

4. Allen Bewohnern empfehle ich, sich an ihre Arbeitsplätze zu begeben, um weiterzuarbeiten zum Wohle des Deutschen Volkes.

Der Militärkommandant des Bezirkes Leipzig
gez. Oberst Jazkewitsch

Leipzig, den 17. Juni 1953

13.14 Befehl des sowjetischen Militärkommandanten des Bezirkes Leipzig über die Verhängung des Ausnahmezustandes, 17.6.1953.

13.15 Die Berliner Fotografin Gerlind Klemens fand im Sommer 1994 in einer verlassenen Kaserne einer Nachrichteneinheit in Neuruppin zurückgelassene Filmstreifen, aus denen diese Aufnahmen stammen.

Vor dem Stabsgebäude in der Garnison Neuruppin, ca. 1990.

13.16. Politunterricht im Leninzimmer, ca. 1990.

13.17 Waffen- und Ausrüstungsappell in einer sowjetischen Kaserne in Neuruppin, ca. 1990.

13.18 Übergabe der Verwaltungsfunktionen der Sowjetischen Militäradministration in Deutschland an den Ministerpräsidenten der DDR Otto Grotewohl in Berlin-Karlshorst, 10.10.1949.

13.19 Michail Gorbatschow, Parteisekretär der KPdSU, als Gast des Staatsratsvorsitzenden der DDR Erich Honecker, anläßlich des 40. Jahrestages der DDR, Berlin-Niederschönhausen, 7.10.1989.

14.1 Marschall Georgi K. Shukow.

Marschall der Sowjetunion Georgi K. Shukow (1896–1974) wurde 1941 Chef des Generalstabes der Roten Armee, 1942 Stellvertretender Oberbefehlshaber der Roten Armee und 1944 Oberbefehlshaber der 1. Weißrussischen Front. Vom Juni 1945 bis zum März 1946 war er Chef der SMAD und Oberbefehlshaber der Sowjetischen Okkupationsstreitkräfte in Deutschland (GSOSD). Bald nach seiner Abberufung aus Deutschland verlor er seinen Sitz im ZK der KPdSU und wurde nacheinander Befehlshaber der Wehrbezirke Odessa und Ural. Nach dem Tode Stalins im März 1953 wurde Shukow 1. Stellvertreter des Verteidigungsministers und erneut Mitglied des ZK. Von 1955 bis 1957 war er Verteidigungsminister der UdSSR und seit 1956 auch Mitglied des Präsidiums des ZK der KPdSU. Im Jahre 1957 verlor er alle Partei- und Staatsämter.

Von Juni 1945 bis zur Gründung der DDR im Oktober 1949 befand sich in dem ehemaligen Offizierskasino der Pionierschule in Berlin-Karlshorst der Sitz der Sowjetischen Militäradministration in Deutschland (SMAD). Das Büro des Obersten Chefs der SMAD, der zugleich Oberkommandierender der Gruppe der Sowjetischen Streitkräfte in Deutschland sowie (bis März 1948) der Vertreter der UdSSR im Alliierten Kontrollrat war, war im Clubraum des Gebäudes untergebracht.

Der erste und trotz kurzer Amtszeit bekannteste Chef der SMAD war Marschall Grigori K. Shukow. Aufgrund seiner militärischen Erfolge im Zweiten Weltkrieg besaß Shukow, der als sowjetischer Vertreter die deutsche Kapitulation am 8./9.5. 1945 in Berlin-Karlshorst entgegengenommen hatte, in der Sowjetunion große Popularität. Im März 1946 wurde er aus Deutschland abberufen und von Stalin auf den Posten des Befehlshabers der Wehrbezirke Odessa und Ural abgeschoben.

Nachfolger Shukows war Marschall Wassili D. Sokolowski. Er leitete von März 1946 bis zum März 1949 die SMAD. Letzter Chef der SMAD war Marschall Wassili I. Tschuikow. Nach der Übergabe der Verwaltungsfunktionen an die Regierung der DDR am 10.10.1949 wurde als Nachfolgerin der SMAD die Sowjetische Kontrollkommission SKK unter Vorsitz von Marschall Tschuikow gebildet. Auch sie hatte bis zu ihrer Auflösung im Jahr 1953 ihren Sitz im Offizierskasino in Berlin-Karlshorst.

14.3 Marschall Sokolowski

1941 war Sokolowski (1897–1968) Stellvertretender Chef des Generalstabes, danach Stabschef und Oberkommandierender verschiedener Fronten. Von 1945 bis 1946 war er Stellvertretender Oberkommandierender der GSOSD und Chef der SMAD. Vom März 1949 bis zum April 1960 war Sokolowski 1. Stellvertreter des Ministers für Streitkräfte bzw. für Verteidigung der UdSSR, seit 1952 außerdem auch Stellvertretender Chef des Generalstabes.

14.4 General Tschuikow

Marschall der Sowjetunion Tschuikow (1900–1982) war von Dezember 1940 bis März 1942 Militärattaché in China, von 1942 bis 1945 Oberbefehlshaber der 62. (ab April 1943 8. Garde-) Armee in Stalingrad und im Kampf um Berlin, von 1945 bis 1948 Chef der SMAD in Thüringen, von März bis Oktober 1949 Oberkommandierender der GSOSD und Chef der SMAD, von 1949 bis 1953 Oberkommandierender der GSSD und Vorsitzender der Sowjetischen Kontrollkommission in Deutschland (SKK), von 1960 bis 1964 Oberkommandierender der Landstreitkräfte der UdSSR.

14.2 Marschall Shukows Arbeitszimmer.

15.1 Wahlplakat der CDU zur Bundestagswahl, 1953.

Die Entwicklung geregelter Beziehungen zwischen der Bundesrepublik Deutschland und der Sowjetunion wurde lange Zeit durch starre politische Barrieren behindert. Die weltpolitische Polarisierung infolge des Kalten Krieges machte eine Normalisierung der bilateralen Beziehungen zunächst unmöglich. Hinzu kamen die belastenden Erfahrungen durch den deutschen Krieg gegen die Sowjetunion, ihre weitgehende Verdrängung in der Bundesrepublik und ihre politische Instrumentalisierung auf sowjetischer Seite zur Rechtfertigung des stalinistischen Systems.

Die Aufnahme diplomatischer Beziehungen, die Adenauer und Chruschtschow im September 1955 in Moskau vereinbarten, stellte einen ersten Wendepunkt dar. Frühere Vermittlungsversuche der Evangelischen Kirche und des Deutschen Roten Kreuzes konnten, nicht zuletzt aufgrund der emotionalisierten Atmosphäre in der Bundesrepublik, zur damaligen Zeit noch keinen Durchbruch erzielen. Ohne Erfolg blieb auch die sog. Stalin-Note vom 10.3.1952, deren Ernsthaftigkeit nicht einmal geprüft wurde.

Doch auch der deutsch-sowjetische Vertrag vom September 1955 war, ungeachtet seiner prinzipiellen Bedeutung, zunächst nur von begrenzter Wirkung. Ungelöste Fragen wie der Berlin-Status oder das Verhältnis zwischen der Bundesrepublik und der DDR wie auch Spannungen zwischen den Großmächten USA und UdSSR schufen immer wieder neue Konfliktherde. Dennoch nahmen die Handelsbeziehungen beider Staaten seit Ende der fünfziger Jahre zu.

Erst im Zuge der allmählichen Entspannung zwischen den Großmächten und der darauf folgenden neuen Ostpolitik der Regierung Brandt/Scheel wurde eine tatsächliche Normalisierung und Belebung der beiderseitigen Kontakte eingeleitet. Die Unterzeichnung des Moskauer Vertrages im August 1970 markierte einen wichtigen Wendepunkt. Eine bedeutende Rolle spielte dabei der ökonomische Faktor: Bereits im Februar 1970 war der Abschluß eines umfangreichen Erdgas-Röhren-Geschäftes erfolgt. Zwar gab es auch in der Folgezeit Phasen politischer Konflikte und Spannungen, sie blieben jedoch in ihrer Auswirkung begrenzt. So führten der Krieg in Afghanistan und die Auseinandersetzungen in der Nachrüstungsfrage nicht zu einer neuen Konfrontation und dem Abbruch aller Beziehungen. Die neue sowjetische Außenpolitik unter Gorbatschow und Schewardnadse schließlich erweiterte seit 1985 den Handlungsrahmen in entscheidendem Ausmaß. Sie ebnete den Weg zur Vereinigung der beiden deutschen Staaten und zum Abschluß des deutsch-sowjetischen Freundschaftsvertrages im November 1990.

15.2 Spruchband für Martin Niemöller nach seinem Moskau-Besuch in der Wiesbadener Brentanostraße, Januar 1952.

Die Reise Martin Niemöllers war der erste direkte Kontakt der Evangelischen Kirche in die UdSSR. Sie stellte in dem damals herrschenden Klima des Kalten Krieges für viele in der Öffentlichkeit der Bundesrepublik eine Provokation dar.

15.3 Emailleschild aus einer sowjetischen Kaserne, um 1965.

Die Aufschrift lautet auf deutsch: „Sie wollten uns besiegen. Wir haben es geschafft, den Feind zu zerschlagen! So ist es gewesen... und jetzt, Feind, denke nicht, daß Du uns angreifen kannst!"

15.4 Aus sowjetischer Haft entlassene Kriegsgefangene vor Suchanschlägen nach Vermißten, Friedland o. D.

15.5 Suchschild für einen vermißten Angehörigen, nach 1950.

15.6 Ankunft von Heimkehrern und Internierten, 1953–1955.

15.7 Besuch des Kanzlers der Bundesrepublik Deutschland Konrad Adenauer in Moskau: Schlußsitzung der deutsch-sowjetischen Verhandlungsrunde im Moskauer Spiridonow-Palais am 13.9.1955.

15.8 Vortragsabend des sowjetischen Schriftstellers Jewtuschenko in München, 21.1.1963.

Rechts neben Jewtuschenko sitzt Maximilian Schell, der während der Veranstaltung die Gedichte Jewtuschenkos in deutscher Übersetzung rezitierte.

15.9 Roter Wimpel mit russischer Aufschrift, 1954.

Der Wimpel wurde dem Deutschen Turnerbund „von den sowjetischen Sportlern" (so die Aufschrift) als Geschenk überreicht. Anlaß war vermutlich die erste Teilnahme sowjetischer Sportler an einem Wettkampf in der Bundesrepublik, dem „Internationalen Kunstturnen" 1954 in Frankfurt a.M.

15.10 Betrieb in Nowomoskowski/Ukraine nach dem Röhrenembargo durch den Bundestag, 26.3.1963.

Die Beschriftung der Röhren lautet: „6 200 Tonnen Plansoll übererfüllt, da hast Du's Bonn! Du gehst pleite, Adenauer!" Hintergrund der Bundestagsentscheidung vom 18.12.1962, ein Röhrenembargo gegen die UdSSR zu verhängen und damit wirtschaftliche Beziehungen wieder abzubrechen, bildete die Kuba-Krise.

15.11 Generalsekretär Breshnew und Bundeskanzler Brandt bei einem Gespräch im Kanzlerbungalow in Bonn, 20.5.1973.

Während des ersten Staatsbesuchs von Generalsekretär Breshnew in der Bundesrepublik vom 18. bis 22.5.1973 wurden vertragliche Vereinbarungen über wirtschaftliche und kulturelle Zusammenarbeit getroffen.

15.12 Großröhrenproduktion für ein deutsch-sowjetisches Erdgasprojekt im Mannesmann-Werk, Duisburg, Dezember 1969.

15.13 Bauabschnitt der Gasleitung „Nordlicht", die von der Komi ASSR aus bis in die Bundesrepublik gebaut wurde, April 1969.

15.14 Deutsche Sportler stimmen für die Teilnahme der Bundesrepublik an den Olympischen Spielen in Moskau 1980, Düsseldorf, Mai 1980.

Nach dem Einmarsch sowjetischer Truppen in Afghanistan im Dezember 1979 kündigten die USA und eine Reihe anderer Staaten den Boykott der Olympischen Spiele in Moskau im Sommer 1980 an. Die Bundesregierung sprach eine entsprechende Empfehlung an das NOK aus, das über einen möglichen Boykott zu entscheiden hatte.

15.15 Frau Gorbatschow und Frau Kohl am Ehrenmal im ehemaligen Lager für sowjetische Kriegsgefangene Stukenbrock, 13.6.1989.

Anläßlich des Staatsbesuchs des Generalsekretärs der KPdSU Michail Gorbatschow legten seine Gattin und die Gattin des Kanzlers der Bundesrepublik Deutschland, Frau Kohl, Kränze zur Erinnerung an die 60 000 sowjetischen Kriegsgefangene nieder, die in diesem Lager aufgrund der unmenschlichen Haftbedingungen umgekommen waren.

15.16 Beginn der „2+4"-Gespräche in Bonn, 5.5.1990.

An den Gesprächen nahmen die Außenminister Baker (USA), Schewardnadse (UdSSR), Genscher (BRD), Dumas (Frankreich), Meckel (DDR) und Hurd (Großbritannien) teil.
Die „2+4"-Gespräche wurden am 12.9.1990 mit der Unterzeichnung eines Friedensvertrages zwischen der BRD, der DDR und der Sowjetunion, den USA, Großbritannien und Frankreich abgeschlossen. Damit war auch der Weg zur Vereinigung der beiden deutschen Staaten geöffnet.

15.17 Bundeskanzler Kohl und der sowjetische Ministerpräsident Gorbatschow nach der Unterzeichnung des „Vertrages über gute Nachbarschaft, Partnerschaft und Zusammenarbeit" im Gobelinsaal des Palais Schaumburg am 9.11.1990.

Die Formen der privaten Erinnerung und Trauer der Überlebenden des Krieges haben sich in Deutschland und in der Sowjetunion kaum unterschieden. Der Rahmen mit dem Foto des Gefallenen in einer Zimmerecke, das Kästchen mit Briefen von der Front und den Habseligkeiten, die die Angehörigen vielleicht noch erhalten hatten, all das glich sich weitgehend. Für die folgenden Generationen war der katastrophale Einschnitt in die Familiengeschichte dann schon ferne Erinnerung. Manches Überlieferte wurde zur Ware auf dem Flohmarkt.

Anders die öffentliche Erinnerung an den Krieg: In der Sowjetunion waren sehr viel mehr Menschen durch diesen Krieg umgekommen als in Deutschland, aber am Ende stand der Sieg und selbst bei Kritikern der stalinistischen Herrschaft die Gewißheit, mit der Zerschlagung des Nationalsozialismus eine historische Tat vollbracht zu haben. Die kommunistische Partei zog aus diesem historischen Sieg über Jahrzehnte einen großen Teil der Rechtfertigung ihrer Herrschaft. Der Sieg und die Helden standen im Vordergrund der Erinnerung, die Opfer traten dahinter zurück. Und je größer die historische Entfernung zu den Ereignissen wurde, umso größer wurden die Denkmäler. Die vielen weißen Flecken in der Darstellung des Krieges wurden erst seit dem Ende des alten Regimes Thema der öffentlichen Erinnerung.

Beide deutsche Staaten haben zur öffentlichen Erinnerung an den deutsch-sowjetischen Krieg ein distanziertes Verhältnis gehabt – aus unterschiedlichen Gründen. Im staatlichen Selbstverständnis der DDR war der sowjetische Sieg über den Faschismus bald auch zum eigenen Sieg geworden. Die Niederlage war danach Sache der Bundesrepublik. Die reale Kriegserinnerung der Bürger blieb ihre eher peinlich verschwiegene Privatangelegenheit.

Für den überwiegenden Teil der Öffentlichkeit in der Bundesrepublik war der Krieg gegen die Sowjetunion nachträglich zwar nicht mehr zu rechtfertigen. Aber in der noch dichten Erinnerung an eigene Leiden in Krieg, Gefangenschaft und bei der Vertreibung sowie in der Frontstellung des Kalten Krieges war die Mehrheit nicht in der Lage, eine eindeutige und umfassende Kritik des Geschehenen zu leisten. Noch wurde vorrangig das eigene Leiden als Schicksalsschlag thematisiert. Das Leiden, das der anderen Seite zugefügt wurde, war in dieser Zeit kein Thema.

Erst allmählich mit dem Abbau der politischen Spannungen und bei immer größerem Abstand zum Krieg wuchs bei Individuen und gesellschaftlichen Gruppen das Bedürfnis, diesen Krieg noch einmal selbstkritisch in Erinnerung zu rufen. Für viele Kriegsteilnehmer schuf erst die zweite, meist erfolgreiche Nachkriegsbiographie das Selbstbewußtsein zum kritischen Rückblick.

16.1 Massengrab des ehemaligen Internierungs- und Zwangsarbeitslagers Kolditschewo, 1993.

Im Internierungs- und Zwangsarbeitslager beim Gut und Dorf Kolditschewo starben zwischen 1942 und 1944 22 000 Menschen, die unter Partisanenverdacht gefangengehalten wurden.

16.2 Ewige Flamme und Denkmal in der Festung Brest, 1993.

Die ehemalige Grenzfestung Brest, deren Besatzung sich noch länger als zwei Wochen nach dem deutschen Überfall in aussichtsloser Lage verteidigte, wurde seit den sechziger Jahren zu einer monumentalen Gedenkstätte ausgebaut.

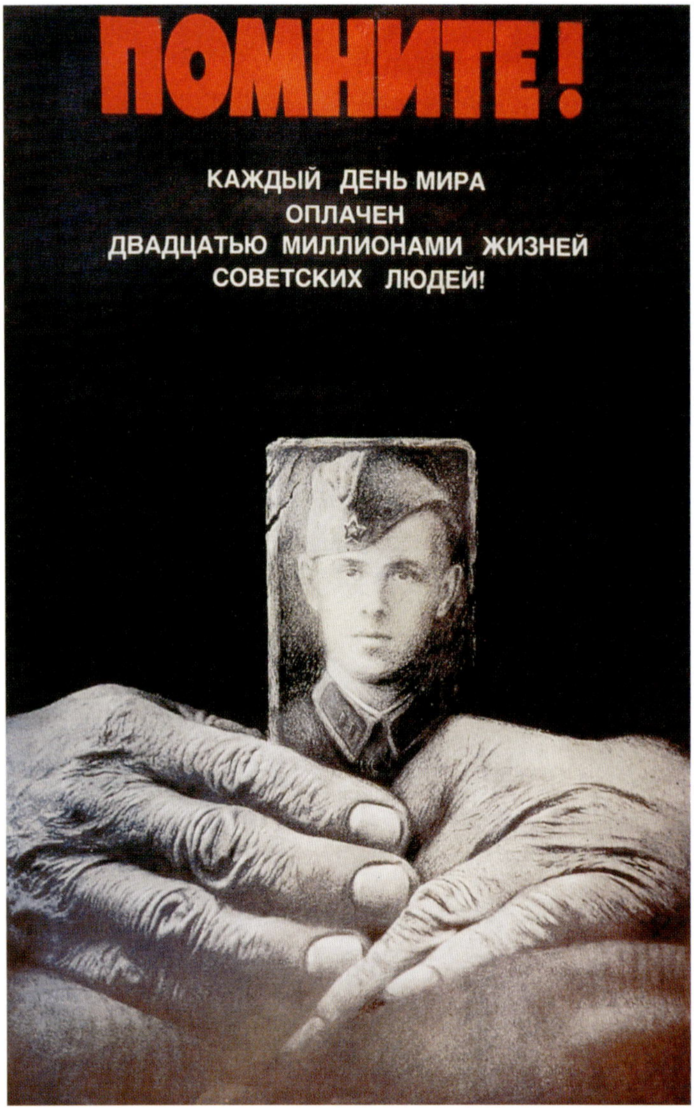

16.3 Sowjetisches Plakat „Denkt daran!", 1984.

Autor: W. Shestakow. Der Text lautet: „Denkt daran! Jeder Tag des Friedens wurde mit dem Leben von 20 Millionen sowjetischer Menschen bezahlt!"

16.4 Treffen von Veteranen und Hinterbliebenen Gefallener in Moskau am 9. Mai, siebziger Jahre.

16.5 Modell des Ehrenmals der Roten Armee in Berlin-Tiergarten, o. Datierung.

Das Modell wurde zu Schulungszwecken für die sowjetische Berlin-Brigade verwendet, deren Soldaten dort Wachdienst und Totenehrungen durchzuführen hatten.

16.6 Gedenkbücher für die 1941–1945 gefallenen Einwohner Moskaus, Moskau, 1993–1995.

In jedem der dreizehn Bände sind die Namen und Angaben über den Kriegstod von 27 500 Einwohnern Moskaus verzeichnet. Da Moskau nur kurze Zeit unter Luftangriffen zu leiden hatte und nicht besetzt wurde, sind fast alle als Soldaten getötet worden.

16.7 Gedenkblatt für einen im Zweiten Weltkrieg gefallenen Soldaten, nach 1945.

16.8 Grabungsfunde aus Schönfließ/Brandenburg, Januar 1994.

Bei Schönfließ, ca. 20 Kilometer südlich von Seelow, wurde im April 1945 heftig gekämpft. Von den Gefallenen wurden 1945 nur wenige bestattet. Im Januar 1994 wurden in einer gemeinsamen Aktion des „Volksbundes deutsche Kriegsgräberfürsorge", der Bundeswehr und der russischen Armee die Gefallenen umgebettet. Überreste der militärischen Ausrüstung wurden in großer Zahl mit ausgegraben.

16.9 Ausgrabungsfunde aus dem Zweiten Weltkrieg in Wolgograd, 1993.

Die Überreste militärischer Ausrüstung und persönlichen Besitzes von Gefallenen der Schlacht von Stalingrad wurden im Frühjahr 1993 bei Ausschachtungen gefunden. Bei Grabungen finden sich noch heute zahlreiche Überreste in der Erde. In der Schlacht von Stalingrad fielen zwischen dem September 1942 und dem Januar 1943 470 000 sowjetische und mehr als 200 000 deutsche und rumänische Soldaten.

AUSSTELLUNG

WIDER DEN KRIEG

Fotos von Helmut Hoffmann
Trägerschaft: Arbeitskreis Friedenswoche Oldenburg

Die Anregung zu dieser Ausstellung erhielt der Verfasser im Friedensmuseum in Berlin, das die Tradition des Antikriegsmuseums von Ernst Friedrich aus der Weimarer Zeit weiterführte. Während Ernst Friedrich in der NS-Zeit verhaftet und mißhandelt und sein Museum demoliert wurde, war der Autor dieser Ausstellung ein vergnügter Hitlerjunge in Sachsen und dort "Bannfotograf". (Der "Bann ist die Einheit der Hitlerjugend, die einem Regiment beim Militär entspricht.)

Nun zeigt er seine Bilder aus der Vergangenheit und sagt, was er heute darüber denkt. Zu sehen sind Fotos aus seiner Schul- und Hitlerjugendzeit von 1934 bis 1937, vom Kasernenleben 1938 und dem Einmarsch der "Großdeutschen Wehrmacht" in Prag 1939, aus dem Krieg gegen Polen 1939, Frankreich 1940 und Rußland ab 1941.

Der Verfasser setzt die alten Bilder in Beziehung zum heutigen Geschehen. Er fragt, welche Hemmungen im Krieg von Menschen abfallen. Wie stehen Christen zum Töten und Zerstören im Krieg? Was halten sie vom Mißbrauch von Bibelsprüchen auf Kriegerdenkmälern? Wie ist das Verhältnis von Glaube und Politik? Er meint, daß die Zukunft ohne Erinnerung an die Vergangenheit nicht gestaltet werden darf und fragt deshalb: Was ist heute zu tun? So berichten die letzten Plakate davon, wie sich heute viele Menschen für Gerechtigkeit, Frieden und Bewahrung der Schöpfung einsetzen.

Die Ausstellung wurde u.a. in Dresden und in der Nikolaikirche in Leipzig gezeigt. Wer weitere Auskünfte, Texte aus der Ausstellung oder Absprachen zu ev. Besuchen des Verfassers in Schulklassen oder anderen Gruppen (mit Dias) wünscht, wende sich bitte an Helmut Hoffmann, Wiemkenhofsweg 32 in 26125 Oldenburg. (Tel. 0441-37691)

Krieg gegen Rußland

26. Juli 1941

Majakowa

Russische Kriegsgefangene, die noch nicht lange in Gefangenschaft sind.

In Pskow (wir nannten die Stadt Pleskau) erlebte ich später im Vorbeigehen diese Szene: Ein Unteroffizier fragte die Vorübergehenden, ob sie einmal einen Spaß erleben wollten. Dann warf er ein halbes Kommißbrot über den Stacheldrahtzaun des dortigen Gefangenenlagers. Die völlig ausgehungerten russischen Kriegsgefangenen stürzten sich darauf und prügelten sich, um ein Stück davon zu ergattern.

Ich war bis 1947 selbst in sowjetischer Gefangenschaft.

16.10–16.12 Tafeln der Wanderausstellung „Wider den Krieg" mit Bildern und Texten Helmut Hoffmanns, 1993.

Die Ausstellung entstand aus der privaten Initiative des Autors, der seine Sicht als Soldat der Wehrmacht mit seiner heutigen Erfahrung konfrontiert. Die Ausstellung wurde seitdem in zahlreichen Kirchengemeinden gezeigt.

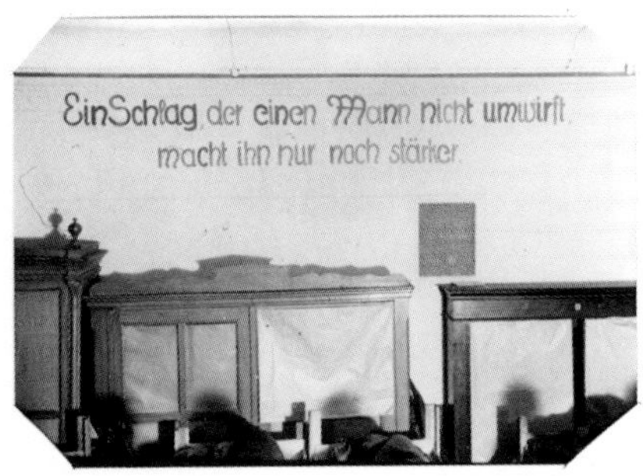

April 1942 Krieg gegen Rußland (Pernau)

In Estland bildeten wir Rekruten aus. Diese Hitler-Aussprüche ließ ich an die Wand der Rekruten-Stuben malen. Als Unterkunft war eine Schule beschlagnahmt worden. - Heute erschrecke ich, wenn ich diese schlimmen Sprüche lese. 3 Wochen nach Abschluß dieser Ausbildung wurde der erste junge Mann aus dieser Rekrutenkompanie durch einen Granatsplitter in Rußland tödlich verwundet.

16.13–16.16 Treffen von Veteranen und Hinterbliebenen Gefallener in Moskau am 9. Mai, siebziger Jahre.

Der Fotograf Valeri Stignejew hat in mehreren Jahren am Feiertag des Sieges die Treffen von Veteranen und Hinterbliebenen am Grabmal des unbekannten Soldaten beim Kreml und auf dem Platz vor dem Bolschoi-Theater in Moskau festgehalten.

Museum Berlin-Karlshorst

1 Deutsch-sowjetische Beziehungen 1917–1933

2 Nationalsozialistische Feindbilder

3 Der Hitler-Stalin-Pakt 1939–1941

4 Kriegsplanung 1940/41

5 Kriegsverlauf 1941–1944

6 Soldatenalltag

7 Nationalsozialistische Vernichtungspolitik in der Sowjetunion

8 Die sowjetische Zivilbevölkerung im Krieg

9.1 Sowjetische Kriegsgefangene und Zwangsarbeiter im Reichsgebiet

9.2 Deutsche Kriegsgefangene in der Sowjetunion

10 1945: Der Krieg in Deutschland

11 Der Krieg der Alliierten

12 Die Kapitulation am 8. Mai 1945

13 Die Sowjetunion und die DDR

14 Arbeitszimmer Marschall Shukows

15 Die Sowjetunion und die Bundesrepublik Deutschland

16 Die Gegenwart des Krieges nach dem Krieg

A Ausstellungsraum

B Mediensaal

C Imbiss

D Information

E Aufzug

Obergeschoß
Anfang Rundgang

Erdgeschoß

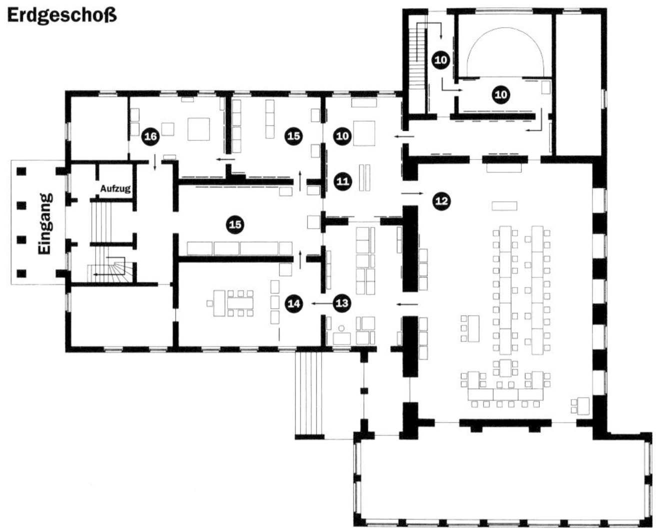

Untergeschoß

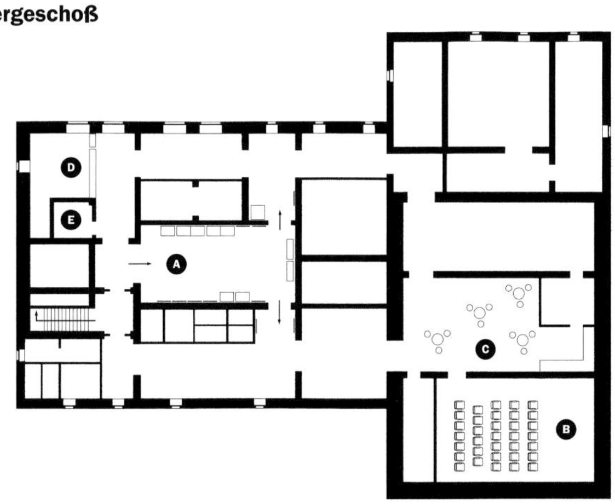

Museum Berlin-Karlshorst

Gedenkstätte und Ausstellung
(eröffnet am 10. Mai 1995)

Zwieseler Straße 4/Ecke Rheinsteinstraße
10318 Berlin
Telefon (030) 509 86 09
Fax (030) 509 87 25

Internet:
http://www.brandenburg.de/~mwfk~kultur~deutsch~gedenkst.~bln~karlshorst.d.html

Verkehrsverbindung:
S-Bahnhof Karlshorst
(Ausgang Treskowallee, Rheinsteinstraße)
10–15 min Fußweg
Straßenbahn 26, 27, 28

Öffnungszeiten:
Dienstag–Sonntag 10–18 Uhr

Führungen:
nach Anmeldung möglich

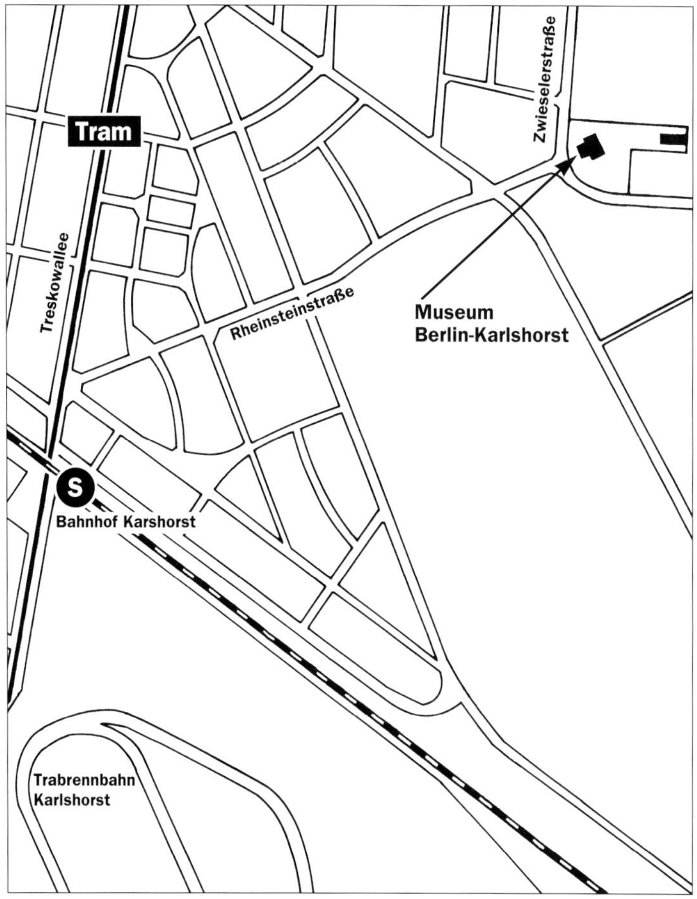

Stadtplan

Lageplan

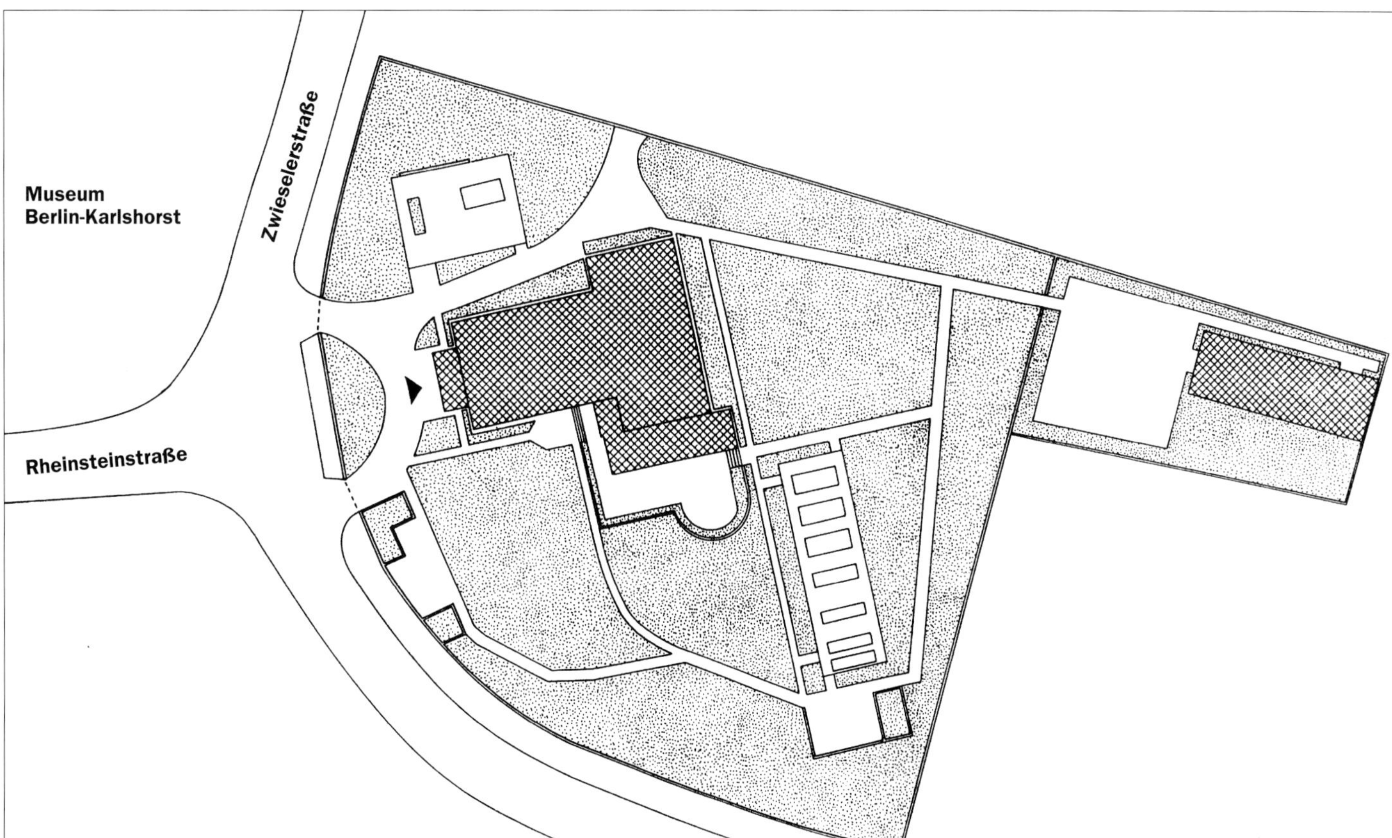

Anhang

Leihgeber

Deutsche Bundesbahn, Frankfurt a.M.
Deutsche Waggon-Bau AG, Berlin
Deutsches Museum für Schulkunst, Hagen
Deutsches Sportmuseum, Köln
Deutsches Historisches Museum, Berlin
Dokumentationszentrum Stadtallendorf
Erbengemeinschaft Heinrich Böll, Langenbroich
Europipe GmbH, Ratingen
Evangelische Kirche im Rheinland, Düsseldorf
Firma Züblin, Stuttgart
Fonds der Verfolgten des NS-Regimes, Mogiljow/Belarus
Friedrich-Ebert-Stiftung, Bonn
Gedenkstätte Bergen-Belsen
Haus der Geschichte der Bundesrepublik Deutschland, Bonn
Heinrich-Böll-Stiftung, Köln
Kreditanstalt für Wiederaufbau, Frankfurt a. M.
Linde AG, Köln
Mannesmann, Düsseldorf
Militärmedizinisches Museum, St. Petersburg
Museum der Geschichte der Stadt St. Petersburg
Museum des Großen Vaterländischen Krieges, Minsk
Panorama-Museum Wolgograd
Polizeischule „Erich Klausener", Schloß Holte-Stukenbrock
Rheinisch-Westfälische Auslandsgesellschaft, Dortmund
Staatliches Film- und Fotoarchiv Belarus, Dsershinsk
Staatliches Historisches Museum, Moskau
Stiftung Topographie des Terrors, Berlin
Verlag Aenne Burda, Offenburg
Zentrales Museum der Steitkräfte, Moskau

Privatbesitz:
Arieta Ameis, Horstmar
Egon Bahr, Hamburg
Berthold Beitz, Essen
Günter Bock, Bruchsal
Rut Brandt, Bornheim
v. Dallwitz, Würzburg
Irina Dodenhöft, Sulzbach-Rosenberg
Richard Eiermann, Sinzheim-Rohrbach
Ulf Frielinghaus, Schloß Holte-Stukenbrock
Heinz Joachim Held, Hannover
Helmut Hoffmann, Oldenburg
Arno Kehrberg, Berlin
Anna Krasnopjorko, Minsk
Helmut Kuhnert, Dortmund
N. Lopuschanski, Gomel
Ingeborg Münzing-Ruef, Gmund am Tegernsee
Jan Niemöller, Usingen
Oskar Paul, Bad Tölz
Hartmut Piecha, Berlin
Will Quadflieg
Dietlind v. Seydlitz, Hamburg
Eva-Maria Stege, Berlin
Walter Störer, Frankfurt a.M.
Heinrich Wettläufer, St. Augustin
Ingrid Wiedemann, Hamburg

Archive und Sammlungen

Archiv der sozialen Demokratie der Friedrich-Ebert-Stiftung, Bonn
Archiv des Außenministeriums der Russischen Förderation, Moskau
Archiv des Verteidigungsministeriums der Russischen Förderation, Moskau
Archiv des „Neuen Deutschland"
Bayerische Landeszentrale für politische Bildung, München
Bildarchiv Preußischer Kulturbesitz
Bundesarchiv, Koblenz
Bundesarchiv-Archiv der Parteien und Massenorganisationen der DDR
Bundesarchiv-Filmarchiv, Berlin
Bundesarchiv-Militärarchiv, Freiburg
Bundesbildstelle
Deutsche Presse-Agentur
Deutsches Rotes Kreuz, Bonn
Deutsches Rundfunkarchiv, Frankfurt a.M.
DHM-Bildarchiv, Berlin
Evangelisches Zentralarchiv in Berlin
Gedenkstätte Zeithain
Historisches Archiv Krupp, Essen
Imperial War Museum, London
Institut für Zeitgeschichte, München
Konrad-Adenauer-Stiftung, St. Augustin
Landesarchiv Berlin
Lufthansa-Archiv, Köln
Mannesmann-Archiv, Düsseldorf
Museum des Großen Vaterländischen Krieges-Bildarchiv, Minsk
Niedersächsiche Landeszentrale für politische Bildung, Hannover
Politisches Archiv des Auswärtigen Amtes, Bonn
Popper-Foto, London
Presse-Agentur Schirner/DHM
RIA Nowosti, Moskau
Staatliches Film- und Fotoarchiv Belarus, Dsershinsk
Staatliches Film- und Fotoarchiv der Russischen Förderation, Krasnogorsk
Staatliches Historisches Museum, Moskau
Staatsarchiv Nürnberg
Staatsarchiv Osnabrück
Staatsbibliothek Preußischer Kulturbesitz, Berlin
Stadtarchiv Greven
Stadtarchiv Hamm
Stadtarchiv München
Stadtmuseum München
Stadtmuseum Saarbrücken
Stiftung Bundeskanzler-Adenauer-Haus, Rhöndorf
Stiftung Deutsche Kinemathek, Berlin
Stiftung Topographie des Terrors
Süddeutscher Verlag Bilderdienst
Ullstein Bilderdienst
Zentralarchiv der Evangelischen Kirche in Hessen und Nassau, Darmstadt
Zentrales Museum der Streitkräfte, Moskau

Privatbesitz:
Robert Diament, Moskau
Anatolij Jegorow, Moskau
Ernst Klee, Frankfurt a.M.
Gerlind Klemens, Berlin
Boris Kudojarow, Moskau
Henning Langenheim, Berlin
Georgij Lipskerow, Moskau
N. Lopuschanski, Gomel
Mark Markow-Grinberg, Moskau
Timofej Melnik, Moskau
Jakow Rjumkin, Moskau
Michail Sawin, Moskau
Iwan Schagin, Moskau
David Trachtenberg, Moskau
Wdowenko, Moskau

Aufbau der Ausstellung
Stand 1995

Vorstand:
Prof. Dr. Christoph Stölzl,
Berlin
Oberst Dr. Aleksandr Nikonow,
Moskau

Wissenschaftliche Beratergruppe:
Professor Dr. Reinhard Rürup,
Berlin (Vorsitzender)
Dr. Ernst-Heinrich Schmidt,
Durmersheim
Oberst Dr. Aleksandr
Schwetschkow,
Moskau
Jewgenij Simanowitsch,
Berlin

Wissenschaftliche Leitung:
Dr. Peter Jahn

Wissenschaftliche Bearbeitung:
Dr. Gabriele Camphausen,
Viktor Gorynia,
Dr. Peter Jahn

Mitarbeit:
Margot Blank, Artjom Demenok,
Norbert Faust, Dieter Lange

Film- und Fotoarbeiten:
Artjom Demenok,
Matthias Jankowiak,
Thomas Kufus,
Margret Nissen,
Akinbode Akinbiyi

Elektronische Datenbank
für Kapitel 7:
Detlef Gösmann

Modellbau Eisenbahnwaggon
für Kapitel 8:
designhaus, Berlin

Kartographie:
Karsten Bremer

Gebäudearchitektur:
Christian Axt
mit Wolfgang Bouvié,
Thomas Kaiser, Bernhard Krätzig,
Jeff Allers, Samantha Hayes,
Audrey Sloan, Peter Warzecha
EMA Support GmbH

Ausstellungsgestaltung:
Christian Axt mit Wolfgang Bouvié,
Thomas Kaiser
EMA Support GmbH

Restauratoren:
Sabine Josephine Brand,
Uta Gerlach, Kathrin Janis,
Christiane König,
Werner Müller, Michael Otto,
André Page, Sigrid Weiß

Ausstellungsproduktion:
Doris Habermann, Doris Uzelino,
Bernd Michael Weisheit
EMA Support GmbH

Lichtgestaltung:
Michael Flegel

Grafikdesign:
Nicolaus Ott & Bernhard Stein

Grafische Umsetzung
und Realisation:
Antje Drinkuth, Carl Peter, Mark
Rosinski, Katrin Schoof,
Brigitta Seck, Sabine Zeller
EMA Support GmbH, Berlin

Für die freundliche Unterstützung
danken wir:
Alfred Gottwaldt, Berlin
Anton Joachimsthaler, München
Rolf Keller, Hannover
Heike Maus, Duisburg
Jan Niemöller, Usingen
Sergej Slutsch, Moskau
Jurij Smirnow, Moskau
Walerij Stignejew, Moskau

Literaturverzeichnis

Swetlana Alexijewitsch.
Der Krieg hat kein weibliches Gesicht. Hamburg 1989

Götz Aly/Susanne Heim.
Vordenker der Vernichtung. Auschwitz und die deutschen Pläne für eine europäische Ordnung. Hamburg 1991

John Barber/Mark Harrison.
The Soviet Home Front 1941–1945. A social and economic history of the USSR in World War II. London-New York 1991

Omer Bartov.
Hitlers Wehrmacht. Soldaten, Fanatismus und die Brutalisierung des Krieges. Hamburg 1995

Berlin 1945. Eine Dokumentation.
Hrg. Reinhard Rürup. Berlin 1995

Deutsche Besatzungspolitik in der UdSSR 1941–1945.
Dokumente. Hrg. Nobert Müller. Berlin 1980

Ruth Bettina Birn.
Die Höheren SS- und Polizeiführer. Himmlers Vertreter im Reich und in den besetzten Gebieten. Düsseldorf 1986

Blockade Leningrad 1941–1944.
Dokumente und Essays von Russen und Deutschen. Hrg. Antje Leetz. Reinbek 1992

Alexander Dallin.
Deutsche Herrschaft in Rußland 1941–1945. Eine Studie über Besatzungspolitik. Königstein/Taunus-Düsseldorf 1981 (unveränderter Nachdruck des 1958 erschienenen Werkes)

Dietrich Eichholtz.
Geschichte der deutschen Kriegswirtschaft. Bd. I–III. Berlin 1968–1995

Ende des Dritten Reiches – Ende des Zweiten Weltkrieges.
Eine perspektivische Rückschau. Hrg. Hans-Erich Volkmann. München 1995

Erobern und Vernichten.
Der Krieg gegen die Sowjetunion. Hrg. Peter Jahn/Reinhard Rürup. Berlin 1991

Europa unterm Hakenkreuz. Bd. 5: Die besetzten Gebiete der UdSSR.
Hrg. Norbert Müller. Berlin 1991

Ingeborg Fleischhauer.
Der Pakt. Hitler, Stalin und die Initiative der deutschen Diplomatie 1938–1939. Berlin 1990

„Gott mit uns". Der deutsche Vernichtungskrieg 1939–1945.
Hrg. Ernst Klee/Willi Dreßen. Frankfurt/M. 1989

Ulrich Herbert.
Fremdarbeiter. Politik und Praxis des „Ausländer-Einsatzes" in der Kriegswirtschaft des Dritten Reiches. Berlin-Bonn 1986

Raul Hilberg.
Die Vernichtung der europäischen Juden. 3 Bde. Frankfurt 1990

Paul Kohl.
Der Krieg der deutschen Wehrmacht und der Polizei 1941–1944.
Sowjetische Überlebende berichten. Frankfurt/M. 1995

Helmut Krausnick/Hans-Heinrich Wilhelm.
Die Truppe des Weltanschauungskrieges. Die Einsatzgruppen der Sicherheitspolizei und des SD 1938–1942. Stuttgart 1981

Der Krieg des kleinen Mannes.
Eine Militärgeschichte von unten. Hrg. Wolfram Wette. München 1995

Der Krieg gegen die Sowjetunion 1941–1945.
Eine Dokumentation zum 50. Jahrestag des Überfalls auf die Sowjetunion. Hrg. Reinhard Rürup. Berlin 1991

Kriegsende 1945. Die Zerstörung des Deutschen Reiches.
Hrg. Rolf-Dieter Müller/Gerd R. Ueberschär. Frankfurt/M. 1994

F. A. Krummacher/H. Lange.
Krieg und Frieden. Geschichte der deutsch-sowjetischen Beziehungen. Von Brest-Litowsk zum Unternehmen Barbarossa. München 1970

Erich Kuby.
Die Russen in Berlin 1945. München-Bern-Wien 1965

Albrecht Lehmann.
Gefangenschaft und Heimkehr. Deutsche Kriegsgefangene in der Sowjetunion. München 1986

Rolf-Dieter Müller.
Das Tor zur Weltmacht. Die Bedeutung der Sowjetunion für die deutsche Wirtschafts- und Rüstungspolitik zwischen den Weltkriegen. Boppard 1984

Das Deutsche Reich und der Zweite Weltkrieg.
Hrg. Militärgeschichtliches Forschungsamt. Bd. 1–6. Stuttgart

Günter Rosenfeld.
Sowjetrußland und Deutschland 1917–1922. Sowjetunion und Deutschland 1922–1933. Köln 1984

Das Rußlandbild im Dritten Reich.
Hrg. Hans-Erich Volkmann. Köln 1994

Harrison Salisbury.
900 Tage. Die Belagerung von Leningrad. Frankfurt/M. 1989

Klaus Segbers.
Die Sowjetunion im Zweiten Weltkrieg. Die Mobilisierung von Verwaltung, Wirtschaft und Gesellschaft im „Großen Vaterländischen Krieg" 1941–1943. München 1987

Theo Schulte.
The German Army and Nazi Policies in Occupied Russia. Oxford-New York-Munich 1989

Gudrun Schwarz.
Die nationalsozialistischen Lager. Frankfurt/M.-New York 1990

Stalingrad. Ereignis. Wirkung. Symbol.
Hrg. Jürgen Förster. München 1992

Stalingrad. Mythos und Wirklichkeit einer Schlacht.
Hrg. Wolfram Wette/Gerd R. Ueberschär. Frankfurt/M. 1992

Alfred Streim.
Die Behandlung sowjetischer Kriegsgefangener im „Fall Barbarossa". Eine Dokumentation. Heidelberg-Karlsruhe 1981

Christian Streit.
Keine Kameraden. Die Wehrmacht und die sowjetischen Kriegsgefangenen 1941–1945. Bonn 1991

Jutta Sywottek.
Mobilmachung für den totalen Krieg. Die propagandistische Vorbereitung der deutschen Bevölkerung auf den Zweiten Weltkrieg. Opladen 1976

Der deutsche Überfall auf die Sowjetunion. „Unternehmen Barbarossa" 1941.
Hrg. Gerd Ueberschär/Wolfram Wette. Frankfurt/M. 1991

Vernichtungskrieg. Verbrechen der Wehrmacht 1941 bis 1944.
Hrg. Hannes Heer/Klaus Naumann. Hamburg 1995

Die Vertreibung der Deutschen aus dem Osten.
Ursachen, Ereignisse, Folgen. Hrg. Wolfgang Benz. Frankfurt/M. 1988

Zwei Wege nach Moskau.
Vom Hitler-Stalin-Pakt bis zum „Unternehmen Barbarossa". Hrg. Bernd Wegner. München-Zürich 1991

Der Zweite Weltkrieg.
Analysen. Grundzüge. Forschungsbilanz. Hrg. Wolfgang Michalka. München 1989

Alexander Werth.
Rußland im Krieg 1941–1945. München-Zürich 1965

Witalij Wilenchik.
Die Partisanenbewegung in Weißrußland 1941–1944. In: Forschungen zur osteuropäischen Geschichte, 34 (1986) S. 129–297

Manfred Zeidler.
Kriegsende im Osten. Die Rote Armee und die Besetzung Deutschlands östlich von Oder und Neiße 1944/45. München 1996

ders. Reichswehr und Rote Armee 1920–1933. München 1993

Abbildungsnachweis / Archive und Sammlungen

Die Abbildungen werden fortlaufend numeriert, die Abbildungen in den Kapiteln mit den vorangestellten Nummern des jeweiligen Kapitels.

Archiv des Außenministeriums der Russischen Föderation, Moskau
3.3, 5.7, 12.5, 12.15
Archiv des Verteidigungsministeriums der Russischen Föderation, Moskau
4.14
Bayerische Staatsbibliothek, München
4.2, 4.6
Bayerisches Staatsarchiv, Sammlung Heinrich Hoffmann, München
Berlinische Galerie, Sammlung Tobias-Archiv, Berlin
6.21
Bildarchiv Preußischer Kulturbesitz, Berlin
4, 1.16, 1.19, 2.7, 4.5, 4.11, 6.14, 7.4, 7.14, 11.20, 13.6, 10.10, 12.3, 12.4, 14.1
Bundesarchiv, Koblenz
1.5, 2.3, 3.10, 5.15, 5.20, 5.21, 5.24, 6.2, 6.9, 6.11, 7.8, 7.10, 8.11, 8.14, 8.26, 8.28, 8.31, 8.32
Bundesarchiv-Militärarchiv, Freiburg
1.21, 4.1, 4.10, 5.11, 5.12, 5.13, 6.6, 6.12, 6.17, 6.19, 6.22, 8.3, 8.4, 8.6, 8.15
Bundesarchiv-Filmarchiv, Berlin
2.4
Bundesarchiv-ADN, Koblenz
1.18, 3.2, 3.5, 9.1.7
Bundesbildstelle, Bonn
15.11, 15.4, 15.15, 15.16, 15.17
Deutsches Historisches Museum, Berlin
1, 1.8, 1.13, 1.15, 2.6, 8.13, 9.1.6, 9.1.10, 9.2.9, 10.4, 11.1, 11.2, 11.9, 11.10, 11.11, 11.13, 11.14, 11.15, 11.16, 11.17, 11.18, 11.19, 12.2, 13.1, 13.5, 13.7, 13.9, 13.11, 13.12, 13.14, 13.18, 14.3, 14.4, 16.7
Document Center, Berlin
8.21
Gedenkstätte Zeithain-Riesa
1.20, 7.12, 7.13
Holocaust-Memorial, Washington
7.7
Keystone, Hamburg
3.11
Konrad-Adenauer-Stiftung, St. Augustin
15.1
Landeszentrale für politische Bildung, Hannover
9.1.2, 9.1.3, 9.1.4, 9.1.5
Militärhistorisches Museum, Dresden
12.7, 12.9, 12.13
Museum des Großen Vaterländischen Krieges, Minsk, Belarus
7.3, 7.5, 8.18
Museum Berlin-Karlshorst
1.9, 1.10, 3.1, 3.6, 5.3, 13.10
Sammlung Ivan Schagin
7.1, 9.2.5, 8.1, 8.42
Sammlung Michail Savin
6.18, 6.20, 8.40, 10.6
Sammlung Timofej Melnik
8.17, 10.13, 10.14, 10.15
Museum der Geschichte, St. Petersburg
8.2, 8.10
Presse-Agentur Schirner (Deutsches Historisches Museum)
15.14
RIA Nowosti, Moskau
4.12, 5.1, 5.9, 5.16, 5.22, 9.2.2, 9.2.8, 10.3, 10.12, 10.17, 15.13
Staatliches Fotoarchiv, Dzershinsk, Belarus
7.6, 8.22, 8.23, 8.25, 8.34, 8.35
Staatliches Film- und Fotoarchiv Krasnogorsk, Russische Föderation
4.13, 5.8, 5.23, 7.11, 8.19, 8.33, 8.36, 8.43, 10.1
Staatliches Historisches Museum, Moskau
1.11, 1.14, 5.19, 8.39, 9.1.1, 11.6
Staatsarchiv Nürnberg
4.7, 9.1.11
Staatsbibliothek Berlin
8.29
Stadtmuseum München
2.2, 2.5
Stiftung Deutsche Kinemathek, Berlin
1.12
Stiftung Topographie des Terrors, Sammlung Jewgenij Chaldej
10.20, 10.21
Süddeutscher Verlag, Bilderdienst München
4.9, 5.25, 8.5, 8.24, 10.5, 10.19, 15.7, 15.8, 15.10
Ullstein-Bilderdienst, Berlin
1.17, 1.23, 3.12, 15.12, 15.16
Zentralarchiv der Evangelischen Kirche in Hessen und Nassau
15.2
Zentrale Stelle Ludwigsburg
7.2
Zentrales Museum der Streitkräfte, Moskau
5.14, 5.17, 8.16, 10.7, 10.18, 12.6, 12.10, 12.11, 12.14, 13.19

Abbildungsnachweis / Privatbesitz

Privatbesitz Akinbode Akinbiyi
6, 7, 8, 9, 11
Privatbesitz Wolfgang Bouvié
13
Privatbesitz Robert Diament
6.8
Privatbesitz Helmut Hoffmann
4.8, 8.27, 16.10, 16.11, 16.12
Privatbesitz Anatoli Jegorow
6.15
Privatbesitz Gerlind Klemens
13.15, 13.16, 13.17
Privatbesitz Boris Kudojarow
8.8, 8.9
Privatbesitz Henning Langenheim
16.1, 16.2
Privatbesitz Georgj Lipskerow
6.7, 6.23
Privatbesitz Mark Markow-Grinberg
6.16
Privatbesitz Margret Nissen
5, 10, 12, 1.1, 1.2, 1.3, 1.4, 1.22, 2.1, 5.2, 5.4, 5.10, 6.1, 6.3, 6.4, 6.5, 7.9, 8.7, 8.30, 8.37, 8.38, 9.1.9, 9.1.12, 9.1.13, 9.2.3, 10.2, 10.16, 11.12, 12.1, 13.2, 13.3, 13.4, 13.8, 14.2, 15.3, 15.5, 15.9, 16.5, 16.6, 16.8, 16.9
Privatbesitz Otte
9.2.6, 9.2.7
Privatbesitz Jakow Rjumkin
6.13, 10.8
Privatbesitz Valeri Stignejew
16.4, 16.13, 16.14, 16.15, 16.16
Privatbesitz Boris Wdowenko
8.41, 12.8
Privatbesitz NN
4.3, 5.18, 10.11, 13.13

Abbildungsnachweis / Publikationen

Die faschistische Okkupationspolitik in Polen. Berlin 1989
3.7, 3.8, 3.9
Die unsterbliche Landschaft, Leipzig 1935
1.6
Heinrich-Böll-Stiftung. Hrg. Die Ostarbeiterinnen. Köln 1994
9.1.8
Joachimsthaler. Die Breitspurbahn. München–Berlin 1987
8.20
Karpow u.a. Russia at War 1941–1945. London 1987
6.10
Low. Years of Wrath. New York 1946
11.3, 11.4, 11.5, 11.7, 11.8
Oertzen. Die deutschen Freikorps 1918–1923. München 1986
1.7
Sander/Johr. Befreier und Befreite. München 1992
10.9
The Militant Poster 1936–85. Prag 1986
16.3

Karten

Karsten Bremer, Berlin
3.4, 4.4, 5.5, 5.6, 8.12, 9.21

Anmerkung
Viele Photos sind unter Kriegsbedingungen entstanden, zum Teil sind es Amateuraufnahmen. Die Aufnahmen haben daher oft eine schlechte Qualität.

Verein „Museum Berlin-Karlshorst e.V."
Stand Oktober 1996

Vorstand:
Prof. Dr. Christoph Stölzl, Berlin
Oberst Dr. Aleksandr Nikonow, Moskau

Mitglieder:
Regierung der Bundesrepublik Deutschland:
Bundesministerium des Innern
Auswärtiges Amt
Bundesministerium der Verteidigung
Regierung der Russischen Föderation:
Kulturministerium
Verteidigungsministerium
Außenministerium
Senatsverwaltung für kulturelle Angelegenheiten des Landes Berlin
Staatliches Historisches Museum, Moskau
Zentrales Museum der Streitkräfte, Moskau
Deutsches Historisches Museum, Berlin
Institut für Zeitgeschichte, München

Wissenschaftlicher Beirat:
Vorsitz:
Prof. Dr. Reinhard Rürup, Berlin
Dr. habil. Igor Maximytschew, Moskau
Mitglieder:
Oberst Dr. Gurow, Moskau
Prof. Dr. Klaus Hildebrandt, Bonn
Dr. Arkadij Krupennikow, Krasnogorsk
Prof. Dr. Georgij Kumanjow, Moskau
Prof. Dr. Karl Schlögl, Frankfurt/O.
Dr. Ernst-Heinrich Schmidt, Durmersheim
Oberst Dr. Aleksandr Schwetschkow, Moskau
Dr. Hans Umbreit, Potsdam

Leiter des Museums:
Dr. Peter Jahn

Impressum

Herausgeber:
Museum Berlin-Karlshorst e.V.

Redaktion:
Ingrid Damerow
Dr. Peter Jahn

Verlagslektorat:
Patrick Diekelmann

Grafik:
Anusch Thielbeer
EMA Support GmbH, Berlin

Lithographie:
Anusch Thielbeer
EMA Support GmbH, Berlin
City-Satz & Nagel, Berlin

Reproduktion der Karten:
Reprowerkstatt Rink, Berlin

Druck:
DBC Druckhaus Berlin-Centrum

ISBN 3-931321-15-0

jovis Verlagsbüro, Berlin
Kurfürstenstr. 15/16
10785 Berlin

Anhang

13